한일역사의 쟁점 2010
―하나의 역사 두가지 생각

②

景仁文化社

한일역사의 쟁점 2010

— 하나의 역사 두가지 생각

❷

발 간 사

한국과 일본은 상호 인접한 국가로서 서로의 역사에서 많은 부분이 중첩되어 있다. 서로의 역사에서 공유하거나 중첩된 부분이 많다는 사실은 상호간의 관계가 그만큼 깊었음을 의미한다. 그러나 한일 양국은 지나온 역사과정에서 선린우호의 관계를 유지했던 경우도 있었지만, 동시에 상호투쟁하거나 지배와 예속의 관계에 놓여 있었던 때도 있었다. 여기에서 상호 중첩된 역사사실에 대한 이견이 발생하게 되었다.

역사적 사실은 객관적 존재이다. 객관적 존재인 역사적 사실 자체를 인정하는 데에는 의견을 달리하기가 어렵다. 반면에 역사는 객관적 사실에 대해서는 다양한 해석을 용인하고 있다. 우리는 그 다양한 해석을 통해서 역사의 진실에 한걸음 더 다가설 수 있기 때문이다. 그러나 역사의 해석에는 건강한 역사관이 전제되어야 한다. 그렇기 때문에 군국주의적 역사관에 입각하여 사실을 해석하거나, 제국주의의 침략을 정당화하려는 입장에서의 해석은 용납될 수 없다.

그런데 한일 간에는 역사적 사실의 존재 자체를 인정하는 문제에 대해서까지도 의견을 달리하는 부분이 있다. 이 경우는 의견을 달리하는 두 집단 가운데 하나는 사실 인식의 오류를 범하고 있는 것이다. 또한 함께 인정하고 있는 역사적 사실에 대한 해석도 현격한 차이를 드러내기도 한다. 역사적 사실에 대한 인식의 차이 및 사실 해석에 대한 이견으로 인해 한일 양국 사이에는 역사분쟁이 발생하고 있다.

한일 간의 역사 이해에서 드러나는 이러한 차이점은 기본적으로 과거 일본제국주의 학자들이 한국사에 대해 가지고 있던 식민사관 내지 황국사관皇國史觀 때문에 발생하였다. 그리고 20세기 후반기에 이르러서도 한국사의 해석에 제국일본帝國日本이 가지고 있었던 쇼비니즘적·군국주의적·극우적 역사관을 적용하고 있다는 '사실' 때문에 역사분쟁은 가열되었다.

오늘날 한일 간의 역사분쟁의 현장은 일본 중등학교 역사교육 부문이었다. 여기에서 역사교과서는 분쟁의 가연제可燃材가 되고 있다. 그 분쟁이 재연再燃되는 시기는 역사교과서에 대한 검정작업을 전후한 때였다. 따라서 역사분쟁의 실체는 일본 중등학교 역사교과서 검정에 대한 문제로 나타났다.

오늘날 한국과 일본은 모두 중등학교 역사교과서에 대한 검정제도를 시행하고 있다. 역사교과서의 자유선택제가 아닌 검정제가 시행되는 한, 검정된 교과서에 나타나는 오류의 일차적 책임은 교과서의 저자에게 있음은 분명하다. 그러나 그 최종 책임은 검정의 기준을 마련하고 검정작업을 수행한 정부당국이 짊어져야 하였다. 이와 같은 논리에서 일본 정부는 중등학교 역사교과서의 '오류'에 대한 최종 책임을 짊어지는 것으로 판단되었다.

이 때문에 역사분쟁은 양국 학자간의 학문적 문제에 그치지 않고 양국 정부 간의 외교문제로 비화되기도 하였다. 이 역사분쟁은 한일 양국의 상호이해에 손상을 주고, 국제평화와 이 지역의 공동번영에도 저해되는 일이 되었다. 물론 한일 양국 간에 역사분쟁이 발생할 경우, 적지 않은 역사연구자들이나 교육자들은 자신의 양심에 따라 이를 바로잡고자 노력하기도 하였다. 또한 양국의 민간단체들도 분쟁의 해소를 위해 일정한 노력을 기울였다.

그러나 역사분쟁의 최종 책임이 정부에 있는 이상, 정부 당국도 이 분쟁의 해결을 위한 노력을 기울여야 하였다. 이 때문에 2002년 이후 한국과 일본 양국의 정상들은 역사분쟁의 해결을 위해 민관民官 합동기구인 '한일역사공동연구위원회'를 발족시키는 데에 합의하였다. 한일역사공동연구위원회는 공동의 역사인식에 이르는 첫 단계로 상호간의 역사인식에서 차이점과 공통점을 분명히 하는 작업을 먼저 수행하였다.

한일 양국의 연구위원들은 역사적 사실에 대한 해석상의 다양성을 인정하면서도, 그 해석상 이견의 폭을 좁히고자 하였다. 그리하여 한일 양국의 연구위원들은 역사분쟁의 소재가 되고 있는 여러 문제 가운데 일부만을 공동연구 주제로 선정하였다. 그 연구 결과로 공동연구주제에 대해서는 양측의 입장을 보다 선명히 인식할 수 있었다. 그리고 그동안 이견이 있었던 일부 문제에 대해서 상호간의 공동인식을 확보하기도 하였다.

그러나 한일역사공동연구위원회의 위원들은 한일 간에 제기되고 있는 역사분쟁에 관한 모든 문제를 다룰 시간적 여유를 가지지 못하였다. 반면에 한국 사회에서는 한일 간의 역사분쟁에 관한 정확한 해답을 요구하고 있다. 이에 제2기 한일역사공동연구위원회의 위원으로 일본과의 역사대화에 참여한 적이 있었던 우리들은 이러한 한국 사회의 요구에 대답해야 할 책임이 있음을 공감하였다.

지난날 위원회에 참여했던 모든 분들은 역사분쟁과 관련된 주제에 관해서는 가장 정통한 전문가들이었다. 이 전문가들이 현행 역사분쟁과 관련된 여러 주제 가운데 비교적 중요하다고 생각되는 18개의 주제를 선정하여 각자가 원고를 작성하였다. 물론 이 글들이 역사분쟁을 완전히 해소시키는 데에 결정적 역할을 할 수 있는 것은 아니다.

한일 간의 역사분쟁을 다룬 저서들이 간혹 있었다. 그러나 이 책과 같이 각 주제별로 해당 분야의 전문가들이 직접 집필한 책자는 아직 없는 듯하다. 그러므로 이 책은 우선 역사교육의 현장에서 유용하게 사용될 수 있을 것이다. 또한 한일 간의 역사분쟁에 대해 관심을 가지고 있는 모든 분들에게도 한일 간의 역사분쟁에 대한 구체적 내용과 이에 대한 한국학계의 입장을 이해하는 데에 도움이 되기를 바란다.

  역사적 사건에 대한 정확한 이해는 역사분쟁을 해소하는 데에 지름길이 된다. 그러므로 필자들은 무엇보다도 이 책의 간행이 한일 간에 가로놓여 있는 해묵은 역사분쟁을 해소하고 미래를 향한 문을 여는 데에 기여할 수 있기를 바라 마지않는다. 그리하여 이 책이 한일 간의 우호와 친선을 다지는 데에 하나의 밑돌이 되기를 기원한다.

2010. 3.
필자들을 대신하여
조 광 · 손승철

목 차

발간사 ● 5

'정한론'과 '강화도사건' ● 11
| 현명철 |

청일전쟁의 '조선독립론' 비판 ● 36
| 주진오 |

일본의 한국침략과 조약 체결 ● 59
| 김도형 |

식민지공업화론—일제하의 공업발흥과 사회변화를 어떻게 볼 것인가 ● 86
| 정재정 |

군 '위안부' ● 113
| 정진성 |

일제의 침략전쟁과 강제동원—노동력동원을 중심으로 ● 147
| 하종문 |

황민화정책 ● 178
| 류승렬 |

샌프란시스코 강화조약과 전후 동북아국제질서의 재편 ● 213
　　―독도 영유권 문제를 중심으로
| 이석우 |

현대사 인식을 통해 본 상호인식 ● 238
| 신주백 |

1

발간사 ● 5

한일간 역사분쟁의 발생과 한국의 대응 ● 11
| 조 광 |

총론1 – 한일간 역사교과서 문제의 배경과 과제 ● 35
| 이찬희 |

총론2 – 한일간 역사문제의 경과와 전망 ● 64
| 신주백 |

야요이 문화의 기원과 한반도 농경·금속문화 ● 94
| 조법종 |

임나일본부설의 흐름과 쟁점 ● 119
| 김태식 |

백제 부흥 운동 백강구 전투 ● 151
| 노태돈 |

왜구와 조일통교 ● 178
| 손승철 |

임진왜란과 동아시아―국교 재개 교섭기를 중심으로 ● 207
| 이계황 |

조선후기 왜관의 역사적 의미 ● 233
| 한명기 |

'정한론'과 '강화도사건'

현 명 철*

목 차

1. 들어가며
2. '정한론'의 실상
3. '강화도사건'의 실상
4. 나오며

1. 들어가며

이 글의 목적은 한국과 일본 두 나라에서 쟁점이 되고 있는 '정한론'과 '강화도사건'의 실상을 일반인들이 이해할 수 있도록 서술하는 것이다. 쟁점을 이해하기 위해 일제강점기에 조선총독부가 편찬한 교과서의 기술을 실마리로 삼아 이를 비판하는 형식으로 풀어나가고자 한다.

이 목적을 달성하기 위해서는 결국 막부의 멸망에서 강화도사건에 이르는 시기의 한일관계사의 변천을 서술하지 않을 수가 없다. 한일관계사를 올바르게 이해하기 위해서는 당시 일본의 정세를 함께 이해해야 하므로 일

* 경기고등학교 교사

본사에 익숙하지 않은 일반 독자들에게는 어려움이 따를 것이다. 하지만 중요한 사건이므로 차분히 검토해 보자. 과연 메이지(明治) 초기에 터져 나온 정한론과 강화도사건은 어떻게 선전되었으며 그 실상은 무엇이었을까.

논의의 실마리를 열기 위해 다음의 기술을 먼저 검토해 보자.

(가) 메이지 천황 즉위 초에, 조선과의 국교가 도쿠가와(德川)막부 말경부터 단절되었으므로 이를 회복하고자 하여, 사절을 조선에 보내어 유신을 알리고 수호를 권유하였다. 그러나 대원군은 쇄국주의를 고집하여 완강히 이에 응하지 않았다. 이로 말미암아 정한征韓 여론이 일어났다.

(나) 메이지 8년(1875) 일본 군함 운요호雲揚号가 조선 근해를 지나가면서 식수를 얻기 위해 강화도 앞바다에 왔는데, 예기치 않게 포대에서 포격을 해 왔으므로 이에 응전하여 부근의 포대를 함락시켰다. 다음해 일본의 사절이 와서 이 사건에 대해 담판하였다.… 강화도조약은 조선이 근세 외국과 맺은 최초의 조약이다.

위 글은 조선 총독부가 1921년에 출간한 교과서의 내용 중 정한론과 강화도 사건에 대한 부분이다. 이 교과서는 3·1 운동 이후 문화통치를 표방한 조선총독부가 조선인들의 역사 교육에 대한 요구를 충족시키면서 실제로는 동화주의 교육을 실현하기 위한 목적에서 편찬한 것이었다.

위 내용을 통해 알 수 있듯이 총독부는 일본이 조선의 근대화에 큰 역할을 수행하였으며, 그 전의 조선은 미개하고 이웃나라 일본에 비우호적인 나라였다는 역사상을 학생들에게 주입하고자 하였다. 위 교과서 내용의 의도는 강화도조약을 조선이 근세 외국과 맺은 최초의 조약이라고 부각시켜 강화도조약 이전과 이후의 조선 사회를 미개↔문명, 암흑↔개명 정도의 차이로 표현하고자 하였다. 이를 합리화하기 위해 대원군의 쇄국 정치가 강조되어, 대원군은 세계 물정에 어둡고 이웃나라에 비우호적이어서 일본의 수호 권유를 거부하였다고 규정하고 있다. 그리고 이러한 대원군의 수교 거부가 일본에서 정한론이라는 조선 침략론을 등장하게 하였다는 설명도 첨가하고 있다. 한편 강화도사건에 대해서도 조선 수비병이 아무런 적대행위를 하지 않은 일본 군함을 포격하였다고 주장하고, 이를 국제법에 무지한 어리석은 전쟁 도발 행위로 부각시키고 있음을 알 수 있다.

그러나 위의 기술은 역사적 사실이 아니다. 동화주의 교육을 위해 만들어진 허구이다. 하지만 지금도 역사를 전공하지 않는 한국과 일본의 많은 사람들은 위와 같은 역사 기술을 사실로 받아들이고 있는 실정이다. 위의 기술은 어떻게 비판할 수 있을까? 그리고 과연 메이지 초기에 터져 나온 정한론과 강화도사건의 실상은 무엇이었을까.

2. '정한론'의 실상

1) '정한론'의 역사적 배경

정한론이란 조선을 정벌하여 복속시키자는 논의이다. 이는 대륙을 향한 일본인의 꿈을 표현한 것이라 해도 좋겠고, 한반도에서의 세력 항쟁에서 쫓겨나 일본 열도로 들어갔던 선조들의 잃어버린 영토를 회복하고자 하는 의식의 표현이라 해도 좋겠다. 일본인의 잠재의식 속에는 이러한 대륙 침략의 꿈이 존재한다고 해도 그리 지나친 말은 아닐 것이다. 《일본서기》에 나타나는 신공왕후의 삼한 정벌 기사나 임나일본부설 등도 이러한 잠재의식의 산물로 볼 수 있다.

1592년 도요토미(豊臣秀吉)가 임진왜란을 일으킨 것도 이러한 의식이 그 근저에 있었다. 그러나 임진왜란의 결과 조선과 일본은 수많은 인명피해를 내었으며, 서로 불구대천의 원수가 되었다. 이는 새로이 등장한 도쿠가와 막부에게는 매우 불편한 현실이었고, 북방의 여진족을 막아야 하는 조선

정부로서도 힘겨운 일이었다. 양국이 화해를 하고 공존을 위해서는 임진왜란에 대한 전쟁책임을 묻는 전후처리戰後處理가 필요하였음은 말할 나위가 없다.

그리하여, 조선 정부와 도쿠가와(德川)막부 정부는 임진왜란의 전후처리를 통해 더 이상의 전쟁을 미연에 방지하고 평화를 유지할 것을 도모하였다. 그 결과 조선과 일본 에도막부(江戶幕府-도쿠가와 막부를 말함)는 교린을 기본 원리로 하는 우호적이고 평화적인 외교 관계를 수립할 수 있었다. 물론 이러한 외교 관계가 수립된 것은 도요토미의 조선 침략에 대한 비판을 공유하였고 다시는 침략 전쟁이 일어나지 않을 것임을 서로 약속하였기 때문임은 명백히 해 둘 필요가 있다. 즉 도쿠가와씨가 임진왜란에 참전하지 않았다는 해명과 임진왜란을 일으킨 도요토미(豊臣)씨와의 대립, 임진왜란 시에 일본에 끌려간 부로인 송환에 보여준 성의, 그리고 무엇보다 쇄국을 내건 영주(다이묘)들에 대한 조선 도항 금지 명령 등이 앞으로는 대외 전쟁을 하지 않겠다는 강력한 반성으로 받아들여졌다.

조선은 우선 탐적사探賊使와 회답겸쇄환사回答兼刷還使를 파견하여 도쿠가와 막부의 진실성을 조사하였다. 이어 일본 열도가 완전히 도쿠가와(德川)씨의 지배하에 들어갔다고 판단되자 1636년 통신사란 이름으로 사절을 파견하여 우호관계를 선포하였다. 이 당시 통신사의 역할은 조선에 우호적인 정권인 도쿠가와(德川) 가문의 권위에 국제적 위상을 부여함으로써 지방 영주(다이묘)들을 통제하는 데 도움을 주는 것과 일본에 대한 정보를 획득하는 것이었다.

하지만 반면에 일본의 사절들은 받아들이지 않기로 결정하였다. 이는 혹시라도 일본이 다시 조선을 침략할 가능성을 미리 차단하기 위해서였다. 비록 우호관계를 선포하기는 하였지만 믿을 수는 없었던 것이었다.

도쿠가와막부는 재침 야욕이 없다는 증거를 보여주기 위해서 조선의 이러한 요구를 받아들였다. 뿐만 아니라 시시때때로 도요토미(豊臣秀吉)가 일으켰던 임진왜란은 의롭지 못한 전쟁(不義之擧)이었으며, 명분 또한 없었다고 언급하였다. 이는 전쟁의 피해자인 조선을 배려하고 그에 대한 책임을 다하여 신뢰를 재구축하기 위해서였다.

한편, 조선은 막부와의 통교 창구를 쓰시마 도주에게 위임하여 쓰시마를 매개로 하는 외교 관계를 구축하였다. 조선 정부는 그들에게 경제적 이권과 무역 독점을 허용하였고 그 대가로 왜구 금지와 완충역할을 기대하였다. 하지만 한편으로는 그들도 부산의 초량읍(왜관)을 넘어오지 못하도록 통제하였다. 임진왜란의 상처가 두 나라 사이의 신의를 구축하는 데에 매우 큰 장애가 되었음을 알 수 있는 대목이다.

도쿠가와 막부의 쇄국과 우호 정책에 의해 한국과 일본 사이에는 평화적 교린 관계가 유지되었으나, 서남부 지방 다이묘[도자마라 하여 막부의 정치에서 소외된 영주들]들은 도쿠가와막부의 외교와 무역 독점에 불만을 품었다. 그들은 히데요시(秀吉)의 후계자임을 자처하였고, 겉으로는 막부의 통제에 따라서 통신사를 환대하였으나 속으로는 막부의 대조선 외교 정책을 비판하였다. 또 임진왜란에서 활약하였던 선조들을 자랑스럽게 기억하고 있었으며, 임진왜란을 국위를 빛낸 쾌거로 기억하였다. 예를 들어 사쓰마(薩摩)에서는 《조선정벌기》(1659년), 《정한록》(1671년), 《정한실기》(1814년), 《정한무록》(1856년) 등이 출판되어 임진왜란 시 활약하였던 선조들에 대한 자부심을 드러냈다.

따라서 우리는 조선 후기 조선 정부와 도쿠가와막부와의 우호 외교를 강조하여도 좋겠지만, 그 속에 흐르는 잠복된 정한론이 어떻게 유지되고 있었는지도 함께 파악하고 있지 않으면 안 된다. 즉, 막부의 의지와는 별도로 서국 지방의 다이묘들 사이에는 조선을 침략의 대상으로 간주하는 의식이 막부의 무역통제에 대한 불만과 함께 잠복하고 있었던 것이다. 또한 이러한 의식이 교육을 통해 재생산되고 있었다는 사실에도 주의를 기울여야 한다.

2) 일본의 개항과 잠복된 '정한론'의 분출

1858년 도쿠가와막부는 서양 5개국[미국·영국·프랑스·러시아·네덜란드]과 통상조약을 맺었다. 그러나 조정[특히 코메이(孝明) 천황]이 이 조약에 대한 칙허를 거부하면서 내부 분란이 발생하였다. 또한 조약 체결의 절차상 문제와 막부 장군의 후계를 둘러싼 대립으로 막부 내부의 결속력이 약해지고 막부 내부의 분란이 발생하자, 서국의 영주(다이묘)들의 발언권이 강해지게 되었다. 이러한 상황에서 조선에 대한 외교 인식이 급격히 변한 것은 당연한 현상이었다. 특히 서양 열강과의 외교 경험은 기존의 대조선 외교에 문제가 있음을 부정할 수 없게 하였다. 막부로서도 쓰시마를 매개로 하지 않는 조선과의 직접 외교를 추진할 필요가 대두되었으며, 이 과정에서 초슈와 사쓰마를 중심으로 하는 반막부 세력에 의해 잠복되어있던 정한론이 분출되기 시작하였다. 막부 내에서도 개항정책을 추진하기 위해서는 이러한 여론을 받아들여 적극적으로 해외팽창을 해야 한다는 주장이 나타났음은 이러한 당시의 분위기를 반영하는 것이었다. 이러한 상황 속에서 조선과 아무런 외교적 알력이 없이 정한론이 등장하게 되는 것이다.

그런데, 막부 말기에 이러한 정한론 즉, 조선침략론을 구체적으로 분출시켜서 여론을 주도한 것은 1863년 쓰시마의 무사들이었다. 쓰시마는 조선과의 교역을 담당하여 조선으로부터 많은 특혜를 받고 있었고, 한일 간에 갈등이 생겼을 때 완충역할을 자임해 왔다. 이 때문에 이 사실은 매우 의외로 받아들여지며, 많은 연구자들도 궁금하게 생각해 왔다. 이를 간략g히 설명하도록 하자.

제2차 아편전쟁 후 베이징조약을 통해 연해주를 획득한 러시아는 부동항을 건설하기 시작하였다. 러시아는 1861년 블라디보스토크 항구에서 동해로 남하하여 청국의 개항장, 특히 상하이에 이르는 해로를 모색하던 중 쓰시마에 군함 정박지를 요구하였다. 이에 대해 쓰시마 영주는 막부의 개항정책 하에서 쓰시마에 개항장이 생길 것을 상정하고 대책 마련에 골몰하게 되었다. 결국 쓰시마 전토를 막부 직할지로 넘기고 자신들은 규슈(九州)에 십만 석의 영지를 확보할 목적으로 이봉(移封-영지를 바꾸는 것) 운동을 전개하였다. 이는 하코다테의 개항을 전례로 삼은 것이었다.[1] 막부도 외교를 일원화할 필요성이 있어서 이를 허가하여 쓰시마에 대한 실지 조사도 진행하였다. 그러나 그 후 조정과 천황이 정치의 중심에 등장하기 시작하였고, 반막부 세력들은 조정을 중심으로 서양 오랑캐를 물리치자는 '존왕양이(尊王攘夷)'운동을 전개하였다. 양이운동이 점차 강력해지자 열세에 몰린 막부는 조정을 끌어들이기 위해 장군 이에모치(家茂)와 코메이(孝明)천황의 누이 카즈노미야(和宮)와의 결혼을 추진하면서 쇄국양이를 약속하지 않을 수 없었다(1862년 11월). 이에 따라 개항정책을 전제로 추진되었던 쓰시마 개항에 대한 관심은 뒤로 밀렸다. 한편, 이 결혼의 과정을 통해서 천황의 존재가 부각되었고 막부 장군이 천황의 하급 관료에 불과하다는 인식이 널리 퍼짐으로써 천황가를 중심으로 세력 결집이 일어나게 되었음은 주목된다.

쓰시마의 젊은 무사들은 이와 같은 정세에서 이봉이 실현되지 않을 것이라 판단하여, 반막부 존왕양이파와의 연대를 주장하였다. 그들은 이를 허락하지 않은 쓰시마 영주(다이묘) 요시요리(義和)에게 집단 항명을 단행하여 에도(江戶)로 나갔으나. 그곳에서 당시 반막부 세력의 중심이었던 조슈(長州)와 동맹을 맺고 세자 요시아키라(宗義達)를 옹립하여 새로운 정권을 탄생시켰다. 이를 '쓰시마 양이정권(攘夷政權)'이라고 부른다. 이들은 존왕양이를 기치로 내세우면서 기존의 한일관계를 부정하고 "쓰시마가 조선의 식량에 의

---

1) 하코다테(箱館)는 지금의 홋카이도(北海道) 남단에 있는 도시로 당시는 마츠마에(松前)번의 영지였다. 막부의 개항 정책에 따라 나가사키(長崎)·가나가와(神奈川)와 함께 개항장이 되면서 막부에 수용되었다. 쓰시마의 자료를 보면, 9천 석의 토지 수용의 대가로 혼슈 북부의 토지 삼만 석을 주었으며, 거기에 현금으로 1만 8천량을 더 지급하였다고 하여, 쓰시마는 가격(家格)에 합당한 10만석의 땅을 규슈에 달라고 요구하는 근거로 활용하였다.

지하여 생활이 가능한 현실은 일본의 치욕"이라고 주장하면서 쓰시마에 대한 대량의 원조를 요구하게 된다. 이 때 쓰시마의 자립 → 조선 복속 → 국위선양 이라는 논리가 나타나게 되는데 이것이 소위 '막부말기의 정한론'이다.[2]

3) 메이지 초기의 조선 침략론('정한론')

1868년 막부가 타도되고 서남부 지방의 다이묘를 중심으로 하는 반막부 세력이 중심이 되어 성립된 메이지 정부는 다음해 초 쓰시마를 통해 왕정복고를 알림과 동시에 '외교개혁'을 요구하는 서계를 보내었다. 이 내용은 조선이 도저히 받아들일 수 없는 내용이었다. 외교 의례에서 종3품의 대우를 받던 쓰시마 도주가 정2품의 예조판서와 동격이라고 스스로 지위를 올려 일본을 조선의 상위 국가로 자리매김하고, 조선이 보내준 도서(圖書-입항허가인)를 사용하지 않고 메이지 정부가 만든 도장을 사용한다고 하여 조선의 출입국 권리를 무시하는 등 어처구니없는 내용이었기 때문이다. 또한 260여 년 간 지속된 평화적 교린관계가 "사사로운 관계"였다고 부정하고 새로운 관계를 일방적으로 강요하는 문장도 있었다.

이 서한을 보낸 메이지 정부의 요인들과 쓰시마인들은 이러한 요구를 조선이 받아들이지 않을 것임을 잘 알고 있었다. 그런데도 이를 요구한 것은 조선의 거절, 나아가서는 응징여론을 이끌어 전쟁을 도발하고자 한 것이었다. 이러한 사실은 1868년 서계를 보내기 전에 쓰시마 다이묘 요시아키라(義達)가 무사들에게 직달한 문서를 통해 알 수 있다.

---

2) 막부말기의 '정한론'에 대해서는 졸고, 1994 〈일본 막부 말기의 쓰시마와 소위 '정한론'에 대하여〉《한일관계사연구》 2에서 좀 더 자세히 언급하였고 이를 정리한 것이다.

…지금의 서계부터는 조선이 주조해 준 도서圖書를 사용하지 않고 조정이 준 신인新印을 사용하여 그들이 우리를 신하로 대해 온 오류를 바로잡아 지난 날의 국욕國辱을 씻고 오로지 국체와 국위를 세우고자 한다. …(조선이 철공철시를 단행하여) 설령 장래 국맥에 관계되는 곤란이 생긴다고 해도 조정으로부터의 보답이 있을 것이며 왕토왕민의 입장에서 쓰시마를 버리지는 않을 것이다. …

여기까지의 검토를 통해 우리는 메이지 정부가 기존의 국교를 회복하고자 하였다는 언급이 사실이 아님을 명확히 확인할 수 있다.

쓰시마 사람들은 조선의 노여움을 사서 전쟁이 발생하면 메이지 중앙 정부로부터 막대한 원조를 받을 수 있을 것으로 판단하고 있었다. 또한 메이지 정부 입장에서도 조선과 전쟁을 벌이는 것은 현재의 취약한 다이묘 연합정부의 한계를 극복하고, 중앙군을 창설하여 천황제 절대국가를 성립시키기 위한 수단이 되었다. 따라서 서계를 보내기 전부터 "일본의 선의(善意-우호 요구)를 조선이 거절하였기 때문에 정한의 군대를 파견해야 한다"는 정치적 선전이 공공연히 주장되었음은 흥미롭다. 예를 들어 1868년 12월 14일, 기도다카요시(木戸孝允)는 이와쿠라(岩倉具視)에게 "속히 대외 방침을 수립하여 사절을 조선에 보내어 그의 무례함을 문책해야 한다. 만일 조선이 복종하지 않으면 죄를 물어 공격함으로 신주(神州-일본)의 위엄을 펼쳐야 한다"라고 주장하였다. 이는 기존의 외교 관계가 무례하였다는 것이며 조선에 복종을 요구하여야 한다는 뜻이다. 왕정복고를 알리는 서계가 부산에 도착한 것이 12월 19일이었으므로, 서계를 보내면서 이미 나타난 주장임을 알 수 있고 조선의 거절과는 아무런 상관이 없음을 알 수 있다.

따라서 우리는 메이지 정부의 수교 요청을 조선이 거절하였기 때문에 정한론이 발생하였다는 언급도 사실이 아님을 확인할 수 있는 것이다.

결국 메이지 정부의 대외 인식은 막부와의 차별성을 보이기 위해 막부의 대조선 평화 유지 정책을 비판하고, 조선에 세력을 확장하는 것을 대외 목표로 정하고 있었던 것임을 확인할 수 있다. 그들은 조선과의 전쟁을 통해 국위를 해외로 떨쳐야 한다는 명분을 충족시키고, 초슈와 사쓰마를 필두로 하는 다이묘 연합정권을 뛰어넘어 중앙집권 국가를 형성하고자 하였던 것이었다. 따라서 메이지 정부의 성립 당초부터 일본 정치계에 조선에 대한 침략의 논의가 그치지 않았던 이유를 우리는 이해할 수 있다.

이때에 논의가 되었던 것은 임진왜란과 같은 실패를 반복하지 않기 위해서 명분이 있어야 된다는 점과 중국(청)이 자동으로 전쟁에 개입하여서는 안 된다는 점이었다. 이를 위해 그들은 조선이 일본의 국교 요구를 거절하게 하고, 이를 일본의 치욕으로 선전하고자 하였다. 그리하여 조선이 받아들일 수 없는 서계(서한)를 보내었던 것이다.

그러나 조선 정부는 기존의 우호관계를 강조하고 서계를 수정해 올 것만을 요구하여 전쟁의 구실을 주지 않았다. 또한 조선은 왜관에 있는 쓰시마 관리들을 포섭하려고 노력하였다. 또 부산진을 중심으로 수군을 훈련시키고 이를 보여줌으로 섣부른 도발을 억제하기도 하였다. 신미양요를 극복했다는 소식도 일본의 침략을 지연시켰다. 메이지 정부 내부에서도 조선에 대한 침략 여론은 정치적 선전의 요소가 강하였고 현실성을 갖추기에는 시기 상조였다. 다만 조선에 대한 침략 여론은 내부 분열을 통합시키는 역할을 수행하였다는 점에서 그 의미가 있다.

메이지 정부는 1871년 8월 기존의 다이묘가 다스리던 번을 폐지하고 중앙 관리를 파견하여 다스린다는 폐번치현廢藩置縣을 포고하였다. 이로써 군사와 징세의 권한까지도 중앙 정부가 장악한 메이지 정부는 다음 달 청국과 수호조규 및 통상장정을 체결하였다. 이는 조선과의 전쟁이 발발하였을 경우에 청국이 자동적으로 개입할 수 없는 국제법적 장치를 마련한 것이라고 메이지 정부 요인들은 파악하였다.

1872년 일본 외무성은 쓰시마의 부채를 정리하고 조선에 포섭된 쓰시마의 왜관 관리들을 소환하고 처벌하였으며, 쓰시마 상인들을 모두 철수시켰다. 그리고 왜관을 외무성이 접수하겠다고 조선에 알렸다. 이때 두 나라 사이의 갈등이 최고조에 달했다고 인식되고 있다. 그러나 당시 책임자로 왜관에 도착한 하나부사 요시타다(花房義質)가 귀국한 직후(1872년 11월) 올린 보고가 주목된다.

  첫째, 조선정부는 우리(일본)를 거절하고 배척하고 있는가. - 추호도 거절이라는 표현이 없고 결코 배척한다는 뜻이 아니다.
  둘째, 조선인은 일본인의 왕래 교통을 싫어하는가. - 조선인은 아직 한 사람도 양국의 화평을 싫어하는 사람이 있다고 듣지 못하였다.
  셋째, 조선인은 일본인을 경멸하는가. - 예로부터 조선인은 우리 일본인을 두려워하였다. 지금도 두려워하는 바가 있다.

  이를 보면 결코 객관적인 전쟁의 위기가 존재하고 있지 않음을 알 수 있다. 또한 조선도 일본이 의도한 전쟁의 구실을 주고 있지 않다고 판단할 수 있다. 그러나 조선은 폐번치현의 소식을 듣고 충격을 받았다. 260여 년간 외교 파트너였던 도쿠가와막부가 완전히 멸망하였다는 실감은 물론, 한일 양국의 완충 역할을 하고 있었던 쓰시마 영주가 중앙의 관리로 포섭되고 쓰시마가 나가사키 지사의 관리 하에 들어갔다는 사실은 더 이상 기존의 한일관계가 유지될 수 없음을 명백히 알려주었기 때문이었다. 조선의 관리들은 하나부사가 끌고 온 군함을 견학하면서 여러 가지 질문을 던지고 일본의 변화를 탐색하고 있었음도 사료로 확인할 수 있다.
  논리적으로 왜관은 쓰시마 영주에게 빌려준 땅이었다. 따라서 쓰시마 영주가 없어지면 왜관은 철폐되고 한일관계는 단절될 상황이었다. 조선은 일본과의 전쟁을 피하고 교섭의 루트를 확보하는 것이 필요하다고 생각하였다. 일본 외무성도 왜관에 교두보를 확보하는 것은 매우 중요한 일이라고 생각하였으므로, 그 때까지 왜관에서 세계를 둘러싸고 치열한 논쟁을 반복하였던 응대는 일변하여 회담이 급격히 진전하였다. 결국 조선은 왜관을 일본 외무성이 사용하는 것을 묵인·허락하였고, 일본 외무성 관리들은 접대하게 되어 왜관은 '대일본국 공관'이 되었다. 이제 왜관에서는 일본의 대상인들이 진출하게 되어 무역의 확대를 도모할 수 있게 되었다. 다음해 1873년 4월에는 미츠코시(三越) 상인들이 부산에 도착하여 갈등이 있었으나, 조선 정부의 요구로 철수하였고, 6월에는 평상시와 같이 왜관에서의 무역이 진행되었다. 특히 조선 표류민 송환을 둘러싼 협상은 매우 순조롭게 이루어지고 있었으며 조선 정부 담당자는 표류민을 인도 받을 때마다 기뻐하면서 깊이 감사하고 있다고 왜관의 외무성 관리들은 보고를 하고 있었다. 이런 상황에서 일본에서는 이른바 '정한론 정변'이 발생한다.

4) '정한론 정변'

일단 왜관을 확보한 일본은 조선과의 전쟁을 준비하였다. 1873년에는 전 국민을 동원할 수 있는 징병제도도 시행되었다. 물론 농민들은 입대하게 되면 조선·타이완 정벌에 동원될 것이라고 두려워하며 격렬히 저항하였다(愛媛-애히메 반란에서 농민들의 우려가 잘 나타난다). 그러나 메이지 정부는 민중의 반란을 엄격하게 탄압하여 징병제도를 관철하였다. 메이지 정부는 프러시아를 모범으로 국민군을 편성하였다. 우선 조선·타이완에 국위를 선양할 '무대'를 만들고자 하였고, 이를 통해 징병령이 공론이 아니라 현실의 급무라고 주장하였다. 왜관을 통해 조선의 군사력에 대한 정보까지 획득하자, 이제 국제적으로 인정받을 수 있는 전쟁의 구실만 찾으면 되었다.

그리하여 1873년 10월 사이고 다카모리(西鄕隆盛)는 자신이 조선에 가서 죽음으로 전쟁의 구실을 만들겠노라고 하여 사절을 자청하였다. 이는 자신이 무슨 짓을 해서건 목숨을 걸고 전쟁의 구실을 얻을 터이니, 그 사이에 메이지 정부는 모든 전쟁의 준비를 완료하여 출병하라는 것이었다. 사이고 사절 파견은 메이지 천황의 결재까지 얻었으나, 약 2년 간 서양 제국을 순방하였던 이와쿠라사절단이 귀국하고, 이것이 정쟁政爭의 대상이 되면서 실현되지 못하였다. 결국 사이고를 비롯한 정부 수뇌는 사직하였고 오쿠보(大久保利通)를 중심으로 사절단에 포함 되었던 인사들이 정권을 담당하게 되었다. 이를 '정한론 정변(명치 6년의 정변)'이라고 한다.[3]

〈소결〉

이상 검토한 역사적 사실을 바탕으로 다시금 우리는 모두冒頭에 제시한 총독부 교과서의 기술을 다시 검토해 보고 잘못된 역사상을 지적해 보자.

(가) 메이지 천황 즉위 초에, 조선과의 국교가 도쿠가와(德川)막부 말경부터 단절되었으므로 이를 회복하고자 하여, 사절을 조선에 보내어 유신을 알리고 수호를 권유하였다. 그러나 대원군은 쇄국주의를 고집하여 완강히 이에 응하지 않았다.

여기에는 크게 세 가지 역사적 오류가 있다. 첫째, 조선과 일본과의 국교는 단절되었는가? 아니다. 조선과 일본과의 국교가 단절된 적은 없었고 왜관에는 언제나 쓰시마의 상인들이 거주하고 있었음은 물론이다. 도쿠가와 막부는 1858년에 자신들이 서양 5개국과 통상 조약을 맺은 사실을 조선에 알리고 있으며, 또한 대원군도 1866년 병인양요가 일어나자 병인양요에 대한 정보를 일본에 알려 전통적인 우호를 과시하였다. 통신사 파견 요청도 1866년까지 계속되었다는 것이 객관적 사실이다.

둘째, 메이지 정부는 기존의 외교를 회복하고자 하였는가? 아니다. 메이지 정부는 막부시절의 외교를 유지하고자 한 것이 아니라 기존의 외교 관

---

3) 메이지 초기의 정한론에 대해서는 졸고, 2007 〈한일역사교과서의 근대사 기술 분석〉《동북아역사논총》17』(동북아역사재단)에서 좀 더 깊이 있게 분석하였다. 참고 바란다.

계를 정면으로 부정하고자 하였으며, 기존의 우호 관계를 유지하고자 요청한 것은 조선 정부였다는 것이 객관적 사실이다.

셋째, 대원군의 쇄국 정책이 일본과의 수교를 거부하는 이유가 되는가? 아니다. 대원군은 쇄국을 시행하기 위해서도 동양 3국의 전통적인 우호를 필요로 하였다. 따라서 병인양요의 소식을 청국과 일본에 알리로 우호를 다지는 편지를 보냈던 것이다. 따라서 서계를 거부한 것은 서계의 내용, 즉 정한론에 기초한 종속적인 관계를 요구하였기 때문이지 대원군의 쇄국정책과는 아무런 상관관계가 없다.

이상의 간단한 논증을 통해 우리는 위 기술이 잘못된 것이라는 것을 이해할 수 있다. 그리고 이러한 기술은 매우 정치적인 목적 하에 만들어진 것임을 느낄 수 있다. 즉, 총독부의 기술에는 정한론의 발생을 조선의 책임으로 돌리고자 하는 정치적 선전이 그대로 나타나 있다고 할 수 있다. 조선을 침략하여 전쟁이 발생하였을 경우 일본의 잘못이 아니라 조선의 잘못이라며 전쟁 발발의 책임 문제를 역사적 차원에서 호도하는 매우 중요한 정치적 목적이 여기에 숨어 있는 것이다.

우리는 역사적 사실을 통해 조선의 수교 거절로 말미암아 정한征韓의 여론이 형성된 것이 아니라 정한의 계획이 이미 있었고, 다만 그 구실을 찾고 있었다는 것을 증명하였다. 결론적으로 정한론이란 메이지 정부의 외교적 성격, 즉 신공왕후의 삼한 정벌이나 도요토미의 조선 침략을 찬양하면서 국위를 해외에 떨쳐야 한다는 인식의 결과이다. 이는 조선을 세력권 안에 넣고자 하였던 과정에서 나타난 논의였으며, 조선의 대응과는 관계가 없이 발생한 일이었다. 다만 이로 말미암아 발생할 수 있는 전쟁을 합리화하기 위하여 조선의 쇄국과 무례가 강조되었던 것이다. 즉, 전쟁에 임하여 조선의 외교적 실책이나 무례로 책임이 전가되는 정치적 선전을 우리는 위의 교과서 기술을 통하여 확실히 이해할 수 있을 것이다.

3. '강화도사건'의 실상

강화도사건 때의 일본군의 행동을 페리 함대의 함포외교艦砲外交와 같은 것 혹은 그로부터 배운 수법이라고 설명하는 경우가 있다. 그러나 페리 함대는 평화적 목적의 사절이라는 점을 처음부터 알리고 대화를 요구하였으나, 당시 운요호의 행동은 전쟁을 도발하기 위한 것이었다. 사절이 탑승하고 있지도 않았으며 조선에 대화를 요청하지도 않았다는 사실은 두 사건의 차이를 명백히 드러낸다.

나아가 일본의 근대적 함대의 위력에 조선이 굴복하였다는 설명도 존재한다. 그러나 당시 운요호는 270톤으로 일본에서도 상대적으로 작은 배였다. 신미양요 당시 조선에 파견되었던 미함 콜로라도는 3,400톤 규모였다. 강화도 수병은 이를 물리친 경험이 있었으므로 운요호의 등장에 충격을 받았다거나 운요호의 위협에 굴복하여 조약을 맺었다는 것은 자연스럽지 않다. 군사적 이유보다는 정치적 판단이 더욱 중요하였다고 생각하는 것이 타당할 것이다.

다음으로 일반적인 설명은, 앞서 소개한 총독부 교과서에 기술되어 있듯이, 우연히 식수를 얻기 위해 강화도 앞바다에 도착하였을 때에 강화도 포대에서 포격을 해 와서 응전하였다는 설명이다. 이제 우리는 이 설명에 대해 차분히 검토해 보자. 과연 이러한 기술은 사실에 기초한 것일까.

우리는 위의 사실을 검증하기 위해 우선 '정한론 정변' 이후 운요호 사건에 이르는 일본사의 변화를 먼저 살펴보도록 하자.

1) 강화도 사건의 배경

이른바 '정한론 정변'을 통하여 정권을 장악한 외유파는 "조선침략은 시기상조이며 내치內治가 우선"이라고 주장하여 권력을 장악하였으나 조선침략 자체를 부정한 것은 아니었다. 외교적으로 온건파라고 부를 수 있는 사람들도 아니었다. 그들은 대국주의를 지향하였으며, 동아시아에서의 주도권을 잡고 국위를 떨칠 것을 열망하고 있었다. 다만 권력 다툼에서 유수파(留守派 - 사절단 파견 이후에 국내의 정치를 담당한 사람들)를 내 몰고 권력을 다시 장악하기 위해, 유수파가 너무 앞서간다고 비판하고 탄핵한 것에 불과하였다고 이해하는 것이 타당하다.

한편, 정한론을 주장하다가 정권에서 내몰린 사람들은 조선 침략이 좌절된 것에 대해 불만을 표출하여 고향에 내려가 '우국당' 혹은 '정한당' 등을 조직하여 조선 침략 여론을 조성하였다. 대표적으로 정변 다음해인 1874년 2월 에토 신페이(江藤新平)등이 '정한'을 주장하면서 고향 사가(佐賀)에서 일으킨 반란(佐賀의 난)을 들 수 있다. 이 난을 냉혹하게 진압하기는 하였으나, 오쿠보 정권 내부에서도 전쟁의 필요성을 인정하는 의견이 다수를 차지하게 되었다. 폐번치현과 징병령의 실시로 직업을 잃어버린 사족들의 불만을 해소할 '무대'가 필요하였기 때문이었다. 따라서 메이지 정부 내부에서는 이러한 '무대'가 타이완이 되어야 하는지 조선이 되어야 하는지에 대한 논의가 꾸준히 이루어졌다. 결국 오쿠보 정권은 타이완을 침공하기로 결정한다. 타이완 침공에 대해서 간략히 살펴보자.

1872년 일본은 류큐 왕국을 류큐번으로 강제 편성하였다. 그러나 유구인들이 꾸준히 청에 대해 호소하여 자립을 요청하였고, 청나라도 이를 받아들여 류큐왕국을 유지하는 쪽으로 일본에 압박을 가하였기 때문에 청일 간에 갈등이 지속되었다. 따라서 오쿠보 정권은 조선보다 제압하기가 쉬운 타이완을 먼저 침공하기로 결정하였다. 이 때 전쟁의 구실은 3년 전에 발생하였던 유구어민 살해사건이었다. 일본은 이 사건에 대해 청국에 항의하고, 이에 답변하는 중에 청의 이홍장李鴻章이 '화외지민化外之民'이라고 발언했던 것을 전쟁의 빌미로 삼았다. 즉 당시 청나라의 실권자 이홍장이 '타이완의 고산高山족이 교화가 되지 않아서 그러한 사건이 발생하였다'고 말하자, 일본은 즉시 회담을 종료시키고 '교화가 미치는 곳까지가 영토이므로 국제법상 타이완은 청국의 영토가 아니며 고산족은 청의 백성이 아니다'라고 주장하면서 1874년 타이완을 침공하였던 것이었다. 당시 일본 외교의 진가가 드러난 대목이라고 할 수 있다.

결국 주청 영국공사 웨이드의 주선과 전쟁을 피하고자 하였던 청의 양보로 일본군은 50만량의 배상금(전쟁비용의 1/10에 해당되었다고 한다)을 받았으며, 이 침공이 "백성을 보호하는 의로운 싸움"이라는 승인을 얻어 내어 명예롭게 철수할 수 있었다. 이러한 해결은 국제법상 류큐의 주민들을 일본의 속민으로 자리매김하는 근거로 활용되었다. 즉 류큐는 일본 영토요, 타이완은 청나라 영토라는 해석이 된 것이다. 결국 1879년에 일본은 유구를 오키나와현으로 편입하였다.

한편, 이 싸움은 당시 일본의 농민들에게는 정한의 여분을 푼 것이라는 평을 얻었고, 일본의 대륙침략의 첫 걸음이 되었다. 당시 청일 양국을 주선하였던 영국 주청공사 웨이드는 이 싸움을 "일본의 위권을 중국 정부에 보여주었다"고 칭찬하였고, "조선에 착수하게 되면 원조를 아끼지 않겠다"며 부추겼다. 영국은 이미 이때부터 러시아가 조선 반도를 제압할 것을 경계하고 있었으며, 동아시아의 작은 강국 일본을 자신의 세계 전략에 포섭하려고 생각하고 있었다. 오쿠보 정권은 타이완 침공으로 얻은 성과로 정권을 안정시킬 수 있었으며, 점차 전쟁을 각오한 외교에 의해 국익을 신장시킬 수 있다고 생각하게 되었다.

한편, '정한론 정변'에서 대두되었던 조선 침략 논의는 천황의 칙재勅裁에 의해 러시아와의 국경 분쟁을 이유로 시기상조라 하여 연기되었을 뿐이었고 중지된 것은 아니었다. 따라서 1875년 러시아와 국경조약(樺太·千島交換條約)을 성립시키고 난 후, 조선을 침략하자는 요구가 재연되었고 메이지 정부는 조선에 대해 다시금 전쟁의 구실을 찾는 강경자세를 취하게 되었다.

이제 조선 침략의 시기는 점차 가까워지고 있었고, 조선에도 일본의 침략이 가까워졌다는 정보가 여러 경로로 전해져 대책 마련에 분주해졌다.

메이지 정부는 우선 증기선을 부산에 입항시켜서 무력시위를 하며 조선을 도발하였다. 하지만 대원군 하야 후 일본과의 갈등을 피하고자 하였던 지방 관리들은 특별한 대응을 보이지 않았다. 그리하여 일본은 군함 운요호雲揚號를 강화 해역에 파견하여 전쟁의 구실을 얻고자 하였다. 이것이 강화도사건이다.

2) '강화도사건'의 실상

강화도사건에 대해 최근 새로운 자료의 공개로 전말이 드러나고 있다.[4] 우선 운요호 함장 이노우에 가오루(井上馨)의 보고서(1875년 9월 29일자)를 중심으로 사건의 실상을 살펴보겠다.

운요호는 9월 12일 조선 서해안 해로연구라는 명목으로 나가사키를 출항하여 19일 월미도 연안에 닻을 내렸다. 9월 20일 측량 및 여러 사정을 파악하기 위해 해병 4명, 뱃사람(水夫) 10인에게 소총을 지참시키고 오후 1시 40분 단정(端艇-보트)을 타고 강화도로 향해 나아가게 하였다. 이 섬 남동쪽 끝에 흰 벽의 포대가 있다(이를 제2포대라 한다). 4시 7분에 이 포대 앞에 이르렀는데 병비兵備가 보잘 것 없고 인가가 겨우 7, 8채 있는 것을 확인하였다. 4시 22분 강화도의 남단 제3포대(초지진 포대) 앞에 이르렀는데 항로가 협소하고 암초 따위가 흩어져 있었으며,

---

4) 강화도 사건에 대해서는 이태진, 2002 〈운양호 사건의 진상 - 사건 경위와 일본국기 게양설의 진위〉《조선의 정치와 사회 - 최승희교수 정년 기념 논문집》(집문당) ; 中塚明, 2005 〈江華島事件再考〉《社會評論》140 및 2007 〈江華島事件はなぜ起きたのか〉《現代日本の歴史認識:その自覺せざる缺落を問う》(高文研) ; 김흥수, 2009 〈운요호 사건과 이토 히로부미〉《한일관계사연구》33집 등이 새로운 자료를 바탕으로 한 연구이다. 이 글은 위의 연구 성과를 정리한 것이다.

해안의 조금 높은 평탄한 땅에 흰 벽의 포대가 있는데 진영陣營 같은 것이 그 중에 있다. 이곳보다 한 단 낮은 남쪽 해안에 하나의 견고한 포대가 있으며, 이곳을 용감한 병사들이 방어하게 되면 실로 요충지라 할 만하였다. 이곳에 상륙하려 생각했지만, 해도 아직 많이 남아서 조금 깊이 들어갔다가 돌아오는 길에 상륙하기로 결정하고, 동 30분에 위의 포대 앞을 이미 지나려할 때에 단정을 겨냥하여 포대에서 총격이 있었다. 그리하여 소총으로 응사하여 잠시 반격했지만, 아무래도 그들은 숫자가 많고 포대로부터 대소포를 난사하고 우리는 오직 소총 14~5정 뿐이어서 이와 맞서 싸워도 이익이 없었다. 그래서 일단 귀함한 뒤 본함이 이에 응하는 것이 좋다고 생각하여 동시 57분 발포를 멈추었다. 시에 이르러 잠시 그쳤다. 9시 일동 무사히 본함에 돌아왔다.

위 보고서에서 볼 수 있는 것처럼 운요호의 강화만 접근은 담수를 구하기 위한 것이 아니었다. 서울로 통하는 요충지이며 병인양요와 신미양요의 격전을 거친 뒤 더욱 엄하게 방비를 정비한 강화만을 아무런 통고도 없이 접근한 것은 도발을 유도한 것으로 밖에 해석할 수 없다. 발포를 유도하기 위해 바로 초지진으로 들어가지 않고 초지진 포대를 지나 더 북상하려 했음도 확인할 수 있다. 더구나 본함이 이에 응하는 것이 좋겠다고 생각하였다는 것은 애당초 전투를 하려는 의도가 존재하였다고 말할 수 있겠다. 이 보고서는 계속하여

9월 21일 새벽 4시에 모두 기상하여 엔진(蒸氣罐)에 점화하다. 제8시 돛대에 국기를 게양한 후 분대 정렬한 자리에서 나(이노우에)는 "무릇 오늘 전쟁을 일으키는 까닭은 모두 다 알듯이 어제 우리의 보트(端舟)가 측량할 때 제3포대로부터 심문도 없이 어지러이 발포하여 크게 곤란하였다. 이대로 내버려 둘 때에는 국가의 치욕이 되고 또 군함의 직무를 포기하는 것이다. 따라서 오늘 그들 포대에 향하여 그 죄를 치러한다"고 전쟁을 선포하였다. 10시 42분 제3포대 앞에 이르

렀다. 바로 포대에 접근하기를 원하였지만, 멀리까지 수심이 얕고, 조류가 맹렬하고, 암초가 널려 있어서 끝내 가까운 곳에 배를 댈 수 없었다. 거리를 시험하기 위해 40근斤(40파운드 포)을 발포했더니 8분 뒤에 그들로부터도 역시 발포했다. 이로부터 전쟁. 서로 포격을 교환하였다. 오후 2시 40분 제2포대에 상륙하여 그곳을 모조리 태워버리고 동 6시 5분에 그곳을 떠났다.

운요호의 포격은 20일의 발포에 연속된 것이 아니라 준비를 다한 뒤에 그 다음날인 21일에 이루어진 보복포격임을 잘 알 수 있게 해준다. 즉, 운요호는 다음 날에 국기를 게양하고 먼저 발포하였으며, 조선 포대의 발포는 8분 뒤에 이루어진 응전이었음을 알려준다. 그리고 다음 날인 9월 22일 운요호 함장 이노우에는 상대적으로 방위가 취약한 영종성을 공격해 방화하고 28일 나가사키로 귀환하였다.

운요호사건은 운요호에서 내린 무장보트가 강화도 포대 깊숙이 항해 금지구역에 들어와 측량을 하면서 조선 수비대의 위협사격을 유도하고 물러난 후, 다음날 조선 수비대의 위협사격을 구실로 운요호가 함포사격으로 조선의 포대를 파괴하고 또 다음날 영종도를 점령하여 민가에 불을 지르고 인민을 살육하고 돌아간 사건이었다. 이는 명백히 국제법 위반이며 과잉보복이었다. 그런데 이 사건에 대해 국제적인 비난을 피하기 위해 측량을 하였다는 사실이 "식수를 얻기 위한 접근"으로 둔갑하였으며, 위협사격과 응전도 동시에 이루어진 행위로 포장된 것이다. 당시 메이지 정부가 명분을 얻기 위해 사실을 어떻게 조작하고 있는지 잘 알게 해 주는 자료이다.

그리고 이러한 조작된 보고를 바탕으로 여론이 형성되면서 일본 내부에서는 조선과 전쟁을 해야 한다는 여론이 들끓었다. 당시의 신문을 보면 일본의 여론이 조선에 대한 분노를 감추지 않고 있음을 알 수 있다. 이런 상황을 바탕으로 일본 정부는 조선과의 전쟁을 준비하였다.

일본정부는 구로다 기요타카(黑田淸隆)를 전권대사로 조선에 파견하면서 육군경 야마가타 오리토모(山懸有朋)를 전쟁에 대비하여 시모노세키에 파견하여, 조선과의 개전에 대비하였다. 그는 히로시마와 구마모토 양 진대의 병사 파견과 수송선박의 준비를 완료하였다. 그러나 당시 일본 정부로서도 조선과의 전쟁은 부담스러웠는지 구로다를 파견하면서 가능하면 조약을 맺는 것을 주로 하도록 신중한 대응을 주문했다는 사실이 주목된다. 물론 조선이 응하지 않을 경우에는 알아서 처리하라는 협상 결렬의 전권을 부여하고 있었음은 물론이다.

그러면, 이에 대한 조선 정부의 대응은 어떠하였을까.

일본 특명 전권대신 구로다가 군함을 이끌고 강화도에 정박하자, 조선 정부는 어영대장 신헌을 접견 대신으로 삼아 일본 사신을 접견하게 하였다. 처음 구로다는 일장기를 게양한 일본 함대에 포격을 가한 사실은 국제법 위반이므로 사과와 배상을 해야 한다고 강압적으로 요구하였다. 그러나 신헌은 일장기 게양이 없었으며, 이웃 나라에 들어갈 때에는 예법(전통적인 국제법)에 따라 당연히 미리 알려야 하는데 알리지 않고 포대 깊숙이 진입하였으므로 수비병이 발포한 것은 국법에 따른 당연한 조치였다고 강조하였다. 오히려 다음날의 운요호의 포격과 또 그 다음날의 영종도 주민의 학살에 대한 일본의 과잉 보복을 추궁하였다. 결국 조선 측의 논리 정연한 반박에 따라 이 사건은 배상 책임 없이 종료되었으며, 다만 기존의 우호를 강조하고 조일수호조규를 맺는 데에 동의함으로 해결되었다. 그러나 일본은 조선이 사죄하였다고 간주하였고 그렇게 보고하여 기록을 남기었다.

〈소결〉

이상의 역사적 사실을 바탕으로 다시금 우리는 모두에 제시한 총독부 교과서의 기술에 초점을 맞추어 다시 검토해 보자.

(나) 메이지8(1875)년 일본군함 운요雲揚호가 조선 근해를 지나가면서 식수를

얻기 위해 강화도 앞바다에 왔는데, 예기치 않게 포대에서 포격을 해 왔으므로 이에 응전하여 부근의 포대를 함락시켰다. 다음해 일본의 사절이 와서 이 사건에 대해 담판하였다.…강화도조약은 조선이 근세 외국과 맺은 최초의 조약이다.

여기에는 명백히 역사적 사실과 다른 점이 두 가지 있다. 첫째는 조선 근해를 통과하다가 음료수를 얻고자 강화도에 도착하였다는 진술이다. 운요호는 조선 강화도를 목표로 출발하였고 식수를 공급해 달라고 조선의 관리들에게 언급한 적도 없으며, 무장 단선을 보내어 측량을 행하면서 깊숙이 전진하였음이 객관적 사실이다. 둘째는 갑자기 포격을 받아 이에 응전하였다는 기술이다. 앞서 검토한 바와 같이 운요호는 무장 보트를 보내어 측량을 하였고 조선 수비군의 경고를 무시하고 한강 입구까지 진입하여 결국 발포를 받고 퇴각하였다. 운요호가 국기를 게양하고 포격을 개시한 것은 다음날이었다. 따라서 조선의 포대가 운요호를 향해 포격을 먼저 개시하였다는 것은 사실이 아니다.

이상 간단한 논증을 통해 우리는 위 기술이 잘못된 것임을 이해할 수 있겠다. 그리고 이러한 기술은 매우 정치적 목적 하에 만들어진 것임을 느낄 수 있다. 즉, 이 기술에는 강화도사건(운요호사건)의 책임을 조선에 돌리고자 하는 치밀한 책임 전가의 의도가 존재하고 있었음을 알 수 있다. 전쟁으로 이어질 것을 예상하고 전쟁의 책임이 조선에 있다는 국제법적 근거를 만들고자 하였던 당시 메이지 정부의 정치적 선전이 그대로 나타나 있는 것이다.

이러한 사실들을 하나씩 확인하면서 생각해 보면, 강화도조약(조일수호조규)이 최초의 개항 조약으로 인식되는 것에 대해서도 약간의 주저가 생긴다. 왜냐하면 조선은 조일수호조규를 새로운 국제 관계의 시작으로 인식한 것이 아니라 조일 간의 전쟁을 피하기 위한 종전의 한일관계 회복 정도로 간주하였기 때문이다.

당시 개항을 반대한 척사위정파의 논리는 종래의 전통적인 화이론華夷論적 세계관에서 비롯된 것이었다. 개항을 수용한 조정의 논리도 당시에는 단절되어 있던 조일관계, 즉 교린을 회복하는 것일 뿐이고 서양에 대한 개항은 아니라는 것이었음은 많은 사료에서 확인된다. 과연 강화도조약(조일수호조규)은 조선의 입장에서 어떠한 역사적 자리매김을 해야 되는지 앞으로 다양한 분석이 필요하다.

4. 나오며

　이상으로 조선 총독부 시기 교과서의 기술을 출발점으로 삼아서 정한론과 강화도사건에 대한 진실을 추적해 보았다. 그리고 그 과정에서 자연스럽게 도쿠가와 막부시절에서 강화도 조약에 이르는 한일관계를 개관해 보았다. 그 결과 우리는 다음과 같은 결론을 내릴 수 있었다.
　"메이지 일본이 조선과의 수교를 원하였으나 대원군의 쇄국정책으로 거부당하여 일본 내부에서는 정한론이 발생하였다"는 총독부 교과서 기술은 전혀 사실이 아니다. 메이지 정부는 애초부터 조선에 세력을 확대하고자 염원하고 있었으며 조선에 보낸 서한은 마치 도요토미 히데요시(豊臣秀吉)가 정명가도征明假道를 요청한 것과 마찬가지로 조선이 받아들일 수 없는 복속의 요구였다. 반면 조선은 이 서한이 당치 않음을 논리적으로 설득하고 기존의 우호를 유지하고자 노력하였다. 결코 몇 몇 자구에 구애되어 고리타분하게 이를 거부한 것도 아니었고, 일본을 무시하거나 적으로 삼으려는 의도가 있었던 것도 아니었다. 당시 왜관에서의 외교는 전통적 국제법(예법)에 근거한 매우 현명한 대응이었다고 말할 수 있다.
　다음으로 "강화도 사건은 일본 함대가 식수를 구하기 위해 강화도에 도착하였을 때 조선의 포대가 갑자기 공격해 와서 응전한 사건"이라는 기술도 사실이 아니다. 일본은 메이지 정부 수립 이후 꾸준히 전쟁을 준비해 왔으며 또한 전쟁의 구실을 만들기 위해 노력해 왔다. 타이완 침공 이후, 이러한 일본의 의도는 명확히 조선에 전해졌으며 전쟁을 피하기 위해 구실을 주지 않으려고 조선 정부가 노력한 흔적도 많이 발견된다. 운요호는 전쟁의 구실을 얻기 위해 파견되었으며, 식수를 구하기 위해서가 아니라 무장단선(보우트)을 보내어 포대 앞을 측량하면서 수비병의 경고를 무시하고 계속 전진하여 서울로 향하였으며, 포대의 위협사격으로 퇴각하였다. 식수를 구하였다는 기술은 근거가 없다. 그리고 조선의 포격에 응전한 것이 아니라, 다음날 전날의 보복이라고 칭하며 갑자기 포대를 공격하였던 것이 진상이었음이 명확히 드러난다.

생각해 보건데, 근대 한일관계를 연구할 때에 항상 조심하게 되는 것이 일본이 내건 명분이 타당한 것일까 하고 거듭 생각하지 않으면 위험하다는 것이다. 당시 메이지 정부 담당자들은 교활할 정도로 똑똑하였다. 그들은 막부를 무너뜨릴 때 허위 선전을 일삼았고 역사를 왜곡하고서도 눈 하나 깜박하지 않았다. 역사는 이긴 자의 기록이라는 말을 믿었음이 틀림없다. "이기면 관군(勝てば官軍)"이라는 말이 횡횡하였다. 그러므로 타이완 침공 시에 "화외지민化外之民"의 발언을 활용하는 것이나, 청일전쟁 시에 아산만에서 청나라 군함이 먼저 포격을 가하였다는 주장, 러일전쟁 때 러시아 군함이 인천에서 먼저 공격을 가하였다는 주장, 만주사변의 구실로 유조호 부근에서 철도를 폭파시키고 중국군이 한 일이라고 주장하면서 전쟁을 일으킨 일, 상하이사변과 중일전쟁의 구실이 된 노구교 사건 등 모두 상대방의 책임이라는 주장이 일관성 있게 이루어지는 것을 생각해 보아야 한다. 정한론과 운요호사건에 대해서도 마찬가지이다. 오랫동안의 계획이 있었음에도 불구하고 모두 우연을 가장하였으며 책임을 상대방에 돌리는 단순한 속임수이다. 그리고 그 단순한 속임수를 아직도 명확히 비판하여 시정하지

못한다는 것은 한일 양국의 역사학자들이 모두 반성해야 할 일이라 생각한다. 또한 학문적 연구와 더불어 일반인에게도 진실을 널리 알리는 것이 필요한 일이라 생각한다.

〈참고문헌〉

※ 현명철, 2003 《19세기 후반의 쓰시마주와 한일관계》(국학자료원)
※ 현명철, 2005 〈통신사 단절과 서계문제〉《통신사 · 왜관과 한일관계》(경인문화사)
※ 이태진, 2002 〈운양호 사건의 진상 - 사건 경위와 일본국기 게양설의 진위〉《조선의 정치와 사회 - 최승희교수 정년 기념 논문집》(집문당)
※ 中塚明, 2005 〈江華島事件再考〉《社會評論》140 ; 2007
※ 김흥수, 2009 〈운요호 사건과 이토 히로부미〉《한일관계사연구》33집

청일전쟁의 '조선독립론' 비판

주진오*

목 차

머리말
1. 조선 자주독립론의 대두
2. 청의 자주권 침해와 조선의 대응
3. 거문도 사건과 조선중립화론의 대두
4. 청일전쟁과 일본의 '조선독립론' 허구성

맺음말

머리말

그동안 일본과 중국의 학자들은 조선시대 한중관계의 형식과 사료의 용어 표현에만 의도적으로 집착하여 조선의 실제적인 자주성을 묵살하고 중국에 대한 종속성만 강조하여 왔다. 일본 학자들은 청일전쟁을 통해 비로소 조선이 중국으로부터 독립적인 지위를 얻은 것으로 주장하면서, 일제의 조선 침략을 미화하는 방편으로 삼는 경향이 있었다. 그리고 전통적으로

* 상명대학교 역사컨텐츠학과 교수

동아시아의 전형적인 외교형식이 되었던 조공-책봉의 관례나 황제에 대한 칭신稱臣의 표현만을 강조하여 현대적 의미의 식민지적인 성격으로 규정하는 경우도 있었다.

특히 조선은 1637년 전쟁에서 항복하여 청에 복속하기로 약속하였기 때문에, 조선초기의 대명 관계와는 조금 다른 특성이 있었다. 이것이 중국 측 자료에서 조선을 '속국'으로 표현하는 이유이기도 하다. 그러나 '속국'이라는 표현은 조선전기의 명대에도 자주 사용되었던 것이므로 이 용어가 조선 후기 한중관계의 기본적인 성격을 결정하는 것은 아니다. 보다 중요한 것은 한중관계의 실제적인 내용이며, 동아시아 국제질서 속에서 가졌던 조선의 지위에 대한 인식이다.

요컨대 조청관계는 외교문서의 수사나 사행의 횟수와 같은 형식 논리에 얽매여, 조선이 청의 실질적인 종속상태에 있었다고 단순하게 평가할 수는 없다. 19세기 전반기 조선은 조공체제의 형식에 충실히 따르면서도 사행무역에서 오는 이득을 취할 수 있었고, 국가적 이익을 확보하기 위하여 다양한 노력을 펼쳤기 때문이다. 따라서 전근대의 조청관계를 조공체제라는 형식논리로 단순화하여 외교주체인 조선의 존재를 배제시키고, 결국에는 일본에 의한 조선 개국의 시혜성을 강조하려는 논지는 재검토되고 경계되어야 한다.

특히 제 1기 한일역사공동연구위원회에서도 일본 측의 하라다 다마키 위원은 조선의 국제적 지위를 칙사, 조공사, 국경무역에서 보듯이 청의 종속 하에 있었으며, 내정이 자주라 하더라도 월남과 달리 조선은 구속이 강한 자주였다고 주장하였다. 또 강화도 조약(조일수호조규)에서 일본의 의도는 조선을 책봉체제에서 독립시켜서 조선과의 사이에 근대 국제법에 기초한 조약관계를 수립하려는 것이고, 갑신정변은 청으로부터의 독립을 지향했으므로 독립운동이라 할 수 있으며, 결국 조선이 근대화과정에 진입하는 것은 청일전쟁에 의해서라고 주장하였다.

대부분의 일본 교과서에서도 조선의 국제적 지위를 중국의 속국으로서 일본이 이를 독립시켜 주었다는 인상을 주려고 노력하고 있다. 이때 중요한 것은 중화적 질서 속에서의 속국이라는 개념을 만국공법적 질서 속에서의 지배와 동일하게 이해함으로써 조선이 중국의 지배를 받았고 일본이 독립시켜 주었다는 기조를 깔고 있다는 점이다.

특히 일본의 우익 교과서 가운데 하나인 메이세이(明成社) 간행의 《일본사》는 다음과 같이 기술하고 있다.

근대화한 일본은 아시아의 근린제국도 마찬가지로 근대화를 이룩하고 독립을 보전할 것을 바래, 조선에 손을 썼으나 난항을 겪었고, 오히려 종주국인 청과 대립하기에 이르렀다. 일본은 청을 격파하고 조선의 독립을 인정시켰지만 만주 지배를 강화하여 조선으로 진출을 도모하던 러시아에 승리하고, 마침내 한국을 병합하였다. 아시아의 소국 일본이 일로전쟁에 승리한 것은 세계 각지의 민족독립운동에 강한 자극을 주었다.

그밖에 다른 교과서들의 서술도 이와 그렇게 다르지 않다. 더욱이 문제가 되는 것은 갑신정변과 청일전쟁 그리고 러일전쟁 관련 서술이다. 일본 교과서들은 일본의 영향을 받아 근대화와 독립론에 눈을 뜬 개화파들이 갑신정변을 일으켰다가 실패하였고 마침내 일본이 직접 개입하여 청일전쟁을 통해 조선의 독립을 가져다주었으나, 러시아가 방해하여 결국 러일전쟁으로 조선을 차지하게 되는 과정으로 한국사를 이해하고 있는 것이다. 즉 조선 내에서 전개되었던 자주권의 회복과 독립주권의 확보, 그리고 근대화를 위한 노력을 거의 언급하지 않고 있다.

그런데 국내에서도 이른바 뉴라이트 계열의 교과서 포럼에서 발간한 《대안교과서 한국근현대사》(기파랑)에서 일본의 우익 교과서에서 보이고 있는 일본의 조선독립론을 수용하고 있는 양상을 보이고 있는 것은 대단히 유감스러운 일이다. 이 글이 교과서 포럼을 비판하는 목적이 아니기 때문에 더 이상 논의를 확대하지 않겠으나, 일본의 우익 교과서와 같은 논리가 국내에서도 반복된다는 것에 대해서 경각심이 필요할 것이다.

이 글의 목적은 일본에서 주장하고 있는 청일전쟁을 통해 일본이 조선을 독립시켜 주었다는 논리의 허구성을 드러내는데 있다. 아울러 당시 조선 내에서 나타나고 있었던 조선중립화론에 대해서도 살펴 볼 예정이다. 왜냐하면 조선이 국권을 유지할 수 있는 방법을 국내외적으로 다양하게 모색해보는 과정에서 나타난 중립화론이 갖는 역사적 의미를 검토함으로써 역시 일본이 조선을 독립시켜 주었다는 논리를 반박할 수 있기 때문이다.

1. 조선 자주독립론의 대두

동아시아의 전통적 국제질서체제는 1842년 난징조약의 체결을 시작으로 하여 동아시아 제국이 서구와 대외수호조약을 체결하면서 새로운 국면을 맞게 되었다. 서구 제국과의 조약체결은 단지 국교통상의 대상국이 서구제국까지 확대된다는 국가 간 관계의 양적변화 뿐만 아니라 국가 간의 관계양상, 곧 국제질서관의 본질적 변화를 의미하는 것이기 때문이다. 즉 전통적인 중국적 세계질서 또는 조공체제 대신 서구적 국제질서를 받아들인다는 것을 의미하였다.

조선에서 주권 개념을 수용한다는 것은 곧 전통적 사대관계를 부정하고, 서구 주도의 근대국제질서에 편입함을 의미한다. 주권 개념이 수용되기 이전까지 조선의 대외관계는 중국을 중심으로 한 사대질서에 속해있었으며, 그 특징은 종주국과 조공국간의 불평등한 질서였다. 문호개방은 이러한 불평등한 국제질서를 '평등한' 관계로 대체할 것을 요구하였기 때문에 그 혼란은 예정되어 있었다고 할 수 있다.

즉위 초기 고종은 전통적인 화이관념을 간직하고 있었다. 당시 조선 전체를 위기의식에 휩싸이게 했던 프랑스 함대와의 격전 병인양요(1866)를 비롯하여, 오페르트 도굴사건(1868), 미국함대와의 격돌 신미양요(1871) 등 서양과의 폭력적이고 적대적인 만남과 충돌의 상황에서 비롯된 것이라고 할 수 있을 것이다.

그런데 고종은 1873년 친정체제 수립을 전후하여 박규수朴珪壽에게 각별한 영향을 받게 되고, 그로 인해 청을 통한 대외정보의 수집에 관여하게 되었다. 이를 통해 결국 조선이 시대적 대세를 외면함으로써 고립되는 국면으로 치달리고 있으며 이러한 조선 조정의 입장이 도리어 중장기적으로는 나라를 보다 심각한 위기상황으로 몰고 갈 것이라는 점을 통감하게 되었다.

고종은 대외관계에서 나타나고 있던 현실적인 권력관계의 추이에 적극적인 관심과 나름대로의 이해를 갖추고 있었다. 연행사절들의 보고를 일방적으로 전해 듣는 것이 아니라, 자신의 문제의식 속에서 이들이 가져온 정보들을 끌어내려고 하는 자세를 보였던 것이다. 그의 질문내용을 통해 보았을 때, 고종에게 중국은 여전히 가장 중요한 나라이기는 하지만 이미 현실적으로 세계의 중심은 아니었다.

이러한 사실은 고종이 청에 대해 갖고 있던 '제국 혹은 대국으로서 중화'라는 신화화된 이미지가 근간에서부터 흔들리고 있으며, 나아가 그 동요의 와중에서 서양화된 일본과 강력한 서양 열강들이 세력을 확산시켜가고 있다는 것을 감지하게 되었음을 의미한다. 요컨대 고종은 대원군이 주도하고 있는 조선의 배외정책이 시대적인 대세를 무시한 것으로, 현실적으로 조선이 점점 고립되는 방향으로 상황이 전개되어가고 있다는 위기의식과 불만을 동시에 갖게 되었다. 고종의 이러한 상황판단은 대외정책의 새로운 방향전환과 아울러 스스로 친정을 선언하게 되는 중요한 계기가 되었다.

박규수는 이때 국가 간의 관계에 대해 대단히 유연한 태도를 취하면서도 그것은 어디까지나 전통적인 도리와 교린이라는 관념의 연장선상에 서있었다. 한편 고종은 대신회의를 통해 일본 측이 메이지 유신 이후에 새롭게 형식이 바뀐 외교문서(書契)를 받아들이려 하였다. 그러나 박규수를 제외한 대다수는 신중론의 입장을 취하면서 서계의 접수를 반대하였다. 이에 박규수는 대원군에게 다시 서한을 보내, 전쟁이 벌어지게 되면 승산이 없으니 미리 서계를 받자고 간곡히 설득을 시도했으나 끝내 대원군을 움직이지 못하였다.

일본과의 수호조규에 대한 반대여론이 강력하게 일어나자, 고종은 결국 이에 대한 더 이상의 논의가 이미 소모적일 뿐이며 현실적으로 도움이 되지 않는다는 입장을 견지하게 된다. 그리고 일본과의 수교는 "그동안 잠시 끊겼던 교린관계의 복구이며 반면에 서양에 대해서는 척사적 입장을 고수한다(與倭續好 匪洋伊和)"는 논리에 따라 당시의 반대여론을 돌파하게 된다.

물론 당시 조선이 조일수호조규(강화도조약)를 체결하게 되는 과정에는 청의 권유가 결정적인 역할을 하였다. 하지만 그 가운데 당시 국왕으로서 일본과의 조약체결을 앞장서서 추진하였던 고종의 국제질서에 대한 인식과 대응을 통해 조선 측에서의 주체적 노력을 파악할 수 있을 것으로 생각된다. 조일수호조규는 조선과 중국의 전통적 관계가 파괴되고 근대국제법질서로 편입됨을 선언하는 의미를 지닌 것이었다.

조선과 일본은 조약문 첫 조항에 "조선은 자주지방으로서 일본국과 평등한 권리를 보유한다"고 명시하였다. 그런데 이 내용을 조선 측은 이미 사대교린과 내정외교를 자주적으로 진행해 왔던 전통관계의 연장선상으로 인식하였지만, 일본 측의 입장은 조선이나 청을 침략하고자 하는 기초를 마련하고자 한 것이다.

조일수호조규를 맺기 전후하여 조선의 자주독립 문제가 거론되었는데,

일본은 이미 청에 관리를 파견하여 조선과 청의 속방관계와 현황, 조선과의 조약에 관한 청의 대응 등을 타진하기도 하였다. 이때 청에서는 조선이 청의 속방이지만 모든 내치와 외교는 자주에 맡긴다는 입장을 표명하였다. 이러한 청의 태도는 이미 병인양요와 신미양요 당시에도 제기된 것이었다. 이때 일본은 조선을 독립국으로 인정하며, 청과 조선과의 사이에 존재하는 '애매한 종속적인 관계'를 분명히 하고자 하였으나 뜻을 이루지 못했다.

그러나 조일수호조규는 조선 최초의 근대적인 조약으로, 전통적인 청과의 종속관계를 어떻게 주권평등의 근대 국제법 관계로 전환할 것인가 하는 새로운 과제를 조선에 제기하였다. 당시 일본은 자주지방自主之邦이란 문구를 통해 조선을 독립국으로 인정했다는 해석을 내렸고, 조선과 청은 이를 통해 조선이 독립된 주권국이 아니라 속방이라는 점을 분명하게 설정하였다고 판단하였다. 이러한 판단의 차이는 계속해서 양국은 물론 조선의 국제법적 지위를 모호하게 만들었고 동아시아 국제분쟁의 빌미를 제공하였다.

즉 '조공과 책봉', '사대와 교린'의 관계로 이어지던 중화질서와, '주권'과 '조약' 관계로 이어지는 근대국제질서라는 두 개의 패러다임이 갈등하며 교차하는 상황에서, '자주국'이라는 개념은 모호한 해석의 소지를 처음부터 안고 있는 것이었다. 실제로 조선은 자주국을 사대교린 질서 안에서 통용되던 원리, 즉 "외번外藩은 그 내정과 외국 교제를 자주적으로 행한다"는 의미로 받아들여 이를 교린 질서의 연장으로 해석한 반면, 일본은 자주란 곧 '독립'을 의미하는 것이어서 양국은 만국공법에서 말하는 주권 국가임을 인정한 것이라고 해석하였다.

이홍장은 류큐병합(1879년 4월) 직후에 이유원에게 보낸 서한을 통해 화이론적 명분론이 아닌 '만국공법'에 의거하여 서양국가와의 조약관계를 강력히 권유하였다. 한편 고종은 제2차 수신사 김홍집의 귀국보고를 행한 직후 미국과 조약을 체결할 결심을 굳히고, 김홍집이 귀국시 일본에서 데려온 이동인을 국왕의 '밀사'로 파견할 것을 결정하였다. 요컨대 고종은 조정회의를 거치지 않은 채 주일청공사 하여장에게 미국과의 수호통상조약교섭을 알선해줄 것을 요청하도록 이동인에게 특명을 내린 것이다.

그리고 《조선책략》 등에 관한 논의를 조정회의에 부쳐, "작금의 조선의 배외정책이 조선을 고립무원한 지경으로 빠지게 하는 것이며, 조선의 전통적인 관례가 되어왔던 유원지의柔遠之義의 뜻에 비추어 보더라도 오히려 이들과 우호적인 관계를 정립해가는 것이 향후 조선에 있어 바람직할 것"이라는 결론을 암묵적으로 유도해낸다. 뿐만 아니라, 주요대신들에게 《조선책략》을 읽고 이에 대한 입장을 명확히 밝혀줄 것을 이례적으로 요구함으로써, 미국과의 조약을 맺는데 대한 동의를 문서형식으로 받아내기도 하였다. 한편 고종은 1881년 1월 이용숙李容肅을 청에 파견하여 자신의 대미수교 의사를 이홍장에게 전달하고 문호개방정책을 추진하는 과정에서 예상되는 사항을 8개 항목으로 정리하여 자문을 구하는가 하면, 대내외적인 자강정책의 마련에 매달리게 된다.

대원군 세력의 강력한 정치적 영향력, 조야에 팽배해있는 뿌리 깊은 화이관념, 조선의 유교적인 정치지형에서 발생하는 왕권에 대한 전통적인 견제구조 등으로 인해 고종은 대내외적으로 별다른 정치적 선택을 하지 못하고 있었다. 이러한 와중에서 제2차 수신사 김홍집이 일본에서 가져온 《조선책략》에 담긴 전략적 가치에 주목한 고종이 한편으로 《조선책략》의 논의를 공론의 장으로 끌어냄으로써 정책전환의 불가피성을 호소하고, 다른 한편으로 대미수교방침을 확정짓고 중국이 이를 알선해줄 것을 요청하는 자세를 보인 것이다.

이홍장과 슈펠트(Robert W. Shufeldt) 간에 조미수호조약의 교섭이 한창 진행 중이던 1882년 2월, 문의관問議官이라는 명칭으로 어윤중魚允中과 이조연李祖淵을 청에 파견하면서 내린 지시에서 당시 고종의 의도를 명확히 엿볼 수 있다. 여기서 고종은 이전부터 내려오는 사대자소事大字小의 예의 관념은 존중되어야 하지만, 현재의 상황에 비추어 부적절한 것은 고쳐야 하며, 일본과도 통상 수교하는 마당에 더욱 각별한 관계인 중국과 보다 자유롭게 교역이 이루어지는 것이 '친(親)중국'의 관점에서도 바람직하다는 것, 그리고 국가에 유익한 바를 철저히 강구하여 청 측과 꼼꼼히 협조해나갈 것 등을 지시하고 있는 것이다. 요컨대 고종의 구상이란, 조선이 당장 안과 밖에서 직면한 정치적 위기를 돌파하기 위해서는 '친중국'의 입장을 가능한 적극적으로 활용하지 않을 수 없지만, 청과의 관계도 어디까지나 만국공법적 질서에 맞추어 재정립해가는 것이라고 할 수 있을 것이다.

이미 앞에서도 언급한 바와 같이, 고종은 대외정세에 관한 정보들을 관심 있게 접하게 되면서, 조선에게 있어 청이 여전히 가장 중요한 나라이면서도 이미 현실적으로 세계의 중심이 아니라는 인식을 갖고 있었다. 이러한 상황에서 청이 조선의 내치와 외정의 '자주'를 존중한다는 입장을 가지고 있는 만큼, 청을 후원자로 활용하면서 서양 국가들과의 조약을 추진하고, 청과의 관계도 만국공법적 질서에 따라 재정립해나갈 것을 구상하였던 것이다. 이러한 국제정세의 안정을 기반으로 개화 자강정책에 착수하여 통리기무아문을 설치하고 대외적으로는 전통적 중화질서의 틀을 넘어서는 '자주적' 외교를 추진하는 데 노력을 기울였던 것이다.

2. 청의 자주권 침해와 조선의 대응

전통적 국제질서의 중심이었던 중국이 서구세력의 충격으로 흔들리고 있는 상황일지라도 중국은 조선에 대해 여전히 전통적 우위관계를 포기하려 하지 않았고, 오히려 다른 측면에서의 약세를 조선에서 보완하려는 듯 종주권을 더욱 강화하려 하였다. 1882년 조미수호통상조약체결로 조선은 새로운 국제질서에 능동적으로 들어가려 하였지만, 청은 임오군란을 내세워, 출병하여 조선의 내정까지도 직접적으로 간섭하려 하였다. 명분에 의한 사대관계 대신 힘에 의한 사대관계를 추진한 것이다. 그리하여 내정외교는 자주라는 전통이 사라지고 이때부터 근본적으로 새로운 차원을 맞게 되었다.

이 변질이 구체적으로 반영된 것이 1882년 10월에 체결된 조청상민수륙무역장정이다. 이것은 전통적인 조공관계에 기반 한 양국통상관계를 근대적인 상민무역으로 이행시키려는 것으로, 명칭부터 조약이 아닌 장정이라고 하여 격을 낮추었다. 장정의 전문에는 기존 조공체제의 유지, 연호책력 사용, 책봉 간여 등을 통한 속방 규정을 명문화하였다. 이 장정은 청의 대조선정책의 일환으로 주장되고 강요된 것이었다. 청이 전통적으로 인정하여 왔던 종속관계를 이 시기에 이르러 굳이 명문화한 것은 조선에 이미 진출하였거나 앞으로 진출하려는 열강에게 그 점을 주지시킬 필요가 있었기 때문이다.

청은 '장정'에 근거하여 각종 경제적 이권을 탈취함과 아울러 조선의 해방권을 빼앗아, 일본군이 철수한 이후 한반도에 생긴 힘의 공백을 북양함대가 메우게 하였다. 조선에 주둔한 우장칭(吳長慶)과 위안스카이(袁世凱)는 병권을 장악하였고, 재정고문으로 파견된 천수탕(陳樹棠)은 재정권을 장악하였으며, 리훙장이 파견한 묄렌도르프는 해관을 장악했을 뿐 아니라 외교까지 장악하려 하였다. 임오군란 이후 청한 종속관계의 유교적·도덕적 정신과 기반은 파괴되고, 청의 대조선정책은 가능한 모든 수단과 방법으로 그들의 특권과 이익을 추구하는 제국주의적 성격으로 변질되었다.

이러한 상황에 대해서 김윤식은 중국과의 사대관계를 유지하면서 동시에 미국과 국제법적인 관계를 수립한다는 것이 오히려 양쪽으로 모두 조선에 이익이 되는 것으로 이해하였다. 그는 청이 조미수호통상조규 1조에 조선이 청의 속국임을 명기하려 할 때, 이를 "폐방은 중국에 대해서는 속국이지만 각국에 대해서는 자주라고 하는 것이 명분이 바르고 순리에 맞아 실제와 이치 양쪽 모두 편리하다고 할 수 있습니다"라고 동의하였다. 그리고 고종에게는 청이 조선을 속방이라고 하면서 열강이 침략하는 경우 이를 구원하지 않으면 천하의 웃음거리가 될 것이며, 자주권이 있음을 기재해 두면 각국과의 평등권을 누릴 수 있어 양쪽으로 득이 된다고 하였던 것이다. 그는 조선이 중국의 속방임을 인정한다고 해서 자주권까지 뺏기는 것이 아니며 오히려 각국이 조선을 무시하지 못할 것이라는 실리를 얻을 수 있다고 생각하였다. 즉 '속국'과 '자주'는 아무 모순 없이 공존할 수 있으며 오히려 편리하다는 것이다.

어윤중의 경우에도 일본인과의 대화에서 조선이 독립국이라고 지칭하자 자주는 가능하나 독립은 옳지 않다고 비판하였다고 한다. 그러나 실제로 정세가 진행되는 과정에서 이러한 논리는 결과적으로 동아시아에서의 국제분쟁을 초래하는 계기가 되었다. 그들이 가지고 있었던 청에 대한 안이한 인식은 결국 조선을 청이 실질적 속방정책으로 몰아감에 따라 이에 대해 대처할 수 있는 능력을 상실하도록 하였다.

자주와 독립이 일치된 개념으로 인식되기 시작한 것은 주권 개념을 적극 수용한 이른바 문명개화론자들에 의해서였다. 그들은 만국공법(근대국제법)에 관한 지식을 적극 섭취하고, 조선의 자주독립은 청의 종속으로부터 벗어나지 않고서는 결코 이루어질 수 없는 것으로 생각했다. 이들의 주권 개념의 수용은, 중국·일본과 마찬가지로, 일차적으로 만국공법 등을 통해서였다. 그러나 청으로부터의 자주독립에 대한 강한 의지를 갖게 된 것은 1882년 임오군란 후의 청의 개입이 조선의 자주적 개화에 방해가 된다고 판단한데다가 임오군란이후 수신사로 일본을 방문하여 명치유신의 성과를 직접 목격하고 일본을 모델로 한 근대화정책에 확신을 갖게 되면서 부터로 보인다.

임오군란 이후 문명개화론자들에게 최대의 현안은 청의 실질적 속방정책에 맞서 어떻게 만국공법의 논리를 원용하여 타파하느냐 하는 것이었다. 근대화와 자주독립을 목표로 한 개화파에게 종주권을 실질적으로 행사하려는 청은 이제 최대의 적이 되었으며, 갑신정변은 바로 청의 이러한 제국주의적 성격의 조선정책에 대한 반발의 성격을 띠게 된다. 개화파는 "조공허례를 폐지하고 대원군을 빨리 귀국시킬 것"을 정령으로 내세웠던 것이다.

이는 결국 독립론을 제기한 것으로, 역사적 의의를 가지고 있었다. 여기서 핵심은 어떻게 청으로부터 자주권의 회복에서 한걸음 더 나가서 독립을 달성할 수 있느냐에 있었다. 사실 고종은 청이 대원군을 납치하고 임오군란을 진압해 줌으로서 권력에 복귀하였지만, 군대주둔을 매개로 가해 오는 내정간섭에 대해서 불쾌함을 표하고 있었다.

그러나 독자적인 힘을 갖고 있지 못한 조선으로서 청의 압력에서 벗어나는 길은 다른 외세의 힘을 빌리는 수밖에 없었다. 그러나 문제는 그 후에 그 외세가 조선의 주권을 침해하지 않는다는 보장이 있어야 했다. 개화파는 그 대상을 일본에서 찾았으나 일본의 의도가 순수하게 조선의 독립을 보장해 주고 말 것으로 생각하는 경우는 드물었다. 결국 개화파는 일본의 무력에 의존하여 정변을 일으켰으나 이는 국민들로 하여금 부정적 인상만 남기고 참담하게 실패하였다. 갑신정변이 실패한 이후 '독립'을 다시 입에 올리는 사람이 없게 되고 대신 중립화론을 포함하여 청의 역할을 어느 정도 인정하는 선에서 자주를 추구하고자 하였다.

갑신정변이 실패하자 조선에서의 청의 지배는 더욱 강화되었다. 갑신정변의 사후처리로 맺어진 텐진조약(1885년 4월 18일)에 통해 청일 양국은 각기 군대를 철수하기로 합의하였지만, 청은 내정간섭을 강화하였다. 이에 고종은 러시아와의 밀약(1886년 8월)을 추진하였다가 노출되었고 영국은 거문도를 점령하였으며 청은 고종을 견제하기 위해 대원군을 귀국시키고 1885년 11월 위안스카이를 파견하였다.

위안스카이는 조청간의 외교 통상 문제를 다루는 본래 직책을 넘어 대소국정에 관여하지 않는 것이 없었다. 그는 조·러 밀약설을 구실로 고종을 폐위하고 대원군의 손자를 새 국왕으로 옹립하면서 대원군이 섭정복귀하게 하여 강력한 친청정부를 구성하겠다는 계획을 공공연하게 말하였다. 위안스카이의 득세에 따라 조정의 모든 시책이 사전에 또는 즉각 그의 귀에 들어갔고 대부분 관료들이 고종보다는 위안스카이에게 아부하면서 그의 명령을 따랐다. 당시 청과의 전통적인 관계의 변질과 위안스카이의 횡포는 조선의 많은 위정자들의 불만을 사고 있었다.

조선을 둘러싼 국제정세도 청에게 유리하게 돌아가고 있었다. 미국·영국·독일·러시아는 조선의 현상유지를 상책으로 삼아 적극적인 개입을 자제하였다. 일본 역시 청을 가상적국으로 상정하여 군비확장에 전념하면서도 조선이 독립국이라는 점을 견지하되 적극적으로 정치문제화하지는 않는다는 '소극적 독립론'을 설정하면서 서양과의 불평등조약 개정에 역점을 두고 있었다. 요컨대 한반도에서 갑신정변 이후 청의 우세가 확보될 수 있는 여건이 조선 내외에서 동시에 조성되고 있었다. 조선 정부의 과제는 이 종속관계를 표면상 인정하면서도 실제로는 어떻게 자주적 외교를 실천하느냐 하는 것이었다.

그에 대하여 고종은 외교 부서였던 통리교섭통상사무아문을 거치지 않고 내아문을 통하여 미국과 유럽에 외교사절을 파견하였다. 그 가운데 미국에 부임하는데 성공했던 박정양 일행은 이미 약속했던 세 가지 약속마저 위배하면서 청의 압력을 무시하고 독자적인 활동을 하고 있었다. 이는 고종이 보였던 청의 자주권 침해에 대한 대응이었다고 할 수 있다.

이러한 때에 외교고문 데니는 〈청한론〉을 저술하였다. 이 〈청한론〉은 당시 조선의 국제적 위상에 대한 담론을 보여주는 매우 중요한 상징적 문건이다. 고종을 비롯한 조선의 위정자들이 청의 부당한 처사에 불만을 가지고 있었으며, 데니는 이것을 국제사회에서 쟁점화 하여 조선의 자주독립에 대한 국제적 지지를 유도하려 하였다.

주권 개념에 대한 이론적인 수용과 활용은 유길준의 〈국권〉(1888~89년 추정)에서 발견된다. 유길준이 이 글을 쓴 이유는 임오군란 이후 청이 조선에 대해 직접적, 강압적으로 종속관계를 강화하려하자 근대 국제법의 주권평등 원리에 입각하여 조선이 자주독립국임을 입증하기 위함이었다. 서구 열강과 주권평등의 근대 국제관계와 청과의 종속관계가 이중적으로 작동하게 되자 1888년경 묄렌도르프와 데니를 중심으로 조선의 국제법적 지위에 대한 논쟁이 발생하였다. 이때 유길준은 조선의 처지를 '양절체제'로 규정하고 조선의 자주적 지위를 변호하였던 것이다.

3. 거문도 사건과 조선중립화론의 대두

열강 간의 대립이 격화되자 조선을 중립국으로 만들자는 논의가 나타났다. 중립화론이 대두된 원인은 조·러밀약의 추진을 경계하였던 영국이 거문도를 강점한 것이 계기가 되었다. 이미 거문도를 남해에서의 전략적 요충으로 파악하고 있었던 것은 영국만이 아니었다. 러시아, 미국도 마찬가지였지만 특히 영국이 계속해서 관심을 보여 왔다. 그러다가 1885년 3월 러시아의 남하를 저지한다는 명분을 내세워 거문도를 강점한 것이다. 하지만 이것이 오히려 영국의 의도된 세력 확장정책이었음은 국제정치사 연구를 통해 이미 밝혀진 바 있다. 그리고 그것은 조선에 전혀 사전통고나 예고도 없이 이루어진 불법점령이었다.

이에 대해 조선 정부는 영국 측에 항의하는 한편, 다른 공사관에 편지를 보내어 이를 알리고 의견을 들으려고 하였다. 각국 공사관에서는 정부의 공식적 입장이 아닌 사견임을 전제로 조선 정부가 영국의 거문도 점령을 허용해서는 안 된다는 의사를 보내 왔다. 그러자 영국의 애스톤 총영사는 영국이 거문도를 장기적으로 점령할 의사는 없으며 다만 석탄창고지를 얻고자 하는 것이라고 변명하였다. 조선 정부에서는 외아문 김윤식 독판이 계속해서 항의를 하면서 열강과 개입을 촉구하면서 영국 측을 압박하였다.

결국 아프가니스탄에서 러시아와 협상이 타결되고 거문도의 전략적 가치가 부정적인 것으로 나타나자 영국 정부는 거문도 철수를 검토하기 시작하였다. 마침내 청을 통하여 러시아가 거문도를 점령하는 일이 없을 것이라는 보증을 받고, 1887년 2월 거문도에서 철수하였다. 조선 정부는 영국에 감사의 뜻을 전했고, 영국의 철수를 위해서 중개활동을 하였던 청에게도 감사를 표시하였다. 그런데 이를 통해 청의 종주권 주장이 더욱 강화되어 고종은 중립화를 검토하게 된다.

사실 조선 중립화론을 가장 먼저 제기했던 것은 일본이었다. 1882년 제물포조약이 체결된 후 러시아의 남하를 막기 위해 중국과 협력하여 조선을 열강의 공동보호국으로 만들자는 안을 제기하였던 것이다. 또한 열강의 협력 하에 조선의 독립을 승인하는 방안을 구상하기도 하였다. 그런데 이는 어디까지나 임오군란 이후 청의 내정간섭이 강화된 시점에서 나온 것으로서 청을 견제하겠다는 의도였을 뿐, 조선의 주권에 대한 배려는 아니었다. 한편 묄렌도르프는 텐진조약으로 청일 양군이 철수하면 러시아를 끌어들여 그들의 보호 하에 중립화를 이루자는 주장을 하였으나, 청과 일본의 반대로 실현되지 못하였다.

그런데 당시 주한 독일 부영사였던 부들러가 텐진조약이 개막되기 직전이었던 1885년 2월에 당시 외아문 독판 김윤식에게 영세중립화론을 건의하였다. 그 내용은 독일의 극동정책에 바탕을 둔 것으로, 청·러·일과 국경을 접하고 있는 조선이 주변국들 간의 분쟁에 휩싸일 것을 대비해서 스위스와 같이 각국과 중립화 조약을 맺어 영세중립국으로 만들자는 것이었다. 그러나 당시 압도적 우위를 보이고 있었던 청이 이러한 구상을 수용하지 않는 이상 조선도 이를 추진할 힘이 없었고, 결국 무산되고 말았다. 한편 거문도에서 철수하면서 영국도 열강의 공동보증을 통한 한반도 중립화를 제기하였으나, 이마저 러시아가 조선에 대한 점령의혹을 불식시키면서 가라앉았다.

한편 임오군란, 갑신정변, 텐진조약, 거문도 점령으로 이어지는 국제정세의 변동 속에서 조선 정부도 중립화론에 관심을 갖지 않을 수 없었다. 김윤식은 1885년 6월 조선과 조약을 맺고 있는 모든 국가들에게 공문을 보내 조선정부는 다른 나라들 사이에서 분쟁이 일어났을 때, 중립을 지키고 어떠한 나라에게도 영토를 빌려 주거나 일시적인 점령을 허용할 수 없다고 밝혔다.

한편, 당시 미국 유학에서 돌아온 유길준도 러시아의 남하를 저지하는 것이 조선의 안전을 보장하는 길이라는 전제 위에서 열강이 보장하는 중립국가 구상을 제시하기도 하였다. 그는 '벨기에 형'에 '불가리아행'을 가미하여 국제 보장 하에서의 영세중립화 구상을 하였던 것이다. 그는 특이하게도 조선 정부의 친미정책을 경고하면서 러시아도 경계해야 하는 상황에서 조선이 믿을 수 있는 나라는 청 밖에 없으므로 그들이 중심이 되어 조선의 중립화를 이룩해야 한다고 주장하였다. 그러나 청이 이러한 구상에 관심을 기울이지 않았고, 일본도 마찬가지 태도를 보였기 때문에 무산되고 말았다.

이와 같이 1884년에서 1894년에 이르는 동안 조선을 둘러싼 국제정세는 청의 조선에 대한 실질적 지배권 확립 기도가 나타나고 있었으며 이에 대해 일본과 영국은 협조적 자세를 보이고 있었다. 그 배경에는 러시아의 남하를 견제하려는 의도가 있었다. 조선 왕실은 이러한 구도 속에서 청의 외압에서 벗어나기 위한 노력을 기울였으나 구체적 성과를 내지는 못하고 있었다. 사실상 당시 조선이 독자적 역량으로 청의 외압에서 벗어날 가능성은 없었으며 미국에 대해 기대를 하였으나 무관심의 벽에 부딪히게 되었고, 러시아에 대하여 접근하게 되었다.

고종은 조선이 청의 속국이 아닌 독립국임을 알리기 위하여 상주 외교사절을 미국에 먼저 파견하였다. 청은 고종의 시도를 막기 위해 노력하였으며 외교사절이 가더라도 조선이 청의 속방임을 과시하려 들었다. 그러나 초대 주미공사 박정양은 이를 수용하지 않았고 조선이 주권국가임을 알리려 노력하였다.

고종은 이같은 노력을 전개하기 위해 궁궐 내에 내무부를 설치하고 자강정책과 관련된 업무를 직접 관장하려고 하였다. 러시아와의 밀약 그리고 상주 외교사절 등의 파견도 외아문이 아닌 내무부에서 진행한 것이었다. 이에 대해 청은 대원군을 환국시키고 위안스카이를 파견하여 고종을 견제하려고 하였으며 심지어 고종을 폐위시키려고까지 하였다. 이에 맞서 고종은 위안스카이를 소환해달라고 청의 정부에 끊임없이 요구하고 있었다. 그리고 청이 아닌 서구 열강으로부터 차관을 도입하여 근대화를 위한 재정에 사용하려는 노력을 하고 있었다.

4. 청일전쟁과 일본의 '조선독립론' 허구성

1894년 조선 정부는 농민전쟁을 자력으로 진압할 수 없자, 청국에 군대를 요청한다. 그 과정에서 나타난 고종의 태도는 매우 이중적인 것이었다. 그는 이미 보은 집회 당시에 진압을 위해 청의 병력을 빌리는 방법을 제시하였다. 그러나 그 당시에는 의정대신들의 반대로 채택되지 않았다. 하지만 개별적으로 위안스카이에게 병력의 파견을 요청하기도 하였다. 그동안 청의 자주권 침해에서 벗어나기 위해 노력해 온 고종이 청군이 조선에 다시 들어왔을 때 어떤 결과가 나타날 것인지에 대해 제대로 인식하지 못했던 것은 분명하다.

따라서 고종은 청군을 끌어들이자는 민영준의 주장에 힘을 실어 주었다. 내정개혁을 주장하는 세력의 요구를 수용하는 것은 자신들의 실정을 인정하는 것이라고 판단하였던 것이다. 당시 대부분의 대신들은 청군의 파병이 가져올 문제에 대해서 정확한 인식을 하고 있어 부결되었다. 특히 청군을 다른 열강과 마찬가지로 외병外兵으로 파악하고 있는 점은 속방체제를 인정하지 않는 대신들의 자세를 보여 준다.

그러나 민영준은 위안스카이에게 원병을 요청하였고 위안스카이는 이에 응하였다. 이때 민영준이 내세운 논리는 상국과 소국이라는 속방체제론이었다. 한편 전주성이 함락되자 다시 청군을 요청하자는 논리가 제기되었고, 고종은 결국 그에 따라 공문을 통해 공식적으로 파병을 요청하였다. 여기서 고종의 대청인식과 국제관계에 대한 태도에 많은 한계가 있음이 나타난다. 오히려 보수세력으로 평가되는 당시 대신들의 현실인식이 보다 만국공법에 대한 객관적 사고에 입각해 있었음을 알 수 있다.

결국 청군이 출병하자 일본은 텐진조약에 의거하여 조선에 파병하였다. 하지만 텐진조약이란 어디까지나 청과 일본 사이에 맺은 것으로, 조선 정부가 그에 책임을 져야 할 이유가 없었고 그것은 명백히 군사침략의 성격을 가지고 있었다. 따라서 조선 정부는 일본의 출병에 대해 반대하면서 청군의 상륙도 보류해 달라고 요청하였다. 그러나 일본은 텐진조약을 내세워 철수를 거부하였고 자위를 위한 출병을 강조하였다.

이때 청과 일본은 1894년 5월 10일 조선에서 공동으로 철수하기로 합의를 하였다. 그러나 일본 정부는 태도를 바꾸어 청일 공동으로 조선의 내정개혁을 추진하자는 제안을 하여 조선의 주권을 부정하였다. 이에 고종은 오오토리 일본 공사가 조선의 내정개혁을 요구한 것을 거절하였다. 일본 측은 다시 청의 포고문에 담긴 '보호속방'의 문구에 조선 정부가 동의하는지를 답변해 달라고 요구하였다. 이에 조선 정부는 답변을 지연하면서 위안스카이 측과 협의를 가졌다. 여기서 조선 측에서는 강화도조약에 포함된

'자주지방'을 청도 인정한 것이라는 입장을 보였으나, 이홍장은 조선이 청의 속방이 아니라고 인정한다면 군사적으로 침략하겠다는 의사를 전달하였다.

따라서 당시 조선 정부는 청의 속방론을 부정하라는 일본과 속방론을 유지하지 않으면 군사적으로 침략하겠다는 청의 사이에서 갈피를 잡지 못하고 있었다. 결국 조선 정부는 청의 원병 요청은 조선 정부의 자주적 조치였으며, 내치와 외교 면에서 조선이 자주국이라는 점을 강조하였다. 속방 여부에 대해서는 명확한 답변을 하지 않았지만 자주국이라는 점은 명시하였던 것이다. 이때 그동안 조선의 자주권을 극도로 위협해 왔던 위안스카이도 청 정부에 조선의 내치가 자주임을 선언하자는 제안을 할 정도로 청의 입장은 약화되고 있었다. 그리고 위안스카이는 일본에 대한 대처가 불가능하다는 것을 느끼고 조선을 떠나 버렸다.

그러나 일본은 어디까지나 조선독립론을 정치적으로 이용한 것일 뿐이었으므로 이 문제를 더 파고들지는 않았다. 단 청병을 조선국 국경 밖으로 축출해야 한다는 대의명분으로 활용하였을 뿐이었다. 즉 조선의 독립을 인정하고 있는 일본은 그 독립을 보호할 의무를 가지고 있기 때문에 속방 보호를 명분으로 하는 청군의 즉각 철병을 요구하고, 이에 응하지 않으면 병력으로 격퇴시킬 것이라고 천명하였던 것이다. 그리고 "전쟁을 단행하면서 조선 정부에 대하여 조선으로부터 청군을 퇴거시킴으로써 귀 정부(조선)는 수약의 의무를 다할 것"을 강요하였으며, 조청상민수륙무역장정의 폐기도 요구하였다.

1894년 7월 23일 일본의 특명전권공사 오토리 게이스케와 조선의 외무대신 김윤식 사이에 서명된 '잠정합동조관'에서도 "일본정부는 본시 조선을 도와서 그 독립과 자주의 업을 성취케 하는 것을 희망하므로 앞으로 조선국의 독립과 자주를 공고히 하는 데 마땅히 해야 할 일은 양국 정부에서 위원을 파견 회동케 하여 논의 결정케 한다"라고 하였다. 또한 8월 26일의 군사동맹을 위한 조약에서도 그 첫 조항에 "이 맹약은 청군을 조선국의 국경 밖으로 철퇴시켜 조선국의 독립과 자주를 공고히 하고 조일 양국의 이익을 증진시키는 것을 목적으로 한다"라고 하였다. 이에 근거하여 일본은 청일전쟁에서 소요되는 물자를 조선정부가 부담하게 하였다.

일본은 이제 조선으로부터 청국의 간섭을 배제하고 조선에 대한 독점적인 지배를 실현하기 위해 보호국화 정책을 추진하게 되었다. 그것은 과거 청이 자행했던 자주권의 침해보다 더욱 심한 외압을 의미하였다. 메이지유신의 주역 가운데 하나였던 이노우에 카오루(井上馨)를 공사로 파견하였던 것도 강력한 보호국화 정책을 추진하기 위해서였다. 그는 부임하자마자 자신이 조선 정부의 '고문'임을 내세우면서 20여 개 조의 '내정개혁 강령'을 제출하였다. 이때 이노우에는 "내정개량을 수행하게 하려고 강압으로 군주의 권한을 억누르며 또한 만약에 일이 성취되지 않을 때에는 끝내 위력에 호소하는 수단을 취하게 될 것"이라고 하여 조선의 주권을 침해하는 강력한 내정간섭을 지향하였다.

1895년 1월 7일 고종은 서고문誓告文과 홍범洪範 14조를 국내외에 반포한다. 그 내용은 크게 나누어보면, 국외적으로 청국으로부터의 자주독립을 천명하였고, 국내적으로 개혁사업을 계속 추진하겠다는 의지 표명이라 할 수 있다. 그러나 이는 고종의 자발적 결정이라기보다는 이노우에의 강요로 추진된 것이었다.

특히 1894년 말부터 다수의 일본인 고문관을 채용하도록 조선정부를 압박하였다. 이를 통해 각 부처에 채용된 40여명의 고문관들은 단순한 고문관의 역할에 그치지 않고 모든 조선 정부의 정책을 검열하게 되어 국가기밀이 드러나게 되었다. 물론 이들에 대한 봉급은 조선 정부의 재정으로 충당하였다. 심지어 일본 내에서는 '위로는 대신, 지방관으로부터 아래로는 각 아문의 국장·과장·지방군장·촌장에 이르기까지 통틀어 일본인으로 임명'하라는 주장도 높았다. 이는 보호국을 기도한 것으로 볼 수 있는 충분한 근거가 된다.

청일전쟁에서 일본이 승리한 결과 체결되었던 시모노세키조약에서 그들은 조선의 '독립'을 보장하였다. 그러나 이는 어디까지나 청일 양국 간에 그러한 조약을 체결한 것으로, 조선은 이미 독립국으로서 세계 열강과 조약을 맺은 국가였을 따름이다. 그리고 이는 일본이 조선의 독립을 보장해 준 것이 아니라 보호국화 정책의 본격화였다고 할 수 있었다.

맺음말

조선 후기의 외교 형식은 조선전기의 대명관계와 같은 것으로서 조공과 책봉을 근간으로 하는 사대외교였지만, 조선의 영토나 정치적 자주권은 완전히 보장되었다. 외교의 형식면으로 본다면 청의 황제와 조선의 국왕 사이에는 천자와 제후의 관계에 있었다고 할 수 있었지만, 실제의 내용에 있어서 조선은 거의 완전한 독립국의 지위를 가지고 있었다. 역사적으로 한중관계는 이러한 이중적인 성격을 가지고 있었던 것이다.

19세기 후반 조선정부의 과제는 이러한 이중적 성격에서 벗어나 자주독립국이 되는 것이었다. 그러나 그 과정은 대단히 험난한 것이었다. 구체적 방법에 대한 조선 정부 내의 논란이 여러 형태의 정변으로 표출되었다. 그런데 여기서 중요한 것은 당시 고종의 적극적인 개입을 통해 청이 실질적 지배관계를 수립하려고 하는 것에서 벗어나려고 하는 노력이 전개되었던 점이다. 비록 성공하지는 못했지만 이미 열강과의 조약체결을 통해 조선이 독립국으로 인정받았다는 전제 하에 청의 속방화를 저지하려고 한 것은 역사적으로 의미를 지니는 것이었다.

일본은 청이 조선의 속방임을 내세워 자신들은 조선의 독립을 후원하는 존재로 강변해 왔다. 그러나 그것은 어디까지나 조선을 버거운 상대였던 청으로부터 분리하여 침략을 용이하게 하려는 의도에 다름 아니었다. 일본의 조야가 지원했던 갑신정변의 경우 독립이라는 이상이 있었을 뿐, 그것을 실현할 수 있는 국제적, 국내적 조건 어느 것도 갖추지 못했던 상태였다. 그 결과 오히려 청으로 하여금 조선의 국권을 더욱 침해하게 하는 결과를 초래하였고 심지어 일본에 대해서도 배상을 해야 하는 결과를 가져왔다. 청일전쟁의 경우에도 마찬가지로 청의 속방론을 제거하는 것은 명분이었을 뿐, 전보다 더욱 강력한 지배체제를 구축하려는 것이었다.

1895년에 맺어진 시모노세키조약은 조선을 배제한 채 청과 일본 사이에서 체결된 것이었다. 사실상 조선에게 있어서 청을 제외한 모든 국가와의 관계에서 이미 조선은 독립국으로서 인정을 받고 있었다. 그러므로 일본이 청과 싸워서 조선의 독립을 얻어 주었다는 일본 교과서의 서술은 잘못이다. 더욱이 조선의 독립 인정은 곧 이은 조선에 대한 보호국화 정책의 출발을 의미하는 것이었으며 청의 속방보다 훨씬 강력한 지배를 의미하는 것이었다. 아무리 일본 측에서 조선이 받았던 청의 속방시기를 강력했던 것으로 설명한다 하더라도 일본이 자행했던 보호국화 정책과 식민지 지배에 비교하면 대단히 미약한 것이었다.

결국 조선에 대한 보호국화 정책이 삼국간섭으로 좌절되자 명성황후 시해사건이라는 만행을 저지른 일본은 아관파천으로 그동안 쌓은 공을 무너뜨리고 말았다. 이후 고종은 다시 친정체제를 수립하고 대한제국을 수립하였으며 독립문 건립추진위원회로 출발했던 독립협회를 지원하였다. 이후의 전개과정에 대해서는 추후에 정리하도록 한다.

결론적으로 일본이 청으로부터 조선을 구원하여 독립국으로 만들어 근대국가로 출발하게 했다는 논리는 당시 일본 정부의 침략의지를 호도하고 있을 뿐이다. 그리고 조선의 왕실과 정부가 청으로부터의 외압에서 벗어나 자주권 회복을 시도함은 물론 독립국으로서 자리매김하기 위해 노력했던 혼적을 무시하는 것이다. 대한제국이 1905년 보호국으로 전락하여 독립국으로서의 지위를 빼앗기고 마침내 식민지로 전락했던 사실은 바로 일본이 그동안 줄기차게 주장해 왔던 조선독립론의 의도와 본질을 그대로 드러내 주었다.

일본의 한국침략과 조약 체결

김도형*

목 차

머리말
1. 일본 역사교과서에 서술된 한국근대사
2. 조일수호조규 및 후속 조약의 체결
3. 1880년대 초 조선의 근대개혁과 일본
4. 청일전쟁 전후의 한일관계
5. 러일전쟁 후 일본의 조선 침탈과 '병합'
맺음말

머리말

1876년 조일수호조규(朝日修好條規, 이른바 강화도조약)의 체결에서 1910년 병합에 이르는 과정까지 한일 간에 많은 조약들이 체결되었다. 한일관계는 1876년 조일수호조규로 '근대적' 모습으로 바뀌었다. 종전 중국이 중심이 되었던 동아시아 질서[화이華夷 체제, 조공체제]가 무너지고, '만국공법萬國公法'의

---
* 연세대학교 사학과 교수

이름하에 서양 열강이 주도하는 국제 질서(조약체제)로 개편되어 갔다. 이 체제는 조약을 통하여 형식적으로 모든 나라는 동등하다고 하였지만, 실제적으로는 힘에 바탕을 둔 제국주의 질서였다. 이 결과 제국주의 일본의 침략으로 우리는 병합조약을 맺고 일본의 식민지가 되었다.

근대적 형태의 조약 체결에 임하는 양국의 자세는 매우 달랐다. 일본도 서양 열강과 불평등조약을 맺고 국제질서 속에 편입되었으나, 불평등조약의 개정을 꾸준하게 추진하는 동시에 자신들이 당했던 불평등조약을 이웃 나라인 조선에 강요하였다. 그리하여 일본은 줄곧 조선의 자주와 독립, 영토 보장, 황실 우대, 그리고 조선의 문명화(근대화)와 동양 평화를 내세우면서 노골적인 침략을 자행하였고, 마침내 국권을 침탈하였다.

조선은 처음부터 일본의 힘에 밀려 조약을 체결하면서 국제 정세의 새로운 변동을 정확하게 파악하지 못하였다. 전근대적 화이체제 틀 안에 안주하여 청과의 전통적인 관계를 유지하면서 열강의 침탈에 대해 일정한 '보호'를 기대하였다. 그러다가 1880년대에 들면서 조선도 점차 국제 정세의 변화를 인식하고 서양 여러 나라와 새로운 국제 관계를 맺어 갔다. 하지만 힘이 지배하는 국제 질서 속에서 조선은 독자적으로 이를 저지할 능력을 갖추지 못하였고, 열강의 지원과 승인을 받은 일본에게 침탈을 당하게 되었다. 이런 사정 하에서 이루어진 한일 간의 조약은 외형상 쌍방이 합의한 형태를 띠고 있었지만, 실제로는 대부분의 조약이 힘에 의해 강압적으로 이루어졌다.

한일 양국관계가 힘에 의해 이루어지면서 이에 대처하는 방식과 논리도 각각 달랐다. 한국에서는 당연히 지속적으로 항일운동을 전개하고, 조약의 부당성과 무효를 주장하였다. 이에 비해 일본은 조약이 국제 열강이 인정하는 합법적인 것이며, 조선의 병합은 동양 평화, 조선의 문명화를 달성하는 것으로 침략을 정당화하였다. 이런 차이는 현재의 한일 역사교과서에서도 그대로 재현되고 있다. 한일 간에 역사인식의 차이, 역사교과서 문제가 일어나는 근본적인 구조인 것이다. 이런 역사분쟁은 최근에 들어 더욱 심화되었다. 2001, 2005년에는 지금까지 어느 역사교과서보다도 우익 성향이 강한 교과서, 즉 새로운 역사를 만드는 모임이 펴낸《새로운 역사교과서》(이하《교과서》)가 만들어져 문제가 더욱 심화되었다. 이 책은 2009년에 다른 출판사에서 다시 편찬하여 검정을 통과하였다. 본고는 이 책에서 제시한 역사 서술의 문제점을 중심으로 분석하고자 한다.

1. 일본 역사교과서에 서술된 한국근대사

역사를 공부하는 목적은 역사 속에서 미래를 만들기 위한 원리와 지혜를 구하는 것에 있다. 역사를 보는 시점은 우리가 처해있는 현실이다. 따라서 역사 서술은 현실 문제를 파악하고, 미래를 위해 계승할 것과 비판할 것을 구분하게 된다. 지난날의 잘못을 비판하지 않으면 역사의 발전이 없을 것이다. 이런 점에서 역사 교육은 언제나 인류의 보편적 발전과 미래의 희망(정의와 평화, 인류문화 발전 등)을 지향하고 있다.

그런데 근대 역사학이 근대국가의 발전 과정에서 형성되고, 또한 국가체제와 국민 형성에 기여했던 점에서, 역사교과서는 자국의 역사를 긍정하고 국민적 일체성, 자긍심을 확보하기 위해 편찬되기도 하였다. 이런 점은 제국주의 국가는 물론이고, 제국주의 침략을 받는 나라 또한 그러하였다. 전자에게는 제국주의 침략을 미화하는 역사학이 되었고, 후자에게는 제국주의 침략에 맞서 민족과 국가를 지켜내기 위한 역사학이 되었다. 2차 대전 이후 전날의 제국주의 체제를 비판하고 강대국이나 약소국이 공존하는 세계를 지향하면서 제국주의 체제 유지에 기여했던 역사학은 비판되었다.

이런 점에서 역사교과서는 서로 모순되는 두 측면을 조화롭게 결합한 역사의식 속에서 서술되어야 한다. 자민족의 역사적 유산과 전통 가운데서 민족적 동질감도 확보하면서 이를 인류의 보편적 발전에 기여하는 방향으로 비판적으로 파악해야 하는 것이다. 이런 점에서《교과서》에서도 "이러한 가운데 독자적인 문화와 전통을 가진 일본이 자국의 안전을 확실히 확보하면서, 금후 세계 평화와 번영에 어떻게 공헌해 갈 것인지 질문으로 남는다"라고 명시하고 있다.

그러나 후소샤《교과서》는 미래를 위한 역사를 내세웠지만, 처음부터 끝까지 철저하게 제국주의 침략을 옹호하고 있다. 역사를 서술하고 공부하는 현재의 우리 입장이 아니라 철저하게 과거의 입장에서, 당시 사람들이 행하고 생각했던 것을 중심으로 역사를 파악해야 한다고 주장하고 있다. 철저하게 과거 지향적 역사학인 것이다. 이런 점은《교과서》의 첫머리부터 제기되어 있다. 특히 2001년판에는 이런 점이 명확하게 천명되었다. 그 책에서는 "지금에 행해지는 선악의 기준으로 과거를 재단하지 말자"고 하면서

> 아마 역사를 배우는 것은 과거의 사실을 아는 것이라고 생각하는 사람이 많을 것이다. 그러나 반드시 그렇지는 않다. 역사를 배우는 것은 과거의 사실에 대하여 과거의 인간이 어떻게 생각하고 있었는가를 배우는 것이다. … 역사를 배운다는 것은 지금 시대의 기준을 가지고 과정의 부정不正이나 불공평을 재단하거나 고발하는 것과 동일한 것이 아니다. 과거의 각 시대에는 각 시대 특유의 선악이 있으며, 특유의 행복이 있었다. … 역사에 선악을 들이대고 현재의 도덕을 가지고 판단하는 재판정으로 만드는 것도 그만두자. 역사를 자유로운, 아무 것에도 얽매이지 않는 눈으로 바라보고 여러모로 생각하면서 찬찬히 사실을 확인하도록 하자. (6~7쪽)

라고 하였다. 결국 일본이 대외 침략을 행하고, 또한 한반도를 식민 지배

하면서 당시의 사람들이 생각했던 바를 배우고, 이를 반성하는 차원에서는 접근하지 말자는 것이다.

2005년판에는 이런 점을 노골적으로 표현하지는 않았지만, 현재 일본이 "구미열강제국의 힘이 동아시아를 삼키려고 한 근대" 시기 이후 여러 외국과의 긴장과 마찰을 수반한 험한 역사 속에서 근대 국가를 이루고 독립을 지켜왔으므로, 역사를 배우는 사람은 "선조가 직면한 문제를 알고, 우리들도 그와 같은 문제를 자신의 사실로서 상상하여 보는 것"(6쪽)이라고 하여, 여전히 침략으로 일관했던 일본의 근대사를 자신의 일로 상상해보자고 하였다. 《교과서》 편찬을 주도한 '새로운 역사를 만드는 모임'은 과거 군국주의 일본이 자행했던 역사상의 과오를 반성하고 비판적으로 계승하려는 일련의 역사연구 동향을 '자학사관自虐史觀'이라고 비난하였다. 결국 태평양전쟁을 일으켰다는 '죄의식'에서 벗어나 일본인의 자신감을 회복하자는 것이 바로 이들이 추구하던 목표인 것이다.

일본 역사서를 '일본인의 자신감'을 회복하기 위해 서술하게 되면 한국사를 보는 시각도 자연스럽게 결정되었다. 요컨대 한반도 침략을 은폐하고, 한국 역사를 비하하였다. 이는 일제가 한반도를 침략하면서 만든 이데올로기였다. 《교과서》에서는 ① 강화도 조약으로 조선이 청국으로부터 벗어나게 되었다는 점, ② 청일전쟁은 '조선의 내정개혁 원조', '조선의 독립' 부식 등을 위한 것이었다는 점, ③ 러일전쟁은 백인종을 상대로 황인종을 대표한 일본이 싸운 의로운 인종전쟁이라는 점, ④ 조선은 일제의 식민지배로 사회가 발전하고 문명화했다는 점 등이 강조되었다. 이런 역사 인식은 전근대사회를 서술하는 데도 확장되었다. 우리가 흔히 지적하는 식민사관은 이런 구조에서 만들어진 것이었다. 《교과서》는 이를 다시 부활시키고 있는 것이다. 한일 간의 역사 분쟁의 근본적 구조는 여기에 있다.

2. 조일수호조규 및 후속 조약의 체결

 막부 말기 서양과의 통상 교류를 거부하고 '쇄국' 정책을 취하던 일본은 서양의 무력에 굴복하여 불평등조약을 맺고 '개국'하였다. 1854년 미국과의 조약을 시작으로 1858년에는 서양의 여러 나라와 수호 조약을 체결하였다. 이후 일본 내부에서 격한 동요가 일어났고, 불만을 품은 사족층이 마침내 막부를 무너뜨렸다. 막부 체제 하에서 실권이 거의 없었던 천황이 '왕정복고'를 선언하였다(명치유신, 1868).
 명치유신 이후 일본은 제국주의 열강이 지배하는 새로운 국제 질서에 눈을 뜨게 되었다. 서구 문명을 수용하기 위해 대규모의 시찰단을 파견하였으며(이와쿠라(岩倉) 사절단), 동시에 밖으로 팽창을 시작하였다. 주변 지역(류큐, 홋카이도 등)으로 세력을 확산하여 영토를 확정하고, 대만을 침공하였다. 그러면서 한반도를 침략하기 시작하였다.
 일본은 먼저 명치유신으로 국가가 달라졌으므로 조선에 대해서도 새로운 관계를 요구하였다. 자연스럽게 일본에서 보낸 문서에 사용된 용어가 종전의 것과 달랐다. 일본 국왕을 높이고, 조선 국왕을 낮추어 보는 표현 등이 있었다. 조선에서는 구례를 들어 문서 접수를 거부하였다. 이른바 서계書契문제가 일어난 것이다. 일본에서는 이를 빌미로 조선을 정벌해야 한다는 정한론이 제기되었다. 정한론은 일본 국내의 정치적 필요성에서 제기되었던 점에서, 결국 이를 주장하던 사이고 다카모리(西鄕隆盛)는 이와쿠라(岩倉具視)·오쿠보(大久保利通) 등에 의해 실각하였고(明治6年政變), 국내 전쟁(西南戰爭)에서 패하였다. 하지만 정권을 잡은 세력들도 서구 중심의 국제질서 속에서 대외 팽창을 추진한 것은 마찬가지였다. 일본 정부는 무력을 동원하여 운양호사건을 유발하였고, 이를 빌미로 조약 체결을 강요하였다.
 한편, 조선 내에서도 개항 통상의 필요성을 주장하는 논의들이 제기되고 있었다. 이미 정부의 핵심 세력 가운데서도 이적夷狄의 문물에서도 배울 것이 있다는 북학론北學論을 계승하고 있던 사람들을 중심으로 변화의 조짐이 나타났다. 이를 대표하던 사람이 박규수朴珪壽였다. 그는 청국 사행을 다녀오면서, 국가의 부강을 위해서도 서양과 통교하고 기술을 수용해야 한다는 입장을 가지게 되었다. 이때 일본과의 '서계' 문제가 일어났다. 박규수는 이를 문제 삼을 필요가 없다고 보았다. 일본이 스스로를 칙勅 등으로 높여 부르는 것은 타국인 우리에게는 아무런 관계가 없다고 하였고, 도서圖書・서폭書幅・봉투封套 등의 문제는 큰 일이 아니므로 신경 쓸 것이 없다고 하였다. 오히려 그는 삼면이 바다인 우리 처지에서 일본과는 신의에 의거한 교린 관계가 필요하다고 하였다. 그는 만약 우리가 서계를 거부하고 일본과의 수호를 거부하면 원한을 품게 된 일본이 무력적으로 침략하고, 우리를 엿보고 있던 서양도 합세하게 되면, 이에 대응할 양책이 없다는 점을 더 중시하였다. 정부 차원에서도 대외 통상을 거부하던 대원군이 정권에서 물러나고 고종이 직접 정치를 장악하면서 문호 개방에 대한 인식이 확대되었다.

  일본의 강요와 국내의 대외 인식의 변화 속에서 마침내 조일수호조규가 체결되었다(1876. 2. 2). 조선은 자신의 의지와는 관계없이 자본주의 세계체제 속에 종속되었고, 한일 간에도 전과 다른 새로운 '근대적'인 관계가 형성되었다. 그러나 그 체제는 철저히 불평등한 관계 속에서 형성되었다. 조일수호조규의 내용 가운데 중요한 것은 다음과 같다.

    제1관 조선국은 자주지방自主之邦으로 일본국과 평등한 권리를 보유한다.
    제4관 조선국 부산의 초량항草梁項에는 일본공관이 있어 다년간의 양국 인민의 통상지였다. … 또한 조선국정부는 제5관에 기재하는 2개 항구를 개항하고 일본인이 왕래 통상함을 허가한다. 위의 장소에서 지면을 임차하여 가옥을 조영하고 또는 소재 조선 인민의 주택을 임차하는 것은 각기 그 뜻에 맡긴다.
    제5관 경기, 충청, 전라, 경상, 함경 5도의 연해 중 통상에 편리한 항구 2개소를 택한 후 지명을 지정한다. 개항 시기는 1876년 2월부터 기산하여 20개월 후로 한다.

제7관 조선국의 연해 도서 암초는 종전에 심검審檢을 하지 않은 까닭에 지극히 위험하므로 일본국의 항해자가 자유로 해안을 측량함을 허가하여 그 위치 심천深淺을 자세히 하여 도지를 편제하고 양국 선객이 위험을 피하고 편안하게 항해할 수 있게 한다.

제10관 일본국 인민이 조선국이 지정한 각 항에 재류 중에 만약 죄과를 범하고 조선국 인민에게 관계되는 사건은 모두 일본국 관원이 심의한다. 만약 조선국 인민이 죄과를 범하고 일본국 인민에게 관계되는 사건은 모두 조선국 관원이 사관查辦한다.

이 조규는 우리가 흔히 지적하듯이, 부산과 2개 항의 개항, 해안측량권, 그리고 치외법권 등을 허용한 불평등조약이었다. 통상무역에서 조선의 산업을 지킬 수 있는 관세도 설정하지 못하였다. 일본은 자신들이 서구 여러 나라와 조약을 맺으면서 허용했던 불평등한 관계를 조선에 무력으로 강요하였던 것이다.

조규 체결을 강요했던 일본이 특히 유의했던 점은 두 가지였다. 첫째는 조선을 청의 영향권에서 떼어내는 일이었다. 청이 지배하는 동아시아 질서를 무너뜨리고, 구래의 동아시아 질서 속에서의 한일 관계를 새로운 관계로 설정하고자 하였다. 그 목적은 물론 청의 간섭을 배제하고 조선을 자유롭게 침탈하기 위한 것이었다. 일본은 다른 어떤 점보다도 이를 중시하여 제1관에 "조선은 자주의 나라"라는 것을 명시하였다. 다음, 일본은 근대적인 질서, 곧 제국주의적 국제 질서를 조약 속에 담으려 하였다. 일본도 서구 열강과의 조약을 불평등하게 맺었고 또 중국도 그러하였으므로, 이런 내용을 조선에 그대로 재현하였다.

이에 비해 조약 체결에 임하는 조선은 아직 제국주의 지배 체제 하의 국제 질서에 대해 명확하게 이해를 하지 못하였다. 일본의 강한 요구로 문호를 개방하기는 하였지만, 이에 대해 철저하게 준비하지 못하였다. 국제 관계가 변하고 있다는 사실을 부분적으로 알고 있었지만, 조선은 여전히 중국을 믿고 전통적인 동아시아 국제 질서에 안주하려 하였다. 이런 점에서 일본이 요구한 '자주지방自主之邦'이라는 말은 별로 중요하게 생각하지 않았다. 전근대 동아시아 질서 속에서 조선은 내치와 외교(=교린)에서 이미 '자주'의 나라였기 때문이었다.[1] 따라서 일본과의 수교는 그 동안 단절되었던 교린을 복원한다는 차원에서 접근하였다. 당시 정부는 서양=이적은 당연히 배척해야 하지만, 일본은 서양과는 다르다는 점을 강조하였을 뿐이었다. 오직 조선은 아편이나 무기 수입 금지, 천주교 포교 금지 등에만 주의하였다.

조일수호조규와 관련된 후속 조약의 체결에서도 조선은 일본의 침략에 효과적으로 대처하지 못하였다. 조규 체결 후 일본 정부는 '조규 11관에 정한 통상장정 문제를 협상하자'는 공식 문서를 파견된 수신사를 통해 보내왔다. 일본 대표가 서울에 와서 여러 차례 협상하여 마침내 수호조규부록과 통상장정이 체결되었다. 일본은 공사의 서울 상주, 외교관의 자유 여행, 개항장 밖의 여행 지역(間行里程) 등을 요구하였다. 협상 과정에서 '공사 상주'는 삭제되었으나, 일본 관리관의 여행 인정, 간행이정 10리를 인정하였고, 개항장에서의 일본 화폐 유통도 허용하였다. 일본의 본격적인 경제 침투의 길을 열어 주었던 것이다.

이때 통상장정도 체결되었다. 일본이 제안한 안을 거의 그대로 승인하였다. 그 가운데 주목되는 것은

---

1) 적어도 당시에는 '自主'와 '獨立'은 다른 것으로 이해하였다. '독립'은 청국에서 벗어나는 의미로 사용하였고, 당시 사람들도 청일전쟁이 끝난 후에 '독립'되었다고 생각하였다.

제6칙 조선국 항구에 거주하는 일본인은 쌀과 잡곡을 수출할 수 있다. 단 재해 시에는 1개월 전에 통고하고 방곡령이 가능하다.

제7칙 일본국 정부에 소속된 선박들은 항세(港稅)를 납부하지 않으며 수출입 상품에도 관세를 부과하지 않는다.

등이었다. 방곡령 조항이 있으나, 대량으로 미곡 유출이 가능하게 되었고, 또한 수출입에서의 무관세 및 선박들의 항세도 면제되었다. 조선의 통상 무역에 관한 사전 지식이 부족한 것이 원인이었다. 더욱 한심한 것은 조선 정부가 일본과의 조규 체결이 기왕의 교린관계를 복원하는 것으로 생각하고 있었기 때문에 무관세 무역이 일본에 대해 은혜를 베푸는 것으로 믿고 있었던 점이었다. 무관세 무역은 1883년에 수정될 때까지 7년간이나 계속되었다.[2]

공사의 서울 상주 문제가 부록에서 허용되지 않았으나, 일본은 이후 지속적으로 이를 요구하였다. 급기야 1880년에 일본은 이를 일방적으로 시행하여 서대문 밖 경기중영(京畿中營, 淸水館)에 일본 국기를 내걸고 머물렀다. 조선 정부도 이를 묵인하였다.

조일수호조규의 체결과 후속 조약의 체결로 일본은 조선을 정치·경제적으로 침략할 수 있는 발판을 마련하였다. 하지만 이를 다루는 한일 양국의 역사교과서에서의 입장은 매우 다르다. 일본에서는 특히 제1관에 명시된 "자주지방自主之邦"을 강조하여, 이것으로 전근대적, 중국 중심의 동아시아 국제질서가 무너지고 근대적인 질서로 바뀌었다는 점을 강조하고 있다. 그 실질적인 이유가 조선을 청국에서 분리시켜 조선을 침략하기 위한 사전

---

2) 조선 정부는 무관세무역이 잘못되었다는 것을 곧 깨닫고, 1878년 9월에 부산에서 무역에 종사하는 조선 상인에게 세금을 징수하였는데, 일본의 관민들이 이에 항의하여 소동이 일어났다. 1880년에 들어 조선 정부에서는 김홍집, 1881년에 조병호를 수신사로 파견하여 관세 문제를 개정을 요구하였다. 그후 한일 간에 교섭이 진행되었고, 마침내 임오군란 후인 1883년에 「통상장정」과 「해관세칙(海關稅則)」이 체결되었다.

조치였던 점을 외면하고 있다. 비록 조일수호조규가 불평등조약이었음을 지적하고 있으나, 그것보다는 '근대적 국제질서'를 강조하면서, 그 근대의 이면에 숨어 있는 제국주의 국가의 침략을 외면하고 있는 것이다.[3] 한국 교과서에서는 이에 대해서 거의 언급하지 않고, 조규의 불평등성을 강조하면서도 "우리 나라가 외국과 맺은 최초의 근대적 조약"이라고 하는 것과는 아주 대조적이다.

3. 1880년대 초 조선의 근대개혁과 일본

일본과 통교 이후, 조선 정부는 부국강병의 필요성을 인식하고, 서양의 기술문명을 수용하여 근대화 개혁사업(이른바 양무사업)을 추진하였다. 이를 위해 조선에서는 일본의 근대화 성과를 알아보았다. 개항 후 일본의 요청으로 수신사 김기수(金綺秀)를 파견하면서 정부는 "옛 관계를 닦고 신의를 두텁게 하는 것"이라는 목적을 내세우면서도 서양과 통교한 후 변화된 일본에 대한 정보를 수집하려 하였다. 1880년에는 김홍집(金弘集)을 파견하여, 관세 문제, 미곡수출금지 조치 등의 문제를 처리하게 하면서 동시에 일본의 근대화 사업도 살펴보고, 미국과의 조약 체결 여부 등도 알아보게 하였다. 이때 김홍집은 명치유신 이후 일본이 취한 부국강병정책을 긍정적으로 평가하였다. 또 청국 공사관의 황준헌(黃遵憲)과 대담에서 국제 정세를 파악

---

[3] 이에 비해, 일본이 서구와 맺은 불평등조약에 대해서는 설명하고, 일본이 이 불평등 조약을 벗어나기 위해 얼마나 많은 노력을 했는지를 교과서 곳곳에서 기술하고 있다. 가령, 후소샤《교과서》에서는 불평등 조약이 "일본인의 자부심에 상처를 주는 것"으로 보면서, "일러전쟁에서 일본이 승리한 후인 1911년 일본은 미국과의 관세자주권 회복의 협상에 성공하여 조약 개정의 비원은 달성되었다. 이와쿠라 사절단의 협상으로부터 40년의 세월이 지나고 있었다"(157쪽)고 하여, 매우 감상적으로 기술하고 있다. 이런 태도는 한국을 서술하는 데는 전혀 나타나지 않는다.

하고, 부국강병과 자강의 필요성을 절감하게 되었다. 이때 김홍집은 《조선책략》을 가지고 왔고, 조선 정부에서는 이를 부국강병, 자강에 필요한 책이라고 판단하여 전국에 배포하였다. 이와 더불어 조선 정부는 청국에 병기 제조·군사훈련 등을 배우기 위해 청년학도도 파견하였고, 또 근대화 사업을 추진하기 위해 통리기무아문統理機務衙門이라는 새로운 기구도 설치하였다(1880. 12).

정부의 정책 방향은 19세기 이래 집권층이 견지하고 있던 동도서기론東道西器論이었다. 유교적 윤리·도덕을 근본으로 하고, 서양의 기술문명을 수용하자는 것이었다. 임오군란 직후 고종의 교지에서 "서양의 종교는 배척해야 하지만 서양의 침략을 막기 위해서는 농상農桑·의약·갑병甲兵 등의 기술(군사기술)은 이용후생利用厚生의 차원에서 수용해야 한다"고 천명한 바였다. 물론 조선의 근대화 방안은 청의 양무운동을 본받은 것이었으나, '서기西器' 수용을 청국에만 의지하지 않고, 일본을 통한 수용에도 힘을 기울였다. 신식군대로 별기군을 만들고, 일본 교관을 고빙雇聘한 것이 이를 잘 보여 준다.

정부의 근대화 정책은 임오군란으로 반대에 부딪쳤다. 군란의 직접적 원인은 구식 군인에 대한 부당한 대우 때문이었지만, 서울의 많은 도시민이 이에 가담하였다. 일본과의 통상 이후 미곡 가격의 등귀로 생활난이 커지면서 일본에 대한 민중층의 반감도 팽배했기 때문이었다. 구식 군졸과 민중들은 일본인 교관을 죽이고, 일본공사관을 습격하여 불태웠다.

임오군란을 계기로 조선을 둘러싼 청과 일본의 대립은 심각해졌다. 군란을 수습하기 위해 정부에서 청군의 파병을 요청하였고, 청국은 종주국으로서 속방을 보호한다는 구실로 군대를 파견하였다. 군란의 배후자로 지목된 대원군을 청으로 잡아가고, 조선의 내정 간섭을 강화하였다. 일본도 임오군란을 기회로 조선에 대한 지배권을 강화하려 하였다. 일본 공사가 군대를 이끌고 조선에 들어와 조선 정부와 사후 처리 문제를 교섭하였다. 이에 한일 간에 제물포조약이 체결되었다.

　　제1조 지금으로부터 20일을 기하여 조선국은 흉도를 포획捕獲하고 거괴巨魁를 엄구嚴究하여 중벌로 징판懲辦할 것.
　　제3조 조선국은 5만원을 지불하여 일본국관리 피해자의 유족 및 부상자에게 급여할 것.
　　제4조 흉도의 폭거로 인하여 일본국이 받은 손해 및 공사公使를 호위한 육해군비 중에서 50만원을 조선국이 부담할 것. 매년 10만원씩 지불하여 5개년에 완납 청산할 것.
　　제5조 일본공사관에 병원兵員 약간명을 두어 경비케 할 것.
　　제6조 조선국은 대관大官을 특파하고 국서를 보내어 일본국에 사죄할 것.

　일본은 이런 여세를 몰아 조선과 수호조규속약도 체결하였다. 부산, 원산, 인천 각 항구의 간행리정을 50리로 하고, 2년 후에는 100리로 하기로 하였으며, 또한 그 동안 금지되었던 일본공사관, 영사 및 그 수행원의 조선 내지 여행도 허용되었다. 조선 정부가 물어야 될 50만원도 큰 부담이었지만, 일본 공사관의 수비를 구실로 일본군대가 서울에 주둔하게 된 것도 큰 문제였다. 임오군란 진압을 위해 조선에 왔던 청군도 여전히 주둔하고 있어서, 청과 일본의 대립은 날로 심각해져 갔다.
　임오군란 이후 조선 지배층 내부에서 정부가 추진하던 근대개혁 방안을 비판하는 세력이 형성되었다. 김옥균·박영효 등 개화파였다. 그들은 일본에 출입하면서 명치유신 이후 추진된 일본의 변화를 높이 평가하였다. 또 후쿠자와 유키치(福澤諭吉) 등 문명개화론자, 일본에 와있던 서양선교사와 접촉하면서 서구화·문명화에 대한 구상을 다듬어갔다. 제물포조약의 약속에 따라 파견된 수신사 박영효는 일본의 문명개화론을 전폭적으로 수용하였다. 그리하여 그들은 청국과의 사대 관계를 청산하고 '독립'을 이루며, 서양 제도를 적극적으로 수용하여 서구화를 지향하였다.

이로써 그들은 동도서기론, 곧 양무개화론洋務開化論에서 이탈하여 일본식의 문명개화론을 갖게 되었으며, 이에 따라 갑신정변을 일으켰다(1884). 그러나 갑신정변을 주도한 개화파는 민중의 지지를 얻지 못했다. 그들은 일본 군대를 믿고 정변을 일으켰다. 일본은 조선에 대해 간섭을 강화할 수 있는 기회라 파악하고 개화파를 지원하였다. 하지만 개화파 정권은 청군의 반격으로 3일 만에 무너지고, 대부분 일본으로 망명하였다.

정변 후 청국의 간섭은 더욱 강화되었다. 일본 또한 세력 만회를 위하여 여러 각도에서 노력하였다. 일본은 갑신정변 사후 문제를 처리하면서 조선에 대한 영향력을 강화하고자 하였다. 일본은 이노우에(井上馨)를 전권대사로 보내면서 군함 7척과 병력을 조선에 급파하여 군사적 압력을 가하고, 공사관 소실에 대한 재건 배상금을 요구하였다. 그러나 조선 정부 대표 김홍집은 공사관원이 도망가면서 기밀문서를 태우다가 공사관이 불탄 것이므로 책임질 수 없다고 하였다. 그러나 결국 일본이 요구한 액수를 반으로 줄여 타협하면서 한성조약이 체결되었다.

> 제1조 조선국은 일본국에 국서를 보내어 사의를 표명할 것.
> 제2조 해를 입은 일본국 인민의 유족 및 부상자를 휼급恤給하고, 상민의 화물이 훼손, 약탈된 것을 전보塡補하여 조선국에서 십만원을 지불할 것.
> 제4조 일본공관은 신기지로 이축함을 요하는 바, 조선국은 마땅히 기지 방옥房屋을 교부하여 공관 및 영사관으로 사용토록 할 것이며, 그 수축, 증건에 있어서는 조선국이 다시 2만원을 지불하여 공사비에 충용토록 할 것.

조선 정부는 일본의 정변 관여는 추궁하지도 못하고 도리어 사죄하였으며, 배상금을 지불하고 공사관 부지와 건축비도 부담하는 굴욕적인 조약을 체결하였다.

한편, 일본은 청국의 조선 지배권을 약화시키기 위해 조선으로부터 청일 양군의 동시 철병, 장차 파병할 경우에 사전에 서로 통보한다는 천진조약을 체결하였다(1885). 이제 일본은 청국과의 전쟁을 준비해 가기 시작하였다.

이상과 같은 1880년대 조선의 근대개혁을 둘러싼 한일 관계를 다루는 일본 교과서의 입장은 물론 한국의 그것과 다르다. 한국 근대개혁운동의 주체적 활동을 어느 정도까지 평가하고, 일본이 이에 대해 어떤 입장을 취하였는가라는 문제인 것이다. 그 차이의 핵심은 일본의 침략성을 어떻게 서술할 것인가에 달려 있다.

일본교과서에서는 일본이 조선의 개혁사업을 지원한 것으로 기술하고 있다. 이는 말할 것도 없이 조선에 대한 일본의 영향력을 확대하기 위한 것이었다. 그러나 《교과서》에서는 이런 점을 명확하게 표현하지 않고, 오히려 "일본의 안전 보장"을 더 강조하고 있다. 조선 반도가 러시아의 지배하에 들어가면 조선이 일본을 공격하는 기지가 될 것이므로, "조선이 타국에 침략을 당하지 않는 나라가 되어야 일본이 안전 보장에 중요"하다는 것이었다. 이런 차원에서 일본은 조선의 근대화를 도와야 하였고, 그 일환으로 군대개혁[別技軍]을 "원조"했다고 서술하고 있다. 따라서 근대화를 추진했던 조선의 자발적인 노력에 대해서는 돌아볼 여유는 없을 것이다. 또한《교과서》에서는 갑신정변이 일본의 군사적 지원 하에, 명치유신의 영향으로 일어났다는 점을 강조하고 있다. 조선에 대한 일본의 세력 확대라는 면보다는 조선의 근대화운동이 일본의 영향 하에 이루어졌다는 점을 드러내려 하였다.

4. 청일전쟁 전후의 한일관계

갑신정변 후 약 10년간, 청과 일본은 각각의 '생명선'이었던 조선을 둘러싸고 정치, 경제적으로 대립하였다. 개항 이후 조선 무역을 장악하고 있던 일본의 지위도 청국 상인의 성장으로 약화되어 갔다. 청일전쟁 직전 조선에서의 청국·일본의 무역액도 거의 비슷하게 되었다. 이에 일본은 조선을 지배하기 위해서 청국을 조선에서 몰아내어야 하였고, 10년 동안 청과의 전쟁을 준비하였다. 일본 국내에서는 '서양과 같은 입장에서 아시아 국가를 상대해야 한다'는 후쿠자와의 탈아론脫亞論이 대두하였고, 야마카타(山縣有朋)의 '주권선, 이익선'이 외교정책의 지침이 되었다.

1894년 조선에서 동학농민전쟁이 일어났다. 농민층의 항쟁을 진압할 힘이 없었던 조선 정부는 청국에 군대 파병을 요청하였다. 청국은 군대를 파견하면서 천진조약에 따라 이 사실을 일본에 통보하였다(5. 1. 음). 출병 기회를 노리며 비밀리에 준비하고 있던 일본도 즉각 출병하여 청군이 도착한 같은 날에 조선에 상륙하였다.

그 사이 조선 정부와 농민군 사이에 전주화약이 맺어졌다. 이에 조선 정부는 청일 양군의 철병을 요청하였다. 그러나 전쟁을 일으킬 기회를 엿보고 있던 일본이 이에 응할리 없었다. 오히려 일본은 청국에게 조선 내정의 공동개혁을 제안하였다. 조선에 대한 종주권을 주장하고 있던 청으로서는 받아들이기 힘든 제안이었다. 일본도 이를 노리고 있었다. 일본은 청국이 "속방을 보호하는 구례"라는 말을 트집 잡았다. 일본은 조일수호조규에 규정된 '자주의 나라'라는 것과 배치된다고 하여 '조선의 독립'을 들고 나왔다. 전쟁을 일으킬 '명분'을 찾은 것이었다.

드디어 6월 21일(7. 23. 양) 새벽, 일본은 군대를 동원하여 경복궁을 점령하고 대원군을 앞세워 신정권을 수립하였다. 친일 정권은 청과 체결하였던 모든 조약을 폐기한다고 선언하였다(7. 25). 일본군은 같은 날 충청도 풍도豊島 앞바다에서 청국 군함을 격침시켰다. 선전포고도 하지 않고 행한 기습 공격이었다. 이어서 조선을 일본 편으로 끌어들이기 위해 조일잠정합동조관(朝日暫定合同條款, 8. 20) 및 조일양국맹약(朝日兩國盟約, 8. 26)을 강요하여 체결하였다.

일본이 조선 정부에 협상안을 제시한 것은 6월 28일(7. 30)이었다. 전쟁을 일으킨 것을 합리화하고, 또 군사 작전상 편의를 얻기 위함이었다. 조선 정부는 한동안 이에 응하지 않았는데, 일본은 이를 독촉하였다. 결국 조선은 경복궁에서 일본군이 철수한다는 조건으로 잠정합동조관에 조인하였다. 전문에는 "양국병이 우연 충돌한 사건을 타협 조정하고 아울러 장래 조선국의 자주 독립을 공고히 하며 피차의 무역을 장려하여 더욱 양국 교의의 친밀을 도모"한다고 하였다. 이에 제5조에 "본년 6월 21일(음)에 대궐로부터 상근相近한 땅에서 양국 병정이 충돌한 것을 피차가 추구追究하지 않도록 한다"고 하여, 일본군의 경복궁 점령으로 인해 일어난 충돌을 불문에 붙이도록 하였다. 또한 서울-부산, 서울-인천의 군용 전선 가설을 유지하고(3조), "무역을 장려하기 위해 전라도 연해에 통상구안通商口岸 1개 처를 개항"하기로 하였다(4조). 그리고는 청일전쟁을 일으킨 일본의 명분이었던 '조선의 자주독립'을 공고히 하기 위해 따로 조약을 의논하기로 하였다(6조). 이 조항에 따라 이어서 양국동맹을 체결하였다. "청병을 조선 국경 밖으로 철퇴시켜 조선국의 독립 자주를 공고히 하고 조일 양국의 이익을 증진"하며, 이를 위해 '일본은 공수攻守의 전쟁을 담당하고, 조선은 일본군대의 진퇴와 식량 준비 등에 편의를 제공'하도록 하였다. 일본의 침략 전쟁이 '조선의 독립'을 위한 전쟁이 되었고, 조선은 이 전쟁에서 일본군을 위해 편의를 제공해야만 하였다.

청일전쟁은 일본의 승리로 끝났고, 청일 간에는 시모노세키조약이 체결되었다(1895. 4. 17). 이 조약에는 조선의 '독립'을 첫 조항에 넣어, 청국의 조선에 대한 구례의 간섭권을 부정하였다. 일본은 청국의 간섭을 배제하고 조선을 지배할 기반을 확보하게 되었다. 동시에 대만을 식민지로 얻고, 요동반도도 할양받았다.

이러한 일본의 조선에 대한 독점적 지배와 만주 침략은 이 지역을 노리던 러시아를 비롯한 다른 열강들을 자극하였다. 시모노세키조약 체결 직후 러시아는 독일·프랑스와 함께 일본에게 '요동반도의 중국 반환', '조선에서의 독점적 이권반대, 이익 균등' 등을 요구하는 '삼국간섭'을 행하였다. 힘에 밀린 일본은 요동반도를 청국에 반환하였다. 이후 일본과 러시아의 대립이 첨예화되었다. 일본은 다시 조선과 만주를 차지하기 위해 러시아와 무력 대결을 준비하였다. 일본 국내에서는 이를 삼국 간섭에서 당한 수모를 참고 복수를 위한 '와신상담(臥薪嘗膽)'의 시간이라고 표현하였다.

삼국간섭 이후 세력이 약화된 일본은 이를 만회하기 위해 다각도로 노력하였다. 그 일환으로 러시아 쪽으로 기울어진 조선의 왕후(명성황후 민씨)를 시해하였다(乙未事變, 1895. 10). 그리고 조선의 내정개혁에 더욱 강하게 간섭하여 이른바 '을미개혁'을 추진하였다. 이때 행해진 단발령으로 대일 여론이 더 악화되었고, 전국적으로 보수적 유생층이 이끄는 의병이 일어났다. 일본의 간섭과 갑오개혁으로 실권을 잃은 고종과 친미·친러 세력은 결국 아관파천을 단행하여 친일적인 갑오개혁 정권을 무너뜨렸다.

청일전쟁과 그 전후의 한일 관계를 서술한 일본 역사교과서의 인식과 내용은 물론 한국과 다르다. 청일전쟁이 조선의 독립과 내정개혁의 명분을 내세워 일으킨 침략전쟁이라는 점이 일본 교과서에서는 불명확하게 서술되어 있다. 오직 조공국 조선을 잃지 않으려는 청이 일본을 "적으로 간주"하게 되면서 전쟁이 일어났다고 보고 있다. 아니면 구미 열강의 아시아 침략이 강해지면서 일본이 자위(自衛)를 위해 조선에 "진출"하였다고 하였다. 당시에 일본이 내건 '명분'을 역사적 사실인 것처럼 여과 없이 소개하는 것이다. 그리고 청일전쟁의 결과 동아시아에 근대적 국제 질서가 성립되었다는 역사적 의의를 강조하고 있다. 청일전쟁이 일본의 제국주의 침략 전쟁이고, 전쟁의 결과 일본의 조선 지배가 가능하게 되었다는 점을 더 명확하게 서술해야 할 것이다.

5. 러일전쟁 후 일본의 조선 침탈과 '병합'

청일전쟁으로 제국주의 열강의 대열에 참여하기 시작한 일본은 한반도와 만주지역을 둘러싸고 러시아와 또 한 번의 전쟁을 치렀다(러일전쟁, 1904). 청일전쟁 이후 10년 동안 일본은 국민 여론을 전쟁으로 몰아가고, 동시에 군비 확장을 추진하였다. 국제적으로는 러시아와 대립하고 있던 영국과 미국의 동의와 후원을 획득하였다. 영국과 미국은 일본을 내세워 러시아를 견제하고 남하정책을 막기 위해서, 그리고 미국은 만주에 대한 개방정책을 달성하기 위해서 일본을 지원하였다. 미·영과 동맹관계를 맺은 일본은 1898년 4월, 러시아와 '로젠-니시(西) 협정'을 체결하여, 조선 내정에 간섭할 경우에 서로 협의할 것과 두 나라가 조선에 대한 경제적 침투에서 서로 방해하지 말 것 등을 약속하였다. 표면상으로 일시적인 세력균형을 이룬 것처럼 보이나 양국 사이의 대립은 날로 격화되어 갔다.

영국과 미국은 러시아에 대한 견제와 중국 침략을 위해서 일본과 협조하고, 일본의 조선 지배를 용인하였다. 영국과 일본은 1902년에 '일본이 조선에서 정치상으로도 특별한 이익을 가짐과 동시에 제국주의의 침략적 행동은 물론, 조선 민중의 반침략 투쟁에 의해 그 이익이 위협받을 때 필요불가결한 조치를 취한다'는 내용의 영일동맹(제1차)을 체결하였다. 그리고 일본은 영·미의 전쟁에 대한 지원을 확인한 후, 드디어 1904년 2월에 인천과 여순항에서 러시아함대를 불시에 공격하여 전쟁을 개시하였다.

대한제국은 러일전쟁 직전에 '국외중립局外中立'을 선언하였다. 그러나 일본은 이를 무시하고, 전쟁의 발발과 더불어 5만 명의 군대를 인천에 상륙시켜 조선을 군사적으로 강점하였다. 군사적 억압 하에서 일본은 한일의정서(韓日議定書)(의정6조) 체결을 강요하였다. 그 가운데 중요한 내용은 다음과 같다.

제1조 한일 양 제국은 영원히 변함없는 친교를 유지하고 동양평화를 확립하기 위하여 대한제국정부는 대일본제국정부를 확신하고 시정개선에 관한 충고를 들을 것.
제2조 대일본제국정부는 대한제국 황실을 확실한 친의로써 안전 강령케 할 것.
제3조 대일본제국정부는 대한제국의 독립과 영토보전을 확실히 확증할 것.
제4조 제3국의 침해, 혹은 내란으로 대한제국 황실의 안녕과 영토 보전이 위험에 처했을 경우 대일본제국정부는 곧 그 때에 임하여 필요한 조치를 취할 것이며 대한제국정부는 앞의 대일본제국정부의 행동이 용이하도록 충분한 편의를 부여할 것. 대일본제국정부는 전항의 목적을 달성하기 위하여 군략상 필요한 지점을 수시로 사용할 수 있을 것.

한일의정서는 일본에 의한 국권침탈이 시작되었던 조약으로, 일본의 식민 침탈과 관련해서 매우 중요한 사항을 담고 있다. 먼저, 일본은 조선 침략을 '동양 평화', '시정 개선'이라는 명분하에 진행하였다. 그리고 이를 이루기 위해서는 '일본의 충고'를 받아들여야 한다고 하여 내정 간섭을 본격적으로 시작하였다. 심지어 전쟁과 관련해서 '일본이 군사 전략상 필요한 지점을 사용'하게 하여 군사적 지배를 허용하였다. 이에 따라 러일전쟁이 일어났던 동해안 전역을 일본군이 점령하였고, 함경도 같은 지역에서는 일본의 군정軍政이 실시되었다. 러시아와의 해전을 위해 울릉도·독도 등에 전신·망루 등을 설치하였으며, 결국 독도도 주인이 없는 땅이라고 여겨 일본 영토라고 천명하였다. 그래서 당시 지식인들 중에는 이 의정서 체결로 국권이 상실되었다고 판단하는 사람이 많았다.

의정서의 후속 조치로, 그해(1904) 8월에 일본인 재정고문과 외국인 외교고문을 채용하도록 한 '협약'(이른바 '제1차 韓日協約')이 체결되었다. 이른바 고문정치가 시작된 것이다. "대한정부大韓政府는 대일본정부大日本政府가 추천하는 일본인 1명을 재정 고문으로 하여 대한정부에 용빙하고, 재무에 관한 사항은 일체 그의 의견을 물어 실시할 것"이라는 조항에 따라 재정고문으로 메가타(目賀種太郞)가 임명되었다. 그리고 "일본 정부가 추천하는 외국인 한 명을 외부 고문으로 용빙하고, 외교에 관한 요무는 일체 그 의견을 물어 실시할 것"이라는 조항에 따라, 친일적인 미국인 스티븐스가 외교 고문으로 임명되었다. 그리고 "대한 정부는 외국과의 조약 체결이나 기타 중요한 외교 안건, 즉 외국인에 대한 특권 양여와 계약 등의 처리에 관해서는 미리 대일본 정부와 토의할 것"이라고 조항에 따라, 사실상 대한제국의 외교권·재정권이 일본 손으로 넘어가게 되었다.

일본은 러시아와의 전쟁을 유리하게 이끌어 가고 있었지만, 장기전을 치를 만한 경제력이 없었다. 전쟁 경비를 미국·영국 등에서 조달하였던 일본은 경비를 거의 소진하였고, 더 이상의 조달도 어려웠다. 그리하여 먼저 미국과 '가쓰라·태프트(Taft) 밀약'을 맺어 미국의 필리핀 지배를 인정하는 대신 한국에 대한 지배권을 인정받았고(1905. 7.), 이어 영국과 제2차 영일동맹을 맺어 영국의 중국시장 지배를 인정하는 대신 한국에서의 정치적 이익을 보장받았다(1905. 8.). 러일전쟁을 끝내기 위해 미국의 중재로 러시아와 강화 교섭을 전개하여, 러시아로부터도 한국지배에 대한 독점을 확인받았다(포츠머스 강화조약, 1905. 9).[4]

---

4) 일반적으로 러일전쟁에서 일본이 승리했다고 한다. 물론 일본이 러시아로부터 사할린 등의 북방 지역 영토를 할양받고, 조선에 대한 지배권을 획득하기는 했지만, 전쟁 배상금도 받지 못했다. 전쟁의 승리만을 위해 생활고 등으로 희생하던 일본 국민은 이에 격분하여 난동을 일으켰다(日比谷 소각사건).

러일전쟁을 통해 국제열강으로부터 한국에 대한 독점적 지배를 확인받은 일본은 이토 히로부미(伊藤博文)를 조선에 파견하여 한국의 보호국화를 획책하였다. 일본군이 경운궁(덕수궁)을 포위하고, 대포를 쏘며 공포 분위기를 조장하는 가운데 이또는 어전회의에서 고종과 대신들을 위협하여 '보호조약'을 강요하였다. 이리하여 '을사늑약'(이른바 제2차 한일협약)이 체결되었다(1905. 11).

일본국 정부와 한국정부는 양 제국을 결합하는 이해(利害) 공통의 주의를 공고히 하고자 한국의 부강의 실(實)을 인정할 수 있을 때까지 이 목적을 위하여 아래의 조관을 약정함.
제1조 일본국 정부는 도쿄(在東京)에 있는 외무성을 경유하여 금후에 한국이 외국에 대한 관계 및 사무를 감리, 지휘할 것이요, 일본국의 외교대표자 및 영사는 외국에서의 한국의 신민 및 이익을 보호할 것임.
제2조 일본국 정부는 한국과 타국 간에 현존하는 조약의 실행을 완수하는 임무를 담당하고 한국 정부는 금후 일본국정부의 중개를 거치지 않고서는 국제적 성질을 가진 어떤 조약이나 약속을 맺지 않을 것을 서로 약속함.
제3조 일본국 정부는 그 대표자로 한국 황제폐하의 궐하에 1명의 통감을 두되 통감은 오로지 외교에 관한 사항을 관리하기 위하여 경성에 주재하고 친히 한국 황제폐하에게 내알할 권리를 가짐. 일본국 정부는 또한 한국의 각 개항장 및 또한 일본국 정부가 필요하다고 인정하는 지역에 이사관을 설치할 권리를 갖되 이사관은 통감의 지휘 하에 종래 재한국 일본영사에게 속했던 모든 직권을 집행하고 아울러 본 협약의 조관을 완전히 실행하기 위하여 필요로 하는 모든 사무를 맡아 처리할 것임.
제4조 일본국과 한국 사이에 현존하는 조약 및 약속은 본 협약에 저촉하지 않는 한 모두 그 효력을 계속됨.
제5조 일본국 정부는 한국 황실의 안녕과 존엄을 유지할 것을 보증함.

이 조약은 처음 일본 측이 제시한 안에 이완용이 낸 수정안을 따라 "한국이 부강해 질 때까지"라는 시한과 한국 황실의 안녕을 보증한다는 황당한 내용이 포함되었다. 이로써 대한제국의 외교권이 일본에게 강탈되고, 내정까지도 일본인 통감의 지배를 받는 실질적인 식민지가 되었다.

 을사늑약에 대해서는 처음부터 조약의 부당성, 불법성을 지적하고 대대적인 반대 운동이 일어났다. 고종은 조약의 부당성을 알리기 위해 서양의 여러 나라에 문서를 보냈고, 특히 1907년 6월 헤이그 만국평화회의에 3명의 대표(李相卨, 李儁, 李瑋鍾)를 파견하였다. 민간에서도 체결에 동의한 '을사오적', 곧 학부대신 이완용李完用·내부대신 이지용李址鎔·외부대신 박제순朴齊純·군부대신 이근택李根澤·농상공부대신 권중현權重顯 등의 죄를 물어야 한다는 여론이 확산되었고, 을사오적을 없애기 위한 여러 조직들도 만들어졌다. 유생층이나 민중층의 의병항쟁이 다시 전국적으로 확산되었다.

 헤이그 밀사사건이 드러나자 일본은 이를 기회로 고종을 강제적으로 왕위에서 물러나게 하고 조선의 내정을 완전히 장악하였다. '시정개선'이라는 허울을 내세우고, 정미7조약(한일신협약, 1907. 7)을 강제적으로 체결하여 통감이 한국인 고등관, 외국인 및 일본인 관리 임명 권한을 모두 장악하였다. 이어서 대한제국의 군대도 해산시켰고, 사법권도 강탈하였다(기유각서). 그리고는 마침내 대한제국을 병합하여 버렸다(1910. 8).

 이때 체결된「한일병합조약」은 다음과 같다.

 일본국 황제폐하 및 한국 황제폐하는 양국 간에 특수하고도 친밀한 관계를 고려하여 상호의 행복을 증진하며 동양평화를 영구히 확보하고자 하며 이 목적을 달성하기 위하여 한국을 일본제국에 병합함이 선책이라고 확신하고 이에 양국 간에 병합조약을 체결하기로 결정하고 이를 위해 일본국 황제폐하는 통감 데라우치 마사타케(寺內正毅) 자작을, 한국 황제폐하는 내각총리대신 이완용을 각각의 전권위원으로 임명하였다. 그러므로 위 전권위원은 합동 협의하고 아래의 제조諸條를 협정하였다.

제1조 한국 황제폐하는 한국 전부에 관한 모든 통치권을 완전 또는 영구히 일본 황제폐하에게 양여한다.

제2조 일본국 황제폐하는 전조에 기재한 양여를 수락하고 완전히 한국을 일본제국에 병합함을 승낙한다.

제3조 일본국 황제폐하는 한국 황제폐하·황태자전하 및 그 후비와 후예에게 각각의 지위에 적응하여 상당한 존칭 위엄 및 명예를 향유하게 하며 또 이것을 유지하는 데 충분한 세비를 공급할 것을 약속한다.

제4조 일본국 황제폐하는 전조 이외의 한국황족 및 그 후예에게도 각각 상응하는 명예 및 대우를 향유하게 하며 또 이것을 유지하는 데 필요한 자금의 공급을 약속한다.

제5조 일본국 황제폐하는 훈공있는 한국인으로서 특히 표창에 적당하다고 인정된 자에게 영작榮爵을 수여하고 은급을 준다.

제6조 일본국 정부는 전기 병합의 결과로 완전히 한국의 시정을 담당하고 동지에서 시행하는 법규를 준수하는 한인의 신체 및 재산을 충분한 보호해 주며 또 그들의 전체의 복리증진을 도모한다.

제7조 일본국 정부는 성의로서 충실하게 신제도를 존중하는 한국인으로서 상당한 자격을 가진 자를 사정이 허락하는 한 한국에서 일본제국 관리로 등용할 것이다.

제8조 본 조약은 일본국 황제폐하 및 한국 황제폐하의 재가를 받은 것으로서 공포일로부터 시행한다.

병합조약에서 일본이 내건 명분은 한일의정서 이후 줄곧 제기해온 '동양평화'였다. 허약한 한국이 '동양평화를 해치는 화원禍源'이라고 내세우고, 동양 평화를 위해서는 한국의 통치권을 일본에게 양여해야 하며, 이것이 한국인의 행복을 보장한다는 것이었다. 그리고 조약 속에서 한국의 황실,

고관, 친일파 등을 우대한다고 천명하였다.

　조선의 병합에 이르는 과정의 모든 조약은 항상 강압적으로 체결되었다. 따라서 그 강압성의 성격과 정도가 어떤 것이었느냐에 따라 조약의 합법, 불법이 논의되고 있다. 현재 한국의 학계에서는 식민지화에 이루어진 모든 조약이 강압적으로 이루어진 불법 조약이며, 조약에 따라서는 명칭, 형식 요건 등도 문제가 있기 때문에 조약 자체의 원천적인 무효를 주장하고 있다. 이들 조약의 성격 및 조약 체결 과정, 요건 등이 문제로 지적되고 있는 것이다. 이들 조약이 모두 다 일본의 강압의 의해서 이루어졌던 점에서 우리는 대한제국의 멸망·병합·합방 등의 용어보다는 '일제의 강점'이라는 말을 더 많이 사용하고 있다.

　반면에 일제의 한국 주권의 침탈 과정에 대해 일본교과서에서는 그 침략성을 가능한 한 약화시켜 서술하고 있다. 삼국간섭 이후 러일전쟁으로 치달아가는 과정에서 나타난 일본 국내의 찬반 여론, 대러 외교정책의 대립 등을 소개하고, 또한 일본이 영국과의 동맹을 통해 대러시아 전쟁으로 나아가는 것으로 서술하고 있다. 더 문제가 되는 부분은 러일전쟁에서 황인종인 일본이 백인종인 러시아에 승리하여 백인종 유럽국가의 식민 지배를 받고 있던 아시아 지역의 민족운동에 '희망'을 주었다는 식으로 강조하고 있다.

　이에 비해 러일전쟁 이후 한국병합에 이르는 과정은 소략하게 서술되어 있다. 물론 대부분의 교과서에서는 일본의 무력에 의해 강압적으로 국권 침탈이 이루어졌다는 점을 인정하고 있지만, 이 조약들이 "불법적"이었다고 명시한 교과서는 없다. 그보다는 오히려 일본의 조선 지배가 국제열강에 의해 인정되었다는 점을 강조하고 있다.

맺음말

　1876년 문호개방(조일수호조규)을 계기로 한반도를 중심으로 근대적인 국제질서가 구축되기 시작하였다. 한편으로 중국 중심의 화이체제가 소멸되고, 다른 한편으로 만국공법이라는 이름 아래 제국주의 열강이 지배하는 불평등조약체제가 형성되었다. 1910년 한일병합에 이르는 과정에 한일 간에 맺어진 많은 조약들도 이와 같은 근대적 국제 질서, 법질서 속에서 이루어졌다. 그렇게 때문에 한일 간에 맺어진 조약들의 대부분은 기본적으로 물리적인 군사력, 강제력에 의해 체결된 것이었다.

　본고에서는 이 시기 한일 관계와 한일 간에 맺어진 여러 조약들을 어떻게 이해해야 하며, 또 이것이 일본의 역사교과서에는 어떻게 서술하고 있는가를 검토하였다. 근대적 한일 관계를 시작한 조일수호조규에 대해서 한국은 일본의 침략성과 불평등성을 강조하는 것에 비해, 일본에서는 '조선은 자주국'이라는 조항을 중시하고 있다. 1880년에 초반 한국의 개혁사업에 대해서 일본 교과서는 조선의 근대화에 기여한 일본의 역할을 강조하고 있으며, 청일전쟁 이후의 일본의 한국 침략과정에 대해서는 전반적으로 일본의 한반도 지배는 당시 제국주의 열강의 인정 하에서 이루어졌다는 점을 더 내세우고 있다. 요컨대 일본 역사 교과서에서는 일본의 제국주의 침략을 가능한 한 약화시켜 서술하고, 심지어 당시 일본의 침략 명분을 그대로 역사적 사실로 서술하고 있다. 한일 간의 역사 분쟁, 교과서 파동은 항상 이런 역사인식의 차이에서 비롯되었던 것이다.

　한일 양국의 역사 교육은 모두 자국사, 자민족사 중심으로 서술되어 있다. 이는 근대국가의 형성, 발전 과정에서 당연한 일이라고 할 수 있다. 이런 점에서 근대국가 형성기의 한국과 일본의 관계, 즉 일본이 한국을 식민지로 침탈하고 지배했다는 역사에 대한 해석에서 많은 차이를 낳고 있다.

일본에서는 일본근대사를 제국주의 국가, 강국으로 성장해간 화려한 역사로 서술하고 있다. 그에 따라 제국주의 입장에서 한반도를 침략하고, 식민지로 지배하고, 중국 대륙을 침략하고 전쟁을 일으켜 수많은 사람들에게 피해를 주었다는 사실에 대해서는 가능한 소극적으로 서술하려고 하고 있다. 물론 부분적으로 제국주의 침탈이 낳고 있민의 저항을 억압하고 강압적으로 이루어졌다는 점을 밝히기도 하지만, 한국의 주체적 근대화 개혁의 시도에 대해서 관심을 갖고 있는 일본 역사 교과서는 거의 없다.

한국의 교과서는 이 시기를 민족주의적 입장에서 근대국가 수립을 위한 개혁의 과정으로, 그리고 일본의 침략에 저항한 역사로 서술하고 있다. 일본의 침략으로 결국 대한제국이 망하고 일본의 식민지가 되었다는 점에서 한국민의 주제적 개혁과정과 항일운동을 통해서 일본의 침략의 성격을 규명하고 있다.

결국 한일 간의 역사 교과서 기술의 차이점은 일본의 근대사를 제국주의 침략과 전쟁을 옹호하고 정당화하는 입장에서 서술할 것인지, 아니면 제국주의 침략의 폐단을 지적하고, 이를 반성하는 차원에서 서술할 것인지에 있다고 할 수 있다. 따라서 이런 차이를 극복하고, 역사인식의 간격을 좁히기 위해서는 한일 양국의 아픈 과거를 바라보는 상반된 역사인식을 반성적으로 재검토해야 할 것이다. 전향적인 자세에서 평화체제를 구축하는 미래지향적인 한일 관계를 위한 공통의 역사인식이 필요한 시점이라고 할 것이다.

〈참고문헌〉

※ 한국사연구회 · 한일관계사학회 편《일본 역사서의 왜곡과 진실》, 경인문화사, 2008

※ 이태진 외,《한국병합의 불법성 연구》, 서울대 출판부, 2003

※《근대교류사와 상호인식 I》, 아연출판부, 2000,

식민지공업화론
— 일제하의 공업발흥과 사회변화를 어떻게 볼 것인가

정 재 정[*]

> **목 차**
> 1. 논의의 방향과 범위
> 2. 식민지 공업화론의 내용과 논리
> 3. 식민지공업의 성과와 비판
> 4. 식민지공업화론의 극복을 위한 제언

1. 논의의 방향과 범위

최근 국내외의 한국사학계 일각에서는 일제강점기의 공업발흥(경제사학계에서는 이것을 식민지공업화라고 부른다)을 한국의 근현대사 속에서 어떻게 자리 매김할 것인가에 대한 논의가 다양하게 진행되고 있다. 1980년대 중반부터 한국·일본·미국에서 활약하고 있는 중견의 경제사연구자들이 일제강점기, 특히 1930년대 이후의 공업발흥과 그로 인한 사회경제의 자본주의적 변모가 1960년대 이후 한국의 경이적인 경제발전(소위 NIEs化)의 기반을 이루

---
[*] 서울시립대학교 국사학과 교수

었다고 주장함으로써, 일제 강점기를 침략과 수탈, 빈곤과 정체의 암흑시대라고 인식하고 있던 역사학자들과 일반인들에게 적지 않은 충격을 주었다. 그리고 이러한 충격은 곧 식민지공업화론이 제국주의미화론 또는 식민지근대화론의 재판再版이 아니냐는 우려와 반론을 불러일으켰다. 그럼에도 불구하고 식민지공업화론의 주창자들은재 자신의 논지를 보강하는 글을 잇달아 발표하고, 그 중에는 식민지공업화를 식민지 근대화를 확대 해석하는 경향도 나타나고 있어서 국내외 여론과 역사학계를 진정시키고 있다.

이 글은 이러한 상황을 감안하여, 식민지공업화론의 내용과 논리, 그리고 이에 대한 우려와 비판의 골자를 소개하고 몇 가지 과제를 제시함으로써 식민지근대화에 대한 논의에 발판을 마련하고자 한다. 이 경우에 식민지공업화와 한국의 경제발전을 연결시켜 파악하는 데 핵심적 요소로 일컬어지는 물적 유산으로 공장·자본·인프러스트럭쳐(사회기반시설), 인적 유산으로 인력·기술·기능·경영능력, 제도적 유산으로 법률·기구·관행 등이 검토의 주요 대상이 될 것이다. 그런데 이를 대한 연구가 균등하게 진척된 것이 아니기 때문에, 물적·인적·제도적 부문에서 현재 논란의 대상이 되고 있는 분야를 이 글의 논지에 맞도록 취사선택하여 언급 하겠다.

나는 이와 같은 종류의 글을 이미 졸저 『한국의 논리-전환기의 역사교육과 일본인식』(현음사, 1998)에 몇 편 게재한 바 있다. 이 글은 그것들을 바탕으로 하여 아래의 요령에 따라 약간 첨삭한 것이다. 여러분의 너그러운 양해를 구하는 바이다.

첫째, 식민지공업화론의 주요 내용과 논리를 먼저 개관하고 이에 대한 반론을 소개하면서 나의 의견을 밝히는 방법을 택하겠다. 그 이유는 이 글의 주요 독자가 될 일반대중은 현재 논란이 되고 있는 식민지공업화의 실당과 평가에 대해 잘 모르리라고 생각하기 때문이다.

둘째, 식민지공업화를 둘러싼 논의에도 논자에 다양한 편차가 있다는 점을 가능한 한 부각시키려고 노력하겠다. 다만 논지의 전개상 어쩔 수 없이 비슷한 유형을 뭉뚱그려 언급하는 경우도 있을 것이다.

셋째, 식민지공업화가 한국 자본주의의 전개에 어떤 의미를 지니고 있는 가를 염두에 두고 논의를 전개하겠다.

이 글을 통해 독자 여러분이 한국 근대사회경제사연구의 새로운 동향을 파악하고, 또 일제강점기의 역사 모습을 다양한 측면에서 그려볼 수 있게 된다면 다행이라고 생각한다. 이 글에서 충분히 언급하지 않은 주제와 내용에 대해서는 말미에 게재한 참고문헌을 읽어보기 바란다.

2. 식민지공업화론의 내용과 논리

1). 공업의 발전과 사회의 변화

(1) 1910~20년대의 공업발흥

일제강점기의 한국역사는 전쟁과 공명하면서 전개되었다. 일제는 제1차 세계대전(1914~17), 일본군의 시베리아 침공(1919~23), 만주사변(1931), 중일전쟁(1937~45), 태평양전쟁(1941~45) 등에 참가하고 경우에 따라서는 한반도와 한국인을 전쟁에 동원함으로써 한국사회와 한국인의 생활에 심대한 영향을 끼쳤다. 특히 만주사변, 중일전쟁, 태평양 전쟁 등에서 한국인은 생명과 재산 및 정신 등에 선 헤아릴 수 없이 많은 희생을 치렀다. 그렇지만 다른 한편으로 이 시기에 일제가 한국에서 실시한 공업화 정책은 한국사회와 한국인의 삶에 격렬한 변화를 초래하였다. 식민지공업화론은 우선 일제강점기에 일어난 이러한 사회경제의 변화를 주목한다.

공업에서의 중요한 변화는 1910년대 중반부터 일어났다. 제1차 세계대전이 끝날 무렵인 1916년경부터 일본인 자본의 한국진출이 급격히 늘어나고, 이에 아울러 한국인 소유의 공장수도 빠른 속도로 증가하였다. 그리하여 1911년부터 시행된 조선회사령(한국에서 회사를 설립하기 위해서는 조선총독의 허가를 받아야만 하도록 규정한 법령)도 사실상 흐지부지되었다. 일본은 제1차 세계대전 기간에 서구 열강이 차지했던 아시아 시장을 파고들어 전에 없는 경제발전을 이룩함으로써, 불과 5년 사이에 채무국가에서 채권국가로 상승하였다. 조선총독부도 이에 부응하여 회사 설립에 대한 규제를 완화하는 방향으로 정책을 바꾸었다. 한국에서 일어난 회사설립의 붐은 이러한 국내외 정세의 변화를 배경으로 나타난 현상이었다. 이 시기에 설립된 공장은 자본금 1만 원 정도의 소규모의 것이 대부분이었지만, 그 중에는 자본금이 100만 원부터 3000만 원에 이르는 대규모 회사도 20여 개나 되었다. 이들의 업종은 제사업·방적업·광업·조선·철강·제재製材·양조·시멘트·제당·제분·전기·연와제조煉瓦製造 등이었다.

공업의 발흥은 만성적 불황을 겪는 등 부침을 겪으면서 1920년대 말까지 지속되었다. 그러나 이때까지 조선총독부는 기본적으로 한국의 원료와 식량을 일본에 공급하고 일본의 상품을 한국에 판매하는 경제정책을 견지하였다. 따라서 총독부의 투자도 이를 촉진하기 위한 사회간접자본(철도·도로·항만 등)의 확충과 농업의 개발에 집중되었다. 그러므로 1930년대 이전까지 조선에서 일어난 사회경제의 변화는 그 이후에 비하면 완만한 것이었다.

(2) 1930년대 전반의 공업발흥

1930년대 이후에는 1933년, 1937년, 1940년을 계기로 큰 변화를 겪었다. 변화의 시점을 어디에 설정하느냐를 둘러싸고 논자 사이에 의견이 갈리지만, 식민지공업화론자 모두가 공업발흥의 동인을 조선총독부의 정책이나 일본자본의 침투에서만 구하는 것이 아니라, 한국 내 공산품 시장의 확대와 한국인의 능동적 참여 등 내재적 요인을 중시하고, 이것을 촉발시킨 외적 자극으로 만주사변·중일전쟁·태평양전쟁 등을 들고 있다는 점에서는 일치하고 있다.

1930년대 초의 일본의 만주침략과 만주국의 수립은 이곳에 육지로 접해 있는 한국의 상공업에게 새로운 시장을 제공해주었다. 그리하여 일본인 자본은 한국의 지정학적 이점을 노리고 맹렬하게 진입했다. 당시 한국은 값싸고 우수한 노동력이 풍부하였고, 수력발전소의 건설이 본격적으로 추진되고 있었을 뿐만 아니라, 중요산업 통제법이나 공장법과 같은 규제가 없었다. 그렇기 때문에 적은 비용으로 최대의 이윤을 얻고자 하는 기업가에게는 더할 나위 없이 좋은 투자지역이 되었다. 더구나 조선총독 우가키 가즈시게[宇垣一成, 재임 1931~36년]는 일본인 자본의 유치를 촉진하기 위해 금융·세금·관세·공장부지의 수용 등에서 여러 가지 특혜를 베풀었다. 조선총독부의 정책과 일본인 자본의 진출에 자극 받아 한국인의 기업 활동도 무척 활기를 띠었다. 그리하여 1930년대 초부터 한국에서는 식품·시멘트·비료·섬유 등의 대규모 기업이 눈에 띠게 성장하고, 전기·화학 등의 중화학 공업도 거대한 모습을 드러내기 시작하였다. 1930년대에 들어서서는 종래의 기조 위에 다른 차원의 공업화가 시작된 것이다.

(3) 1930년대 후반 이후의 전시공업화戰時工業化

한국의 공업은 1937년의 중일전쟁을 계기로 새로운 국면을 맞았다. 우가키에 이어 조선총독에 취임한 미나미 지로[南次郎, 재임 1936~42년]는 군사적 대륙정책의 일환으로 공업화정책을 강력하게 추진하였다. 그는 세계경제가 제국주의 국가와 그 식민지를 중심으로 하여 블록으로 나누어지는 추세 속에서 일본·한국·만주가 한 몸뚱이가 되어야 한다고 생각하였다. 삼자를 인체에 비유한다면, 일본은 몸통, 한국은 팔뚝, 만주는 주먹이라는 것이다. 만주가 대륙을 때리는 주먹으로서 역할을 다하기 위해서는 한국이 직접적으로 공업화를 통하여, 그리고 간접적으로 일본제품의 튼튼한 팔뚝이 되어야 한다는 것이다. 곧 한국은 대륙에 있는 일본군에게 병참 보급의 기능을 수행해야만 한다.

미나미의 구상에 따라 조선총독부는 한국을 전진 병참기지로 설정하고, 경금속(알루미늄, 마그네슘)한 석유 및 대용석유代用石油, 유안硫安, 화약, 기계기구, 자동차 부속품, 철도차량, 선박, 피혁, 기계, 항공기 등의 군수공업을 대대적으로 유치했다. 물론 이때의 공업 모두를 군수용이라고는 말할 수는 없다. 식민지공업화론자들은 오히려 당시의 공업을 군수공업으로 평가해온 종래의 학설이 총독부 당국의 슬로건인 병참기지화론을 무비판적으로 받아들인 것이라고 비판한다. 반면에 고급의 기술적 기반을 가진 산업이 미숙하였던 당시의 한국에서 발흥한 공업은 대부분 소재 공급적 생산력 확충산업이었다고 주장한다. 생산력 확충산업에 힘입어 민수공업 부문도 1941년까지는 확대되었다.

아무튼, 1930년대 이후의 공업발전은 한국의 경제구조를 크게 변화시켰다. 한국의 공업생산액은 1921년 2억 엔, 31년 3억 엔, 37년 10억 엔, 43년 20억 엔으로 급증하였고, 전 산업생산액에서 공업생산액이 차지하는 비중은 1921년에 15%에 불과하던 것이 1938년경에는 40%로 높아졌다. 그리하여 이때를 전후하여 공업생산액이 농업생산액을 능가하여 전 산업 중에서 수위를 차지하게 되었다. 어떤 식민지공업화론자는 이때를 획기도 하여 한국은 명백하게 자본주의 사회로 바뀌었고, 그 수준은 러일전쟁과 제1차 세계대전 사이의 일본자본주의의 발전단계에 해당한다고 평가하였다. 따라서 일제강점기의 공업화를 해방 후 한국자본주의의 발전사 속에 어떻게 위치시킬 것인가가 한국근대경제사연구의 과제가 되어야 한다고 주장하였다.

(4) 공업화로 인한 사회변화와 그 조정가

종래의 연구에서는 식민지공업화의 추동력을 전시하 일제의 군수공업 진흥정책이나 일본 독점자본의 진출과 같이 외래적인 요소에서 구하는 것이 대세大勢이다. 그런데 식민지공업화론에서는 이러한 외래적 요소를 기본적 추동력으로서 인정하면서도, 내재적 기반의 중요성을 부각시킨다. 예를 들면, 산미증식계획 등 1920년대의 농업정책이 한국의 공업화를 의도했던 것은 아니지만, 그 결과로 농업부문에 변화다 나타나 지주에게 축적된 자금이 공업화자금으로 전화한다든가, 공산품 소비시장을 확대시켜 일본으로부터 자본투자를 유인하였다고 본다. 1930년대의 공업화 자체도 1차 산업에서 생산된 중간재의 투입에 크게 의존하고 있었기 때문에, 한국인 자본도 일본의 지배정책에 반대하지 않는 한, 시장 매커니즘에 따라 자본주의적 성장을 이룩할 수 있었다. 따라서 식민지공업화론을 공업화가 한국경제에 매개된 형태로 진행되었다는 내재적 논리를 중시 한다. 그런데 한국인 자본이 양적으로 성장하였다 하더라도 일본인 대자본의 침투가 압도적으로 많았기 때문에 일본의 영향력은 더욱 강해졌다. 그리하여 한국사회의 자본주의는 두 가지 특성, 곧 일본자본주의의 외업부外業部로서의 일반성과 이와 구별되는 한국자본주의로서의 독자성을 아울러 갖게 되었다는 주장이다.

공업화는 공업생산물의 내용도 변화시켰다. 1935년에는 섬유 · 식품 · 요업窯業 · 제재 · 인쇄와 같은 경공업이 우위를 점했지만, 1940년에는 화학 · 기계기구 · 금속 · 가스 · 전기기기 등의 중공업이 중심을 이루게 되었다. 그 중에서도 중화학공업이 공업생산액의 37%를 점해 전시경제에서 결정적 역할을 수행하였다. 그리하여 공업제품의 자급률도 25%(1939년)로부터 52%(1944년)로 2배 이상 상승하였다.

전시공업화는 한국에 괄목할 만한 공업지대를 몇 군데 창출하였다. 함경남도의 흥남과 원산, 함경북도의 청진과 성진, 평안남도의 진남포는 일본의 공업지대와 비교해도 손색이 없는 중화학공업지대였다. 그리고 경기도의 경성京城과 인천, 경상북도의 대구 등은 섬유와 기계기구 등을 생산하는 한국 최대의 경공업지대가 되었다.

공업화의 진전은 필연적으로 도시의 발달을 가져왔다. 일례로 조선질소의 자회사가 28개나 집중해 있던 흥남의 인구는 1920년대 말에 40세대에 불과하였지만, 1945년에는 18만 명으로 격증하였다. 같은 시기에 경성의 인구는 20여만 명에서 100여만 명으로 급격히 팽창하여 한국 최대의 생산지와 소비지가 되었다.

종래의 연구는 전시공업화와 그것이 초래한 사회의 변화를 별로 중시하지 않았다. 왜냐하면 1930년대 이후의 여러 변화는 기본적으로 일제가 강압적으로 만들어낸 외래적 현상일 뿐이고, 한국인의 생활과 깊은 내재적 관련을 맺고 있지 않았다고 보았기 때문이다. 설령 수치상으로 나타나는 공업의 성장을 인정한다 하더라도, 그것은 일본자본주의의 확대일 따름이고, 한국민족경제의 발전을 의미하지는 않는다는 주장이었다. 오히려 전시공업화 기간이야말로 한국인이 정신적·육체적·물질적·문화적으로 끝없이 수탈과 파괴를 당하여 민족말살의 위기에 처하였던 암흑기였다는 인식이 주류를 이루었다.

그러나 식민지공업화론은 민족모순을 강조하는 위와 같은 해석의 타당성을 부분적으로 인정하면서도, 그 당시에 나타났던 여러 가지 현상을 한일 민족 사이의 갈등과 대립이라는 틀을 벗어나서 다양한 각도에서 설명하려고 한다. 그렇기 때문에 일본제국주의의 식민지 지배에 맞서 싸웠던 민족해방운동자나 일본제국주의의 억압에 짓눌려 좌절당했던 보통의 일반 민중보다는, 식민지 지배와 군국주의 정책에 순응과 반발을 되풀이하면서 적극적으로 생존능력을 증대시켰던 또 다른 부류의 한국인에게 강한 관심을 표시한다. 이들은 민족차별과 전시체제라는 비상상황 속에서도 자신의 경험과 실력을 축적하여 끊임없이 발전을 도모해갔던 유능한 사람들이었다. 식민지 공업화와 그로부터 파생된 사회의 변화는 이와 같은 한국인의 활발한 참여가 있었기 때문에 가능하였다. 그리고 이런 현상은 장구한 역사 속에서 외국의 영향을 강력하게 받으면서도 생존과 번영을 지속해온 한국인의 장대한 능력의 표현이라고 평가한다.

식민지공업화론은 위와 같은 일제의 경제정책과 한국인의 대응을 하나로 묶어서 '수탈과 개발'이라는 논리로써 설명하기도 한다. 일제가 추진한 경제정책과 이로써 야기된 사회경제의 변화는 개발을 통한 수(제국주의 측의 개발 곧 식민지개발)의 표현이요, 그 과정에 한국인이 적극적으로 참가함으로써 근대적인 농민·노동자·자본가 등의 계급으로 변신한 것은 주체적 대응(자기개발, 곧 한국인 측의 개발)의 전형典型이 1930년대의 식민지공업화와 1960년대 이후의 한국의 경제발전은 양쪽 모두와 연결성을 가지고 있다. 전자는 물질적 기반이 되었고, 후자는 인간적 기반이 되었다는 주장이다.

2) 인력의 성장과 노하우의 축적

(1) 한국인 노동자의 양적·질적 성장

식민지공업화론은 일제시대 특히 전시체제 시기에 한국인 노동자·기술자·기업가·관리자·군인 등의 성장과 그들의 기술·업무·경영·관리 능력의 축적을 강조한다. 공업화의 진입 단계인 1933년에 공업·광업·교통·건설·기타 부문에 종사하고 있던 한국의 노동자수는 21만 4천 명에 불과하였다. 그런데 10여 년이 지난 1943년에는 이들의 숫자가 175만 명으로 증가하였다. 이들 중 93%는 한국인이었다. 민간기업이나 국영사업체에서도 비슷한 현상이 일어났다. 조선질소의 노동자수는 1930년에 3천 명 정도였으나, 1944년에는 5만 5천 명으로 늘어났고, 그 중의 88%는 한국인이었다. 조선총독부 철도국의 종사원은 1930년에 3만여 명이었으나 1945년에는 10만여 명으로 증가하였고, 같은 시기에 한국인의 비율은 30%에서 70%로 높아졌다. 이처럼 공업화는 많은 한국인들을 논과 밭으로부터 공장이나 사업체 또는 상사 등으로 옮겨가도록 만들었다.

종래의 연구에서는 한국인 노동자의 수적 증가를 인정하면서도, 그들의 질적 성장은 부정하였다. 왜냐하면 한국인은 민족차별과 열악한 작업환경

속에서 저임금과 장시간 노동에 시달렸다. 그뿐만 아니라 한국인 노동자의 작업 내용은 미숙련의 단순노동이 대부분이었다. 그러나 식민지공업화론은 민족차별에 기초한 식민지적 노동구조의 존재를 어느 정도 인정하면서도, 한국인 노동자가 경험과 실력을 쌓아 차상급次上級 수준으로 향상해가는 모습을 부각시켰다. 예를 들면 1940년부터 44년까지 한국인 3급 기술자는 9천 명에서 2만 8천 명으로 증가하여, 당시 한국에 있던 일본인 기술자의 2배에 달하였다.

그러나 한국인 기술자의 교육과 지식 수준은 일반적으로 일본인 기술자의 그것보다는 낮았다. 그리하여 한국인 기술자는 일본인 중핵 기술자의 보조요원이나 보충요원으로 사용되는 경우가 많았다. 다만 1930년대 후반에 이르면, 중학교 졸업 정도의 학력을 가진 한국인 기술자 중에서 15~30%는 실업학교·전문학교·대학에 진학하여 좀 더 높은 지위로 승진해갔다.

이런 현상이 나타난 배경에는 민간기업·관업기관·자영업체 등이 대거 등장하여 한국인의 취업문호가 넓어졌고, 1941년 이후 일본인에 대한 징집이 전면적으로 실시되어 일본인 중견간부와 기술자가 빠져나가 그 자리를 한국인으로 메워 갈 수밖에 없는 불가피한 사정이 있었다. 아무튼 공업화의 말기로 갈수록 숙련노동자와 기술자 및 중간관리자 중에서 한국인의 비율이 그전보다 커져갔다. 식민지공업화론은 한국인이 공업화 과정에 적극적으로 참가하고 또 부단하게 노력함으로써 질적으로 성장해갔다는 점을 중시한다. 소위 한국인의 자기개발인 것이다.

(2) 한국인의 자본규모와 경영능력

전시공업화는 한국인에게 기업경영과 사무관리 능력을 체득할 수 있는 기회를 제공해주었다. 일제시대 말기에 한국내의 총불입자본금 중에서 한국인 자본이 차지하는 비중은 10% 안팎이었다. 종래의 연구에서는 이것을 겨우 10%라고 해석했으나, 식민지공업화론에서는 이것을 10%나 라고 해석한다.

　일제하의 한국경제가 기본적으로 일본인의 주도하에 운영되었다는 사실을 감안하면, 일제 말기에 한국인 자본이 10% 정도 존재했다는 사실은 전시 중에도 한국인이 활발하게 기업활동에 종사하였으며, 조선총독부도 한국인의 이러한 활동을 억압하지 만은 않았다는 것을 의미한다. 더구나 자본금의 민족별 구분은 회사의 사장이나 중역이 한국인이냐 일본인이냐를 기준으로 삼은 것이기 때문에, 민족별 자본의 총액을 정확하게 반영한 것이라고는 볼 수 없다. 한국인 중에서는 일본인 기업이나 조일합자회사朝日合資會社에 투자한 사람도 많았다. 실제로 1929년의 경우 조일합자회사의 불입 자본금은 전체의 30%에 달하였다. 1941년에는 전체 공업자본의 40% 정도가 한국인 것이었고, 음료·정미 등에서는 50%를 상회하였다. 그리고 한국인 중에서는 회사조직을 갖추지 않고 공장이나 상점을 경영하는 경우도 많았다. 1941년의 경우 경성의 공장 중에서 90%는 회사조직을 갖추지 않고 있었다. 규모가 작은 것은 대부분 한국인의 소유였을 것이다. 이렇게 보면 한국인 자본의 총 규모는 10% 이상으로 커질지도 모른다는 게 식민지공업화론의 주장이다.

　아무튼 한국인들은 전시기에도 조선총독부의 정책에 적극적으로 대응하면서 활발하게 기업활동을 전개하였다. 호남재벌의 대명사였던 경성방직의 김성수·김연수 형제는 그 중에서도 대표격인 인물이다. 식민지공업화론 오늘날 한국 굴지의 재벌인 삼성·현대·LG그룹조차도 난초이기는 하지만 기업경영의 뿌리를 1930년대 이후에 두고 있다고 주장도 한다.

　기업가·경영자·관리자로서의 능력을 체득한 한국인 인재의 증가는 공업부문에서 만이 아니라 상업과 금융 등의 분야에서도 나타났다. 한국인은 중소규모의 상사와 금융기관을 많이 운영하였다. 1941년의 단계에서 대도시의 상사 중에서 한국인 자본과 조일합자朝日合資의 비중은 전체 공칭자본금公稱資本金의 20% 정도였다. 상업에서 근대적 경영기법을 도입하여

20부富를 축적한 인물로는 화신백화점의 박흥식과 두산그룹을 창건한 박승직을 들 수 있다. 그밖에도 많은 한국인은 일본인 자본 상사의 중역 또는 대주주로서 활약하였다.

반면에 일본인 대기업에서 한국인의 경영 참여는 별로 활발하지 못하였다. 왜냐하면, 사적인 대기업에서는 민족차별과 조일 양국인의 경쟁이 훨씬 더 심하였기 때문이다. 조선질소의 경우에는 1940년이 되어도 한국인 사원(화이트컬러)의 비중이 1.2%에 지나지 않았다. 다만 고도의 기술이 많이 필요하지 않았던 광업·철도·섬유 등의 자회사에서는 한국인 사원의 비율이 20% 정도를 차지하였다. 따라서 일반적인 관리직이 아닌 기술계통의 관리직이나 군수산업 분야에서는 여전히 일본인이 압도적 우세를 점하고 있었다.

(3) 한국인의 공공분야 진출과 활약

식민지공업화론은 해방 후 한국군의 중핵을 이루었던 인재들이나 한국사회를 풍미한 군사문화의 기원도 1930~45년의 전시체제에 뿌리를 두고 있다고 주장한다.

식민지 지배의 중추기관인 조선총독부, 조선경제를 사실상 주무르는 준공적準公的 기관인 조선은행·조선식산은행, 조선의 민간경제 부분을 주도한 기관에도 1930년대 이후 한국인이 진출하였다. 조선총독부 본부에서 한국인 관리는 1931~42년 사이에 칙임관의 18~25%, 판임관의 30~36%를 차지하였다. 한국 최대의 관업기관官業機關이었던 철도국에서도 이 시기에 한국인 종사원의 지위상승이 괄목할 만하게 이루어졌다. 그리하여 1940년 단계에서는 역장과 보선구장保線區長 등의 현업 중간관리직의 10% 정도를 한국인이 차지하게 되었다. 총독부의 감독을 받으면서 공업화에 광범한 투자와 융자를 해왔던 조선식산은행에서는 한국인 행원이 관리직의 30% 정도를 점하였다. 일본인 행원이 징병으로 끌려간 1944년에는 한국인 행원의 비율이 전체의 45~50%, 관리직의 40~45%에 달하였다.

한국인 중에서 일본육군사관학교 출신자는 141명인데, 그 중의 절반 이상은 1933년 이후 출신이다. 한국군의 최제상을 차지했던 박정희·정일권·백선엽 등도 이 시기에 만군사관학교와 일본육군사관학교를 졸업한 인물들이다. 이들은 가난한 농촌 출신이었지만, 전쟁이 확장시켜 놓은 기회를 적절하게 이용하여 출세의 길을 달려갔던 대표적 인물이었다.

한국에서는 1934년에 고등보통학교와 중학교에서 군사교련이 실시되고, 1938년에 지원병제도, 1943년에 징병제도가 도입되었다. 이처럼 군사적 분위기가 전국을 뒤덮는 가운데, 1945년 당시 육군에 20여만 명, 해군에 2만여 명의 한국인들이 동원되어, 아시아·태평양의 각 전선에서 일본인과 함께 전투에 참가하였다. 식민지공업화론은 이들조차도 견문과 경험을 넓혀간 존재로써 파악한다. 그리고 일제의 육군중위 출신의 박정희가 1960년대 이후 한국의 경제발전을 추진한 중심인물이었음을 내세워 해방 전과 후의 인적 자원의 연속성을 주장한다.

1930년대 이후 한국의 민간인들의 해외활동도 활발하였다. 그들은 일본제국의 영역이 확장됨에 따라, 만주·아시아대륙·동남아시아 등지로 진출하여 사업을 경영하거나 노동자·기술자·사무원·교육자 등으로 활약하였다. 식민지공업화론은 이들이 일본제국의 신민으로서 죽음을 무릅써야 하는 고난을 겪기도 했지만, 넓어진 세계 속에서 발생하는 기회를 기민하게 포착하여 자신의 삶을 개척해갔던 비범한 존재들이었다고 평가한다.

(4) 한국인 맨파워의 성장에 대한 조정가

종래의 연구에서는 한국인 맨파워의 성장이나 노하우의 축적에 대하여 큰 의미를 부여하지 않았다. 오히려 일제강점기에 일본이나 조선총독부와 유착하여 지위를 상승시켜간 부류의 한국인들은 일본제국주의의 동화정책에 협력하거나 굴복하였던 황국신민 또는 민족반역자로 분류되어 매도의 대상이 되었다. 이른바 친일파라는 말이 오늘날까지도 한국사회에서 한 인간을 송두리째 부정하는 치명적인 모욕어로 사용되고 있는 사실이 이를 웅변한다. 민족주의적 관점에서 본다면 이들은 분명히 민족정기를 흐리게 하고 민족해방을 저해한 장본인임에 틀림없다.

그런데 식민지공업화론은 한국인 맨파워의 성장을 친일이라는 관점에서가 아니라, 식민지의 역경 아래에서도 역동적으로 살아갔던 한국인의 표상으로 설명한다. 곧 한국인은 모두 일제에 항거하거나 굴복하기만 한 것이 아니라, 기업·공장·관청·군대·자영업 등의 여러 분야에서 일본인의 편견과 차별을 극복하면서 지식과 숙련 및 능력을 증대시켜갔다는 것이다. 일본제국주의도 이들을 억압하는 것만이 능사가 아니었기 때문에, 일정한 범위 내에서 한국인의 성장을 허용하였다. 일제는 이런 과정에서 성장한 유능한 한국인에 의존하면서 식민지 지배를 강화해갔다고 본다.

식민지공업화론은 결국 제국주의 측의 개발과 한국인 측의 개발을 통하여 축적된 한국인의 경험과 능력이 1960년대 이후의 경제발전을 이룩할 수 있는 기반이 되었다고 평가한다. 곧 1960년대 이후 한국경제가 빠르게 발전한 것은 식민지공업화에서 길러진 한국인의 흡수능력과 대응능력이 상당한 힘을 발휘했기 때문이라고 해석한다.

3) 제도의 개혁과 인프러스트럭처의 정비

(1) 제도개혁과 인프러 정비의 실태

식민지공업화론 특히 제국주의 측의 개발을 주장하는 경우에는 제도의 개혁과 인프러스트럭처의 정비를 공업화를 위한 중요한 전제로서 제시한다. 조선후기의 여러 제도나 사회간접자본의 시설을 가지고는 공업화 과정에서 고도의 경제성장을 이룩할 수 없다는 것이다.

그런데 조선후기의 여러 제도를 폐기하고 소위 근대적 제도와 인프러스트럭처를 마련한 것은 식민지화 과정 바로 그 자체였다. 이 과정에서 단행된 화폐개혁(일본화폐경제권으로의 강제적 편입), 재정개혁(궁중재정과 정부재정의 분리 등), 토지조사사업(근대적 토지소유제도 및 조세징수제도의 확립 등)이 없었다면 결국 공업화는 불가능하였다는 것이다. 종래의 연구에서는 이러한 제도개혁이 두말할 나위 없이 조선후기 이래 지속되어온 내재적 발전을 파괴하고 왜곡하는 조치이자, 일제의 침략과 수탈을 촉진하는 침탈행위로서 인식했다.

경제발전을 위해서는 항만·전신·철도·도로·창고·은행·전기 등 인프러스트럭처의 건설이 꼭 필요하다. 식민지공업화론은 일제강점기에 이러한 인프러스트럭처의 정비가 매우 충실하였고, 이것이 공업화의 기반이 되었다고 주장한다. 철도를 예로 들면, 한국의 영업선 연장거리는 1926년에 2,936킬로미터, 1945년에 6,406킬로미터였으며, 화물수송량은 1930년에 594만 톤, 1944년에 3,102만 톤으로 공업국가에 필적할만하게 증대했다. 교육시설의 확충도 급속하게 이루어져 초등교육의 취학률은 1930년에 14.5%, 1940년에 33.8%, 1945년에 50~60%로 격증하였다. 이에 따라 초등학교 졸업생수도 1930년 10여만 명, 1940년 20여만 명으로 증가하였다. 학습능력을 갖출 수 있는 기초교육을 받은 인력이 대폭 증가함으로써 공업화에 양질의 노동력을 공급할 수 있었다는 게 식민지공업화론의 주장이다.

(2) 제로 개혁과 인프리 정비의 평가

인프러스트럭처의 정비는 제국주의국가가 식민지에서 침략·지배·수탈을 효과적으로 수행하기 위해 우선적으로 추진하는 건설정책이다. 그리고 초등교육의 보급은 식민지 백성으로 육성하기 위해 실시하는 동화정책의 일환이다. 따라서 인프러스트럭처의 배치나 기능은 한국내의 사회경제적 수요와 요구를 적극적으로 반영한 것이라기보다는 일본의 그것을 일차적으로 수용한 측면이 강하였다. 초등교육의 내용도, 황국신민화 정책에서 알 수 있듯이, 일본어교육의 보급을 가장 중시하였다.

식민지공업화론은 인프러스트럭처의 정비와 초등교육의 보급이 철저하게 일본의 이익에 봉사했다는 점에서는 제국주의적 개발임에 틀림없으나, 이것이 한국인의 자기 성장과 결합하여 공업화의 기반으로 작용하였다는 점을 강조한다. 또 그 과정에서 축전된 한국과 한국인의 총체적 역량이 1960년 이후 한국의 경제발전에 기여해다고 본다. 이러한 주장은 물론 식민지근대화론과 무엇이 다르냐는 비판을 면하기 어렵다. 그럼에도 불구하고 식민지공업화론이 확신에 찬 어조로 이러한 주장을 되풀이 하는 것은 기왕의 한국근대사연구 풍토에 충격을 가함으로써 논쟁을 불러일으키겠다는 의도적 도발(?)로도 보인다.

3. 식민지공업화론의 성과와 비판

1) 식민지공업화론의 시사

식민지공업화론은 한마디로 말하여 식민지시대를 다시 보자, 나아가서는 한국근대사연구의 패러다임을 바꾸자는 제안을 포함하고 있다. 그렇기 때문에 학계에서 다양한 반응이 나타난 것은 당연한 일이었다. 식민지공업화론이 내포하고 있는 위험성을 잠깐 접어두고 그 공적을 따진다면, 종래 논쟁이 부족했던 한국근대사학계에 몇 가지 점에서 자극을 주었다고 평가할 수도 있다.

(1) 한일 민족간의 억압과 저항, 수탈과 정체라는 고정된 틀에 얽매여 놓쳐버리기 쉬웠던 일제강점기, 특히 1930년대 이후의 전시공업화시기에 한국사회에서 일어났던 다이나믹한 사회경제의 변화를 밝혀주었다. 더구나 연구방법에서 일제권력이나 일본인 자본이 아니라 한국인과 한국인 자본에 분석의 초점을 두었기 때문에, 이민족의 지배 아래에서 능동적으로 활

로를 개척해갔던 한국인의 삶의 모습을 다양하게 보여주었다.

식민지공업화론은 식민지 시대의 역사를 일본제국주의의 역사가 아니라 한국인 본위의 역사로서 복원할 수 있는 하나의 가능성을 열어놓았다. 정치사·운동사연구에서는 이미 반제국주의 민족해방투쟁사를 식민지시대사의 주류로 확립시킨 바가 있다. 식민지공업화론은 반제국주의 민족해방투쟁과는 배치되는 삶을 살아간 한국인을 연구의 대상으로 삼으면서도, 한국인을 역사의 주체로서 선명하게 부각시켰다는 점에서는 아이러니컬하게도 일치하고 있다.

(2) 식민지공업화론은 장기사적 관점에서 일제강점기와 대한민국시대의 역사를 서로 연결시켜서 파악하려는 자세를 보여주었다. 곧 식민지공업화와 그로 인한 사회경제의 변화를 일제강점기에 일어났다 사라져버린 일과성一過性의 사건으로 보지 않고, 한국근현대사 특히 한국자본주의의 발전과정에 어떤 형태로든지 영향을 미친 사건으로 보고 있다.

종래의 연구에서 일제강점기의 유산이 해방 후에도 존속하고 있다고 할 경우에는 주로 부정적인 측면 곧 부負의 유산을 지칭하는 것이 일반적이었다. 식민지공업화론은 이것을 사회경제의 영역으로 확장하여 한국근현대사를 거시적·연속적으로 파악하려는 자세를 보여주고 있다. 이것은 일제강점기를 한국근현대사상에 어떻게 위치시켜야 할 것인가라는 물음에 답해야 하는 한국사학계에게는 자극적 제안이라고 할 수 있다.

(3) 식민지공업화론은 현재의 관점과 세계사의 시야에서 한국근현대사상을 재구성하려고 시도한다. 곧 1980년대 중반 이후 세계적으로 사회주의체제가 붕괴하는 반면에 한국을 비롯한 NIEs의 자본주의가 자립적 발전을 지속하는 현상을 사실로서 인정하고, 이러한 현상의 역사적 연원을 추적하여 그 특색을 밝힘으로써 새로운 역사상을 구축한다는 것이다. 식민지공업화론자 중에는 종래 마르크스주의적 역사방법론을 구사했던 사람들이 적지 않다. 그들이 격변하는 세계정세에 맞추어 자신의 역사관을 민첩

하게 수정해가려고 노력하는 자세는 좋든 싫든 간에 혼미를 거듭하고 있는 한국근현대사학계에 분발을 촉구하는 계기가 되었다.

(4) 식민지공업화론은 경제학의 이론과 정밀한 실증을 바탕으로 하여 전개되고 있다. 종래 고정된 관념으로서 받아들이기 쉬웠던 제국주의론이나 민족자본론 등과 같은 추상적 용어를 극도로 회피하면서 정치한 통계와 수치조작을 통해 사실을 설명해 가는 방법을 취하고 있다. 이것은 그 진위 여부를 떠나서 식민지 시대에 대한 연구 수준을 한 단계 끌어올린 것으로 볼 수 있다.

(5) 이상과 같은 식민지공업화론의 시도와 성과는 앞으로 한국의 근현대사연구에 큰 자극이 될 것이다. 식민지공업화론은 이를 비판하는 쪽에 대해서도 동일 수준 이상의 이론과 실증을 요구한다. 따라서 양진영 사이에서 감정을 배제한 냉철한 논쟁이 허심탄회하게 계속된다면 한국역사학의 발전에도 공헌할 수 있을 것이다.

2) 식민지공업화론에 대한 비판

식민지공업화론은 몇 가지 내용과 관점에서 강한 비판을 받고 있다. 그것의 개요를 적시하면 다음과 같다.

(1) 공업화의 실적과 그로 인한 사회경제의 변화를 과대하게 평가한다. 국민총생산(GNP)과 국내총생산(GDP)이 급속하게 늘어나고, 그 과정에서 한국인 자본이 증대되었다는 사실은 절대수치상으로는 인정할 수 있지만, 소수의 일본인이 생산수단의 상당부분을 장악하고 있던 상황 아래에서 한국인의 경제생활이 전반적으로 향상되었다거나 경제활동의 비중이 획기적으로 증대되었다고는 볼 수 없다. 수량의 많음보다는 비중의 낮음에 주목할 필요가 있다.

또 다른 수치가 보여주는 의미도 적극적으로 받아들여야 한다. 산업별

유업자^{有業者} 구성을 보면으로 농업에 종사하는 사람의 비중은 1930년에 81%, 1940년에 74%, 광공업 종사자는 같은해에 각각 5.9% 6.7%이었다. 이것은 공업화가 한국의 농촌사회를 해체시킬 만큼 강력한 영향력을 갖고 있지 못했음을 의미한다. 따라서 일제말기에 일본인 자본이 주도하여 공업을 발흥시킨 것은 사실이지만, 이것이 한국인과 한국사회의 대세를 자본주의적으로 개조하였다고는 볼 수는 없을 것이다.

(2) 식민지공업화의 유산이 한국 경제발전의 기반이 되었다는 인식의 타당성 여부이다. 이 점은 물질적 · 인간적 · 제도적 측면에서 검토해볼 필요가 있다. 먼저 물질적 측면에서의 연결성을 검토해보자. 해방 당시 일제가 남긴 귀속재산은 약 3,053억 엔(당시 세출규모의 9배)으로, 기업체의 가치가 3분의 2를 차지하였다. 양적으로는 대단한 것이었으나 해방 전후의 혼란, 남북분단, 6 · 25전쟁 등을 거치면서 상당부분이 파괴되고 유실되어 제대로 기능을 발휘하는 것은 많지 않았다. 남한의 1946년의 공업생산은 1939년의 25% 수준이었고, 1947년 6월의 제조업(토목 · 건설 포함)의 사업체 수 · 근로자수는 각각 1943년 6월의 44%와 59%이었다. 그리고 1947년 10월에 남한의 공업에서 차지하는 귀속업체의 비중은 사업장 기준으로 28.5%, 종업원 수는 55.4%이었다.

식민지적 분업구조의 붕괴(자금 · 원료 · 자재 · 기술 등의 대일의존 또는 남북한 교류 단절)에 따라 조업단축 · 휴한업^{休閒業}이 일상화함으로써 생산력에 심대한 타격을 받았다. 이것은 해방직후에 벌써 귀속재산의 반 정도가 쓸모없이 되었다는 것을 의미하였다. 그것마저도 6 · 25전쟁 발발 3개월 만에 반 정도가 파괴되었다. 1951년 8월 당시 공업분야의 전쟁 피해는 건물 44%, 시설 42%이었다. 수력발전소의 피해는 56%, 화력발전소의 피해는 52%이었다. 따라서 6 · 25전쟁 후까지 남아 있던 귀속재산은 기껏해야 4분의 1정도에 불과했음을 알 수 있다.

그렇다고 하여 전후 복구과정에서 이것들이 그대로 쓰인 것은 아니다.

노후시설의 개체와 수리가 대대적으로 행해지고, 이 과정에서 미국제품이 쏟아져 들어왔다. 6·25전쟁 이후 1960년까지 미국으로부터 들어온 원조액은 30억 달러로, 그 때까지 남아 있던 귀속재산 가치의 7~8배에 달하였다. 이것이 1950년대의 삼백(제당·제분·제면)산업의 기초가 되었음은 주지의 사실이다. 따라서 물질적 측면에서 식민지 유산과 한국의 경제발전에는 단절의 면이 있음을 확인할 수 있다.

(3) 인적인 측면에서의 연결 여부는 일제강점기에 기술·기능·지식·경험 등을 축적한 노동자·기업인·행정가 등이 해방 후에 각 분야에서 얼마나 활동했는가를 검토해보면 판단할 수 있다. 일제강점기 특히 전시공업화 시기에 교육이 널리 보급되고 또 한국인 기술자가 대폭 늘어났다는 것은 일면에서는 사실이다. 그러나 그 절대인원은 그렇게 많은 게 아니었다. 보통학교 재학생수는 1910년 2만 명, 1942년 170만 명, 1945년 137만 명으로 늘어났으나, 해방 당시의 취학률은 45.2%에 불과하였다.

한국인 기술자·기능자수는 1939년 약 18만 8천 명, 1944년 40만 5천 명이었으나, 대부분이 저급한 수준의 기능인들이었고, 기술자는 1943년에도 6천여 명 정도에 불과하였다. 이들은 대부분 사무소·상점 등에서 근무하였고, 광업이나 공업 등 자신의 전공을 살릴 수 있는 직장에서 일하는 사람은 2%뿐이었다. 1938년 단계에서 한국인 기술자 1천여 명 중에서 대학졸업자는 240명에 불과했고, 나머지는 기껏해야 전문학교 졸업자들이었에 불과하였다.

일제강점기의 교육 보급이나 한국인 기술자·기능인의 양성은 절대인원수에서는 대단한 것이 아니었다. 그것은 일제의 교육정책이 한국인을 황민화하고 단순노동에 종사케 하는 데 필요한 최소한의 교육만을 실시하고, 고급의 관리교육이나 기술교육은 회피했기 때문이다. 일제시대에 그 정도나마 한국인 인력이 형성된 것은 일제의 인력개발정책이나 교육정책에 의한 것이라기보다는 한국인들의 전통적인 교육열, 특히 대한제국기의 구국

계몽운동 과정에서 폭발한 교육열이 지속되었기 때문이다.

이러한 교육열은 해방과 더불어 더욱 고조되어 1946년에는 국민학교의 의무교육이 실시되고, 취학률은 해방된 지 6개월 만에 52%로 높아졌다. 그 후에도 남한에서 중등교육은 물론 고등교육까지도 세계에서 예를 찾기 어려울 정도로 급격히 팽창한 사실은 주지하는 바와 같다. 미국을 비롯한 서양 선진국으로의 유학과 이들 나라로부터의 기술도입이 급증하였다.

1966년에는 한국과학기술연구원이 문을 열어, 고급 과학기술인력의 양성이 국내에서 본격적으로 개시되었다. 이를 전후하여 대학·연구기관·실업고등학교 등 과학자·기술자·기능공을 양성하는 체제가 본격적으로 갖추어졌다. 이들이 해방 이후 한국의 경제발전을 추진해간 기본 세력이었다.

따라서 식민지공업화 시기에 형성된 인력이 한국의 경제발전을 이룩하는 데 크게 기여하였다는 것은 일면적 평가에 불과하다. 오히려 일제로부터의 해방이야말로 한국인의 교육학습능력과 과학기술능력을 비약적으로 향상시킬 수 있는 계기가 되었다고 보는 것이 타당할 것이다.

인적 유산과 결부하여 한 가지 첨가할 것이 있다. 한국의 경제발전과정에서 일제강점기에 성장한 인적 자원이 큰 기여를 하였다는 상징적인 예로서 박정희 대통령이나 몇몇 재벌의 시원始原을 드는 경우가 많다. 박정희가 일제강점기에 사범학교·만주군관학교·일본육사를 졸업하고 일본육군 장교로 근무한 것, 경성방직·삼성그룹·현대그룹의 창업자 김성수·이병철·정주영 등이 일제강점기에 사업을 시작한 것은 틀림없는 사실이다. 그들이 해방 후에도 활약했다고 해서 식민지공업화와 한국의 경제발전을 곧바로 연결시키는 것은 논리의 비약이라고 할 수 있다. 사람의 삶은 생명이 끊어지지 않는 한 다음 시대로 이어지고, 그 과정에서 새로운 환경과 조건에 적응하면서 자신을 향상시키기 위해 노력하게 마련이다. 따라서 한국 경제가 발전하던 시기의 박정희·이병철·정주영은 식민지시기 그대로의 사람들이 아니다. 그들이 식민지시대에 체득한 지식과 노하우를 새로운 시대에 맞게 변용하여 사용하였다면 그것은 전적으로 당시의 그들의 능력일 뿐이다. 이를 식민지시대의 유산으로 보는 것은 고정적·정태적 역사인식의 변형이라고 할 수밖에 없다.

(4) 다음은 제도의 측면을 살펴보자. 제도적인 면에서 일제강점기의 법·조직·관습 등이 해방 후에도 많이 잔존해왔음은 누구나 인정하는 사실이다. 이것을 경제면에 국한하여 말하면, 박정희 대통령이 추진한 경제정책이 기본적으로 전시공업화 시기의 중앙관리 경제질서를 모방한 것이라든지, 1970년대의 새마을운동조차 1930년대의 농촌진흥운동을 흉내 낸 것이라고 보는 경우가 있다.

그러나 위와 같은 정책들은 목적·상황·조건이 전혀 다른 가운데 추진된 독자적인 것들이었다. 설령 정책방향이나 추진방법에서 외형적인 유사성이 있었다 하더라도, 경제발전의 성공이 공업화의 유산으로부터 덕을 보았다고 보는 것은 억측일 뿐이다. 경제에 대한 계획이라든가 통제에 관한 한 일제말기의 분위기와 더 흡사했던 것은 해방이후의 북한의 경제정책이었다. 그런데 북한의 경제발전은 왜 성공하지 못하였는가? 그것은 경제 정책의 선택과 운명이 잘못되었기 때문이다. 따라서 1960년대 이후 한국의 경제발전은 무엇보다도 당대의 정치지도자와 기업인·근로자·공무원 등이 세계 경제와 국내 경제의 여건에 맞추어 올바르게 정책을 입안하여 집행하고, 기업을 창설하여 경영한 피땀어린 노력의 산물임을 정당하게 평가해주어야 한다고 생각한다.

(5) 공업화의 내재적 기반에 관한 문제이다. 일본자본이 아무리 강대한 힘으로 밀고 들어왔다 하더라도 한국에서의 공업화가 한국인과 그 자본을 완전히 무시한 채 추진되었다고 볼 수는 없다. 따라서 식민지 한국의 내적 조건과 한국인의 적극적 참여에 기반을 두고 공업화가 추진되었다는 식민지공업화의 주장은 전적으로 옳다고 할 수 있다.

다만 그 내적 조건이나 한국인의 참여가 일제에 의해 마련되거나 촉발되었다고 보는 것은 내재적 기반을 너무 협소하게 설정한 것이라고 할 수 있다. 더구나 공업화가 조선후기의 제도를 가지고는 전혀 불가능하고 일제가 단행한 제도개혁에 의해서만 가능했다고 확인한 것은 지나친 억설이다. 그리고 한국의 근대공업기술은 수입된 것이지 발명된 것이 아니기 때문에 1876년의 개항 이후에만 한국자본주의의 성장을 이야기할 수 있다고 단언하는 것은 역사를 지나치게 짧고 좁게 보는 견해라고 할 수 있다.

해방 후의 경제발전에 식민지기의 공업화가 영향을 미쳤다면, 똑 같은 논리로 식민지기의 공업화에는 조선후기 내지 개항기의 사회경제적 변화가 영향을 미친 것은 당연하다. 실제로 조선후기 특히 개항기 이래 한국에서 근대적 개혁을 위한 몸부림이 있었고, 토지제도나 교육제도 등의 개혁은 이미 근대적 방향을 지향하고 있었다. 포말적泡沫的이기는 하였지만 각종 상공회사도 출현하였다. 이런 점들을 감안하여 내재적 기반을 더욱 확장하여 해석할 필요가 있다.

1960년대 이후 한국의 사회경제사연구에서는 조선후기 이래의 내재적 발전론이 주류를 이루어 왔다. 여기에서도 취할 것은 있지 않을까? 따라서 식민지공업화 뿐만 아니라 일제강점기 전체를 조선후기로부터 현대에 이르는 한국의 역사상에 어떻게 위치시킬 것인가를 다시 한 번 신중히 검토해봐야 한다. 이것과 아울러 한국의 역사전개에서 외래적 요소(더 좁게 말하면 외세)가 어떤 역할을 해왔는가로 냉철하게 따져봐야 할 것이다.

4. 식민지공업화론의 극복을 위한 제언

식민지공업화론은 지금 학계와 언론의 일각으로부터 식민지근대화론이나 제국주의 미화론이라는 비난을 받고 있다. 식민지공업화론자들은 이것이 논지를 이해하지 못한 데서 오는 오해라고 반론하고 있지만, 우리의 학문 내외적 분위기 속에서 앞으로 오해(?)를 불식시키기는 쉽지 않을 일이다. 공업화나 경제발전의 역사가 수치상의 결과만으로 설명되는 것이 아니기 때문에, 식민지공업화론은 다른 사람들을 납득시키기 위해서 적어도 다음의 몇 가지에 대해서 한국근현대사연구자들과 폭넓은 대화를 계속해야 할 것이다.

(1) 식민지공업화에 주목하는 이유로서 내세운 현실인식과 미래전망에 관련된 문제이다. 식민지공업화론은 한국의 경제가 지금 중진국 단계를 지나 선진국으로 진입하려 하고 있으며(어떤 사람은 한국이 1987년의 민주화투쟁을 경계로 이미 선진국에 들어섰다고 주장한다), 이를 위해서는 후발성의 이익이나 학습효과에만 의지해서는 안 되고, 한국 독자의 능력을 갖추어야 한다고 주장한다. 그렇게 하기 위해서는 세계자본주의 체제 속에서 형성되어온 현대 한국의 자본주의 역사를 구명해봐야 하는 데, 이때 절호의 대상이 되는 것이 일제강점기의 공업화이다.

여기서 잘 이해가 되지 않는 점은, 그렇다면 왜 해방 이후 한국의 경제발전 그 자체의 역사를 먼저 연구의 대상으로 삼지 않고 일제강점기의 공업화를 문제로 삼을까 하는 것이다. 일제강점기까지 거슬러 올라가서 한국인들이 세계자본주의에 대응하는 자세나 제국주의의 문명화 작용을 논하게 되면, 해방 후 한반도에서 형성된 또 하나의 체제인 북한경제의 전개과정을 설명하기 어려워진다. 식민지공업화론은 북한경제를 실패한 것으로 인식한다. 그렇다면 남한경제의 성공은 자연히 해방 후 역사전개의 산물임이 자명한데 굳이 식민지시대까지 거슬러 올라가 연원을 찾는 것은 아무래도 납득하기 어렵다. 남북한 경제의 전개과정을 일단 당시대의 흐름 속에서 파악하고, 한국의 근현대사 전체의 틀 속에서 종합적으로 재구성하는 관점이 필요하다고 생각한다.

또 현재적 관점에서 과거를 되돌아본다는 것은 현대사회가 중시하는 가치관을 통해 지난 일을 되새겨본다는 뜻일 것이다. 현대사회는 경제의 양적 성장 못지않게 성장의 과정을 중시한다. 곧 정책입안에의 국민의사의 반영, 개발에 대한 지역주민의 동의와 적절한 보상, 환경파괴와 공해발생에 대한 대책, 쾌적한 근로조건의 마련과 산업재해의 방비 등 인간의 기본적인 삶의 질을 중시한다. 이민족의 식민통치라는 한계를 무시하고 어떻게 이런 기준을 가지고 공업화를 평가할 수 있느냐는 반론이 있겠지만, 이러한 비판은 식민지라는 현실을 경시하고 한국인의 성장만을 부각시키는 공업화론에 대해서도 똑같이 가해져야 한다고 생각한다. 왜냐하면 식민지하에서는 인력의 성장도 중요한 문제이지만, 피지배민이 당했던 정신적·육체적 고통 곧 휴먼코스트는 그 이상으로 중요하기 때문이다.

(2) 일제 아래에서의 한국인의 주체적 성장을 어떻게 평가할 것인가 하는 문제이다. 한국인이 지식·기술·관리능력 등을 축적하고 근대민족으로서 성장하기 위해서는 기능적인 측면뿐만 아니라, 의식적인 측면 곧 자주적 민족의식을 구비해야 한다. 그렇다면 일제강점기나 전시공업화 과정에서 등장한 여러 부류의 기능인들이 민족의식의 측면에서도 똑 같이 성장의 길을 걸었다는 것을 증명해야 한다. 이것이 가능할까? 당시는 오히려 일제에 의해 황국신민화 정책이 광적狂的으로 추진되어 우리의 말과 성명조차 빼앗겼던 시대이다. 그렇기 때문에 종래 한국인의 주체적 성장을 축으로 하여 한국근대사를 재구성하려 했을 경우에는 필연적으로 일제와 정면으로 맞서 싸운 민족해방운동이 주류를 이룰 수밖에 없었다.

그런데 식민지공업화론에서 의미하는 성장한 한국인은 그 정도가 높으면 높을수록 일제에의 종속이 깊어지는 속칭 친일파라고 할 수 있다. 민족주의자들이 말하는 것처럼 식민지로부터 해방된 민족이 우선적으로 해야 할 일은 민족해방운동세력이 주체가 되어 침략자에 협력한 민족반역자를 처벌하고, 진정한 의미에서의 자주독립국가를 건설하는 것이었다.

그렇다면 1930~45년에 일제의 정책에 호응하여 출세의 길을 달렸던 사람들은 신국가 건설의 과정에서 일단 제외되거나 재교육의 절차를 거쳐야만 하였다. 실제로 부일배, 즉 친일파의 처리문제는 해방정국의 가장 큰 논란 거리였을 뿐만 아니라, 민족 내부의 갈등과 반목을 증폭시킨 '뜨거운 감자'였다. 결국 남한에서는 친일파를 단죄하지 못한 채 오늘에까지 이르고 있어서, 아직도 정통성의 문제에서 남한정부가 취약성을 면치 못하고 있다고 비판하는 역사가가 적지 않다.

따라서 일제 아래에서의 한국인의 성장을 주장하려면 친일파의 문제를 한국의 근현대사에서 어떻게 자리매김할 것인가에 대해 다른 역사학자의 견해에도 귀를 기울어야 할 것이다. 그렇지 않으면 '성장'이라는 똑같은 한글이 역사가의 처지에 따라 정반대의 의미로 쓰이게 된다. 이것은 한국의 역사학계를 심각하게 분열시킬 가능성이 있다.

(3) 침략과 수탈을 통일적으로 파악하는 방법론을 만들어내는 일이다. 식민지공업화론에서도 일제의 침략과 수탈을 부정하는 것은 아니다. 오히려 식민지 시대의 개발의 측면을 역사적으로, 그리고 구체적으로 고찰하게 되면 개발에 각인되어 있는 침략의 상흔을 찾아낼 수 있으리라고 주장한다. 그렇다면 여기에서 수탈의 측면을 강조해온 종래의 연구와 문제의식을 공유할 수 있는 여지를 발견하게 된다. 그리고 식민지시대의 경제사 연구에서 수탈성의 추구가 여전히 본인되어 추구해야 할 주요 작업임을 확인할 수 있다.

따라서 식민지공업화론은 수탈과 개발이 따로따로 전개된 별개 사안이 아니라 '수탈을 위한 개발', '이익을 얻기 위한 투자'라는 사실을 좀 더 정교하게 증명해내는 작업을 해야 할 것이다. 거두절미하고 개발의 측면만을 부각시키면 일제강점기의 정책당국자나 관학자들이 주장했던 식민지산업혁명론이나 식민지근대화론과 별로 차이가 없다는 비판을 면하기 어려울 것이다.

〈참고문헌〉

※ 안병직 등 편, 1993 《근대조선 공업화의 연구 - 1930-1945年》 일조각
※ 정재정, 1998 《한국의 논리 - 전환기의 역사교육과 일본인식》 현음사
※ 안병직 편, 2001 《한국경제성장사》 서울대학교 출판부
※ 김낙년, 2003 《일제하 한국 경제》 도서출판 해냄
※ 조석곤, 2003 《한국 근대 토지제도의 형성》 도서출판 해냄
※ 이대근 외, 2005 《새로운 한국경제발전사-조선후기에서 20세기 고도성장까지》 (주)나남출판
※ 김철·박지향·이영훈 엮음, 2006 《해방 전후사의 재인식 1·2》 책세상
※ 신기욱·마이클 로빈슨/도면회 옮김, 2006 《한국의 식민지 근대성》 도서출판 삼인
※ 신용하, 2006 《일제 식민지정책과 식민지근대화론 비판》 문학과지성사
※ 윤해동·천정환·허수·황병주·이용기·윤대석 엮음, 2006 《근대를 다시 읽는다 1·2-한국 근대 인식의 새로운 패러다임을 위하여》 역사비평사
※ 나카무라 사토루·박섭 편저, 2007 《근대 동아시아 경제의 역사적 구조》 일조각
※ 정태헌, 2007 《한국의 식민지적 근대 성장-근대주의 비판과 평화공존의 역사학 모색-》 선인
※ 호리 가즈오·나카무라 사토루·안병직·김낙년·우원싱·셰구어싱 외 지음, 박섭·장지용 옮김, 2007 《일본 자본주의와 한국·대만-제국주의 하의 경제변동》 도서출판 전통과현대

군 '위안부'

정진성*

목 차

머리말
1. '일본군위안부' 개념
2. 일본군 및 정부의 일본군위안소 설립
3. 일본군이 주도한 군위안부 강제연행
4. 피해자의 성격과 역사적 사실의 은폐
5. 사회운동과 국제기구의 판단
6. 한일 역사교과서의 기술
맺음말

머리말

일본군위안부 동원은 극비정책으로 이루어졌으며 전후 관련문서가 일본정부 명령에 의해 파괴되었으므로, 문서자료 자체가 극히 드물었다. 뿐만 아니라 미국의 전후 아시아정책에 의해 일본에 대한 전쟁책임 추궁은 최소한으로 이루어져 동경재판에서 군위안부문제는 거론되지 않았다. 이

* 서울대학교 사회학과 교수

후 경험자와 피해자들도 가부장제 사회에서 굳게 입을 다물었다. 그러나 수많은 사람들의 인권을 유린한 이 문제가 그동안 완전한 공백 상태로 덮여 있던 것만은 아니었다. 전후로부터 1980년대에 이르기까지 군위안부문제는 한국과 일본에서 신문기사, 소설, 영화 및 연구서 등의 형태로 산발적으로 제기되어 왔다. 그러나 이 연구 및 문화활동은 경제복구에 사회적 관심이 집중되었던 한국과 일본에서 모두 사회적 관심을 받지 못한 채, 압도적인 가부장제 사회의 분위기 속에 묻혀져 버렸던 것이다. 1980년대 말에 이 문제가 비상하게 사회적 관심을 받으면서 한일간 뿐 아니라 아시아 전체에서 중요한 사회적 잇슈로 드러나게 된 것은, 무엇보다 먼저 한국 여성운동의 성장에 기반한 것이었다. 이후 피해자의 증언과 관련 군문서의 발굴이 일본군위안부문제에 대한 사회적 관심의 기폭제가 되었다.

아직도 명확하게 모든 사실이 밝혀지지는 않았지만, 일본군위안부제도가 일본정부와 군에 의해 기획·시행되었다는 역사적 사실을 부정할 수는 없는 단계에 도달하면서, 한국과 일본의 역사교과서는 이 문제를 조금씩 다루기 시작했다. 한국의 교과서가 점차 체계적으로 기술을 확대해간 반면, 일본의 교과서는 정치적 상황에 영향을 받으면서 기술내용이 변화했으며, 최근 축소되었다. 다시는 이러한 참혹한 인권유린이 역사에 반복되지 않도록 하기 위해서 교육은 매우 중요하며, 따라서 교과서 기술의 문제는 그 핵심이라고 할 수 있다.

1. '일본군위안부' 개념

1980년대 말 군위안부문제가 사회의 관심을 받기 시작하면서 '위안부慰安婦'라는 용어는 적지 않은 혼란을 일으켰다. 일제강점기에 일제가 수많은 여성을 강제로 끌어갔다는 사실이 사회적으로 공론화되지는 않은 채 정신대 · 처녀공출 · 보국대 등의 개념으로 우리의 인식 속에 혼재되어 있던 차에, 이 문제는 '정신대문제'로서 갑자기 부각되었던 것이다. 신문을 비롯한 언론, 방송매체들은 물론, 이 문제를 위해 조직된 단체들도 정신대라는 용어를 사용했다(한국정신대연구회, 한국정신대문제대책협의회 등). 그러나 같은 시기에 일본에서는 이 문제가 '종군위안부문제'로서 사회의 주목을 받기 시작했다.

일본군'위안부'제도가 용어에 있어서 혼란을 빚고 있는 것은, 이 제도가 비밀리에 시행되어 공식적으로 거론되지 않고 음성적으로만 이야기되어 왔기 때문이다. 더욱이 군위안부는 '여자정신근로령'처럼 공포된 법령에서 사용된 공식적인 용어가 아니었다. 뿐만 아니라 공식적으로 공포된 법령에 근거했던 여자근로정신대도 실제로 식민지 조선에서는 법과 관계없이 임의로 동원이 이루어진 경우가 많았으므로 노동 이외의 다른 목적(군위안부 동원을 포함해서)을 위해서도 이 명칭이 널리 오용되었던 것이다.

(1) 여성 근로동원의 공식용어, 여자정신대

1931년 만주사변을 기점으로 일본은 준전시체제로 돌입하면서 여성을 포함한 조선인에 대하여 노동력동원을 강화하기 시작했다. 농촌에서 여성에게 야외노동이나 부업을 하도록 강요했다. 1941년에는 여성에게 갱내노동을 금지해 왔던 법을 해제했고, 구체적인 법령 및 관의 알선에 의해서 노동동원이 여러 이름을 가지고 행해졌다. 1941년 11월의 '근로보국협력령'에 의해, 학생에서, 일반인으로, 25세 미만의 미혼 여성까지도 근로보국대로 동원되었다. '여자추진대'는 법령 없이 관청에서 알선하는 방식으로 이루어졌다. 주로 국민총력조선연맹[1]의 지방연맹에서 20~30세의 국민학

---

1) 1938년 일제는 국민정신총동원조선연맹을 만들어 각 하부조직에 지부를 만들었으며, 최말단 실천기구로서 10호를 단위로 하는 애국반을 만들었다. 1940년 국민정신총

교 졸업 이상의 학력을 가진 여성을 뽑아 읍·면 단위로 여자추진대를 편성했는데, 이들은 여성의 노동을 장려하는 운동이나 황민화정책을 시행하는 데 이용되었던 것으로 보인다.

엄청난 위력을 가지고 1940년대에 조선에서 여성을 동원한 제도가 '정신대'였다. 정신대란 자발적으로 몸을 바친다는 뜻으로 일제가 무상으로 노동력을 동원하기 위해 만든 제도인데, 식민지 조선에서도 시행되었다. 정신대는 남자, 여자를 모두 포괄하고 보도, 의료, 근로 등 여러 분야에 걸쳐 동원된 것이었다. 기록상 확인할 수 있는 가장 처음의 정신대는 1939년 함남 함흥에서 '농촌정신대'라는 이름으로 각 군에서 국책 공사에 동원한 것이다. 1941년 시행한 '내선일체정신대'는 소학교 6학년을 졸업한 청소년 600명을 뽑아 조선에 지점 또는 지소를 가지고 있는 일본 공장 혹은 사업장에 보내 2~3년간 기술을 배우게 한 후 다시 조선의 지점이나 지소에서 근무하게 한 제도이다. 그밖에 '증산운동정신대', '부인농업정신대', '의용봉공의 정신대', '근로보국정신대', '학도정신대', '국어보급정신대', '보도정신대', '인술정신대' 등 여러 종류의 정신대가 결성되어 조선에서 남녀를 동원했다. 여성만을 대상으로 한 '특별여자청년정신대'는 1944년 1월 취사를 위해 조직된 것이었고, 1944년 12월에 구호활동을 위해 '여자구호정신대'가 조직되었다는 기록이 있다.

무엇보다 여성을 동원하는 데 여자정신대 또는 여자근로정신대라는 이름이 광범위하게 사용되었다. 그것은 주로 군수공장에서의 노동을 위해 동원된 것으로서 1944년 8월 23일 일왕 서명의 칙령으로 공포된 '여자정신근로령'에 의해 공식화되었으며, 여자정신대로 약칭되기도 했다. 이 법령에 따르면, 여자정신대는 지원에 의해 갈 수 있다고 했으나, 기본적으로 국민등록의 폿신고자를 대상으로 하여 중등학교 정도의 광공업계 졸업자 등으

동원조선연맹을 국민총력조선연맹으로 재편성했고, 1943년에는 광산, 공장을 비롯한 직장연맹의 기저조직인 애국반을 고쳐서 사봉대라고 했다

로서 조선에서는 대상자가 극히 한정되어 있었다. 사실상, 조선에서 여자정신대는 이 법령이 공포되기 수년 전부터 이 법령이 한정하고 있는 대상에 관계없이 여러 방법으로 광범위하게 동원되었으므로, 일본에서와는 달리 당시 조선에서 여자근로정신대는 명확한 공식적 제도로 시행된 것은 아니었다. 따라서 정신대라는 당시 널리 사용되었던 이름으로 여성을 동원하여 위안소로 보낸 경우가 많았던 것이다.

(2) 여성의 성 동원: 酌婦, 醜業婦, 從業婦 및 위안부

근로동원이 이와 같이 여러 공식적 제도에서 확인되는 데 비해, 성 동원의 경우는 군 문서에서 산발적으로 발견되고 있을 뿐이다. 1932년 在上海 총영사관에서 발행한 문서에서 해군 '위안소'라는 용어가 쓰여졌고, 당시의 일본군 문서에는 그 밖에 간혹 '구락부', '군인회관' 등의 용어도 발견된다. 이 위안소에서 성노예로 일한 여성을 부르는 명칭은 보다 다양했다. '작부'라는 용어가 가장 많이 발견되며, 그 밖에 '위안소종업부', '위안소취업부', '위안소부녀', '예기', '창기', '특종부녀', '접객부녀' 등도 사용되었다. 1939년경부터 '위안부'라는 용어가 자주 쓰이기 시작하여 이후 거의 위안부로 용어가 정착되어 간 것을 볼 수 있으며, 그와 함께 '군위안부'도 간혹 발견된다.

(3) 일본군위안부제도/ Japanese military sexual slavery

일본에서 사용하는 종군위안부라는 용어는 종군간호부, 종군기자 등에 준거하여 만들어 낸 것으로 추측되는데, 이것은 간호부나 기자에서와 같이 자의에 의해 군대를 따라다닌다는 함의가 있으므로 받아들일 수 없다는 것이 피해자 측의 입장이었다. 한국정부는 1992년 7월에 중간보고서를 내

면서 '군대위안부'라는 용어를 사용했다.(한국외무부 정신대문제실무대책반,「일제하 군대위안부 실태조사 중간보고서」, 1992. 7. 31.)

이런 혼란 속에서 정신대연구소는 당시 일본군 문서에 '군위안소'라는 용어가 등장하고 있으며(陸軍省, 1943), 당시 간행되었던 신문인『매일신보』에 (1944년 10월 27일과 11월 1일자) '군위안부 급모急募'라고 하는 광고가 실려 있는 점에 주목하고, 당시 사용되었던 용어에 가장 가까운 '군위안부'라는 용어를 사용하는 것이 적절하다는 주장을 제기했다. 이후 한국정신대문제대책협의회(정대협)에서도 "일본군위안부"라는 용어를 사용하기로 결정하면서, 이것이 우리 사회에 정착되었던 것이다.

한편 UN 등 국제활동의 장에서는 군대성노예(military sex slave)와 군대성노예제도(military sexual slavery)라는 용어가 사용되고 있다. 1996년에 유엔 인권위원회에 제출된 라디카 쿠마라스와미(Radhika Coomaraswamy)의 보고서와 1998년 인권소위원회에 제출된 게이 맥두갈(Gay McDougall)의 보고서는 이 문제를 명확하게 전시하 군대성노예제(military sexual slavery in wartime)로 규정했다. 이러한 국제적 상황을 주도한 정대협의 영어 명칭은 'The Korean Council for the Women Drafted for the Military Sexual Slavery by Japan'이다.

2. 일본군 및 정부의 일본군위안소 설립

일본군 위안소는 대체로 1931-32년경부터 설립되기 시작했으며 일본군이 중국을 점령한 1937년경부터 보다 체계적으로 확장되어 전쟁말까지 계속되었다.

(1) 군위안소의 전기적 형태: 1905년경

일본에서는 국가가 창기를 관리하고 창부에 대한 체계적인 정기검진을 실시한 공창제도가 일찍이 수립되어 있었으며, 무사武士들이 공창의 중요한 사용자였다. 1894년 청일전쟁시부터 민간이 주도하는 군위안소 형태를 발견할 수 있고, 1905년 러일전쟁시에 이미 군이 위안소를 설치했다는 병사들의 회고를 찾을 수 있다. "음부매매옥淫婦賣買屋을 설치해서 … 대부분 중국 여성이라 말이 통하지 않았다", "군 공인公認의 집이었으나," 등.

(2) 군위안소의 형성: 1932년경

1932년 초 상해사변 상해사변시上海事變時에 병사들에 의한 강간사건이 다발多發하자, 상하이 파견군 참모총장 오카무라(岡村寧次) 중장은 나가사키현(長崎縣) 지사에게 군위안부를 보내 달라고 요청했다. 후에 오카무라 중장은 위안부가 송출되어 온 후로 강간죄가 없어졌으므로 기쁘다고 회고했다. 오카무라가 위안부 요청을 동시同地 해군을 모방해서 했다고 한 것을 보면, 해군위안소는 이보다 빨랐다는 것을 알 수 있다. 1932년 12월 재상해在上海 일본총영사관은 해군위안소가 17개소 있다고 기록하고 있는데, 이 숫자는 이미 위안소들의 개업과 폐업을 수차례 걸친 후의 통계라는 점을 명기해, 해군위안소 설립이 보다 이른 시기에 시작되었음을 시사하고 있다. 군위안소의 위안부들은 군인 이외의 다른 손님을 받지 못하게 하고, 작부들에 대한 건강진단이 육전대원 및 당관 경찰관의 입회 하에 전문의에 의해 실시되고 있으며, 해군측과 협조단속이 엄격히 이루어지고 있다고 기록되어 있다. 또한 이 자료들은 군 외의 일반인이 영업에 참여했다는 사실도 보여 주고 있다.

(3) 본격적인 군위안소정책의 수립과 시행·확대
 : 1937년 말 이후

분산적으로 지역에 따라 시행되던 군위안소 설립이 육군성이 주도하여 하나의 정책으로서 본격적으로 일본군 전체에 체계적으로 시행된 것은 1937년 시작된 중일전쟁 시기부터이다. 중일전쟁이 예상외로 확대·장기화 되었고, 일본은 본격적인 전쟁체제로 돌입하여 국내와 식민지에서 전쟁수행을 위해 산업구조를 재편하고, 물자와 인력에 대한 총동원의 구조를 정비해 갔던 시기이다.

일본 육군성이 각 파견군에게 설립을 지시한 기록을 몇가지 보자.[2] 1937년 12월 중지나中支那 방면군은 군위안소 설치를 지시했으며, 같은 시기에 제10군 참모는 헌병을 지휘해서 호주湖州에 군위안소를 설치했다. 1938년 3월, 육군성 병무국 병무과에서 북지北支 방면군 및 중지中支 파견군 참모장에게 "위안부 모집은 파견군에서 통제하여 인물선정을 주도적절하게 하고, 헌병과 경찰당국과의 연계를 밀접히 할 것"을 지시했다. 1938년 5월 일본 교육총감부에서 편찬한 「전시복무제요戰時服務提要」에서는 "성병에 대한 적극적 예방법을 강구하고 위안소 위생시설을 완비함과 동시에, 군이 지정한 이외의 매춘부 및 지역의 사람들과의 접촉은 엄격히 금한다"고 명기하고 있다. 1939년 4월 육군성 의무국 과장회보에서 제21군의 마츠무라(松村) 군의부장은 "성병예방을 위해 군인 100명당 1명꼴로 위안부를 수입한다. … 치료비용은 영업주가 부담한다. 검진은 주 2회"라고 보고했다. 1940

---

2) 陸軍省兵務局兵務課起案,「軍慰安所從業婦等募集に關する件」, 1938. 3. 4; 南京總領事館,「在留邦人の各種營業許可及取締に關する陸海外三省關係者會同決定事項」, 1938. 4. 16; 在上海總領事發信,「昭和13年7月5日附在上海總領事發信在南京總領事宛通報要旨」, 1938. 7. 5; 教育總監部,「戰時服務提要」, 1938. 5. 25;「金原節三業務日誌摘錄」前篇その1のイ, 1939. 4. 15; 陸軍省副官送達,「支那事變の經驗より觀たる軍紀振作對策」, 1940. 9. 19; 北支那方面軍參謀長 岡部直三郎,「軍人軍隊の對住民行爲に關する注意の件通牒」, 1938. 6. 27. 등.

년 9월에도 육군성은 군기풍속에 관한 지도단속에 각별히 유의할 것을 지시하고 있다. 이렇게 육군성 중앙에서의 통제가 이루어지는 중에서도 방면군, 군 및 대대, 연대 등의 수준에서 군위안소 설치, 위안소 규정의 제정, 위안소 업무상황의 보고 등의 업무가 이루어졌다. 예컨대 1938년 6월에 북지나 방면군 참모장은 가능한 한 조속히 성적 위안설비를 정비하는 것이 긴요하다고 말했으며, 연대본부에서 각 대장에게 위안소에 관해 구두로 지시한다는 기록 등이 있다.

1941년 일본이 미국, 영국, 네덜란드 등에 대해 본격적으로 전쟁을 준비하면서, 육군성은 일본군 주둔지에 군위안소를 설치할 것을 미리 기획한 것으로 나타났다. 이것은 중국에서의 경험을 바탕으로 한 것으로서, 이러한 기획에 바탕하여 실제로 동남아 지역에서 일본은 군인이 주둔할 경우 시간을 끌지 않고 지체 없이 군위안소를 설치했다.

한편 이미 소련의 극동군비 증강에 대응하여 육군의 대대적인 증강을 추진해온 관동군은, 1941년 7월경에는 관동군특종연습(관특연)을 실시했다. 이때 병참을 담당한 관동군 참모는 중일전쟁의 경험에서 산출하여 군위안부 2만여 명이 필요하다고 계산하고 조선총독부에 의뢰해 이를 징집하려 했으나, 실적은 8,000명에 그쳤다고 증언했다.

1941년 12월 태평양전쟁이 일어난 후, 중국에도 군위안소가 계속 증가하는 한편, 홍콩, 말레이시아, 싱가포르, 인도네시아, 필리핀 등지에 위안소가 속속 설립되었다. 1942년 3월 12일에 대만군 사령관은 육군대신에게 남방총군으로부터 보르네오行 위안土人 50명을 파견해 달라는 요청이 있어 헌병이 조사·선정한 경영자 3명을 도항하도록 했으니 인가해 달라고 요청했고, 육군성은 16일에 이를 인가했다는 기록이 있으며, 그 후 6월 육군성은 대만군 참모장에게 소수의 인원보충교대는 적절히 처리하라고 지시했다. 남방과 남양의 각 지역에 일본의 점령지가 확대되고 있던 1942년 9월, 육군성에서는 보다 전체적인 시각을 가지고 일본군 주둔지 전체에 군위안소 설치의 안을 내놓았다. 1942년 9월 3일 과장회보에서 육군성 인사국 은사과장은 장교 이하의 위안소시설을 북지 100개, 중지 140, 남지 40, 남방 100, 남해 10, 화태 10, 도합 400개소를 설치하고 싶다고 발언했다. 육군성은 또한 각 군위안소를 위해 체계적으로 콘돔을 보내고, 위안부 수입을 위해 자금을 지원했다.

이렇게 육군성에서 군위안소의 구체적인 설치에 대한 전체상을 가지고 통제하는 가운데에도, 점령지 각 지역에서는 각 수준의 군대조직에서 위안소에 대한 지휘·감독을 적극적으로 수행하고 있던 것을 볼 수 있다. 기록에 따르면, 중국파견군 총사령부에서 콘돔의 지급문제를 통제했고, 필리핀에서 군정감부가 군위안소 지휘·감독을 관장하였으며, 미얀마 만다레는 주둔사령관이, 말레이시아에서는 군정감이 위안소 설치 및 규정의 제정을 관장하였고, 네덜란드령 인도네시아에서는 민정부장관이 위안소시설 설치·감독을 책임졌다. 1944년 5월부터 1945년 2월에 걸쳐서 오키나와에 남지구사령부, 사단, 대대 및 중대 수준에서 군이 직접 위안소를 건축했고, 기타 제반 위안소문제에 대해 논의한 기록이 다수 발견되어 있다.

여타 일본정부기관의 참여도 보인다. 위안부나 위안소 경영자들의 출입국 관리에는 외무성의 협조가 필요했다. 예컨대 1940년 9월 대만총독부 외사부장은 외무성 아미리가국 제3과장에게 "도항자는 도중 사유증명서가 필요하겠지만 위안소 종업원의 도항은 시급하므로 특별히 허가토록 했으니 양지하라"는 통보를 하고 있다. 내무성의 개입도 주로 위안부 및 경영자들의 출국관계에서 나타난다. 1938년 2월 내무성 경보국장은 '추업'을 목적으로 하는 부녀자의 도항은 현지의 실정으로 볼 때 필요불가결한 것이라고 보고, 이들의 중국으로의 출국은 당분간 묵인하기로 하며, 부녀자의 모집주선의 상황을 잘 단속할 것을 지시하고 있다. 1940년의 자료에서도 내무성은 특수부녀의 도항목적을 "정주하기 위해"라고 기재하라고 조치했던 것을 보여 준다.

조선총독부, 대만총독부의 협조도 중요했다. 1920년대부터 시행되기 시작한 출국허가제도는 점차 그 요건이 까다로워졌고, 1938년 이후 인력동원 정책이 극심하게 시행되면서 더욱 엄격해졌다. 따라서 조선총독부의 개입 없이 조선인 여성의 동원이 이루어졌다는 것은 생각할 수 없다. 조선총독부관계 자료들은 1938년 초부터 중국에로의 위안부 및 위안소 관계자들의 도항상황을 파악하고 있었다는 것을 보여 주고 있다. 앞서 언급한 바, 1941년 7월 관동군이 조선총독부의 도움을 받아 8,000명의 위안부를 사용하게 되었으며, 1942년에도 조선총독부 경무국장이 일본척무성 조선부장과 각 도 경찰부장 및 재중 각 파견원에게 예창기를 포함한 직업별 도항상황을 보고한 자료가 있다.

대만총독부의 역할도 대체로 도항과 관련된다. 특히 대만의 경우 남양 방면에 위안소를 개설할 위안소업자의 처우에 관한 사항이 많다. 앞서 언급한 대만군 사령관의 보르네오행 위안소업자에 관한 보고사항에서도 볼 수 있는 대로, 대만에서 남양 방면에로의 도항을 책임진 경우가 많았던 것으로 생각된다.

(4) 위안소 설립의 직접적 동기

위안소를 설립하면서 그 필요성을 논의한 여러 군 문서자료를 보면, 군위안소 설립의 직접적 목적은 다음과 같이 요약될 수 있다. 첫째, 군인들의 사기 진작을 위해서였다. 전쟁이 계속되는 가운데 군인들의 사기가 저하되고 그 정신적 영향은 매우 심각하여, 특히 점령지에서 이로 인해 많은 문제가 발생하고 있었으므로, 이를 다스리는 방법의 하나로 성적 위안시설의 확충이 중요하다고 보았다. 둘째, 군인들은 외부의 위안시설을 사용할 수 없고, 군인들만이 사용할 수 있는 군위안소를 만들어 이것을 이용하도록 한 제도의 설립에는 군인들의 성병을 예방하기 위한 목적이 중요했다. 일본군대가 시베리아에 출병했을 때(1918~1922) 군인들의 성병이 매우 커다란 문제가 되었다는 사실은 널리 알려진 바와 같으며, 이 경험이 군위안소 설립의 중요한 동기가 되었다. 군위안소에 대한 군대의 통제와 감독 중 위안부에 대한 정기 성병검사가 매우 중요했다는 점도 이와 관련된다. 셋째, 일본군인들은 점령지역에서 약탈, 강간, 방화, 포로참살 등으로 문제를 일으켰으며, 특히 강간은 점령지 주민들로부터 예상외의 심각한 반일감정을 폭발시켰다. 이로 인해 점령지의 통치가 곤란을 겪음에 따라, 일본군은 "군인 개인의 행위를 엄중히 취체함과 동시에 속히 성적 위안의 설비를 정비할" 것을 지시한 것이다. 그밖에 군대가 직접 설립·경영하지 않고 민간인에 의해 영업이 이루어진 군위안소에 대해서는 영업세 또는 특별전매세라는 명목으로 세금을 부과했던 사실로 보아, 군의 독자적 재원의 확보목적으로 군위안소의 설치에 보다 적극적이 되었다는 지적도 있다.

(5) 군위안소의 성격 및 경영형태

1930년대 초부터 종전에 이르는 기간 동안 일본군대의 위안소가 세워졌던 지역은 "일본군이 주둔했던 모든 곳"이라고 해도 과언이 아니다. 일정한 체계를 갖추면서 군위안소는 다음의 특성을 나타냈다. 첫째, 군위안소는 극히 드문 예외를 제외하고는 기존의 공창제도에 따른 유곽과는 별도의 체계로 군인들만을 위해 이루어진 것이다. 둘째, 일본군의 군위안소는 군대의 강제적 규정에 의하여 군인과 군속만이 사용하도록 되어 있던 곳이다. 이 군위안소는 지방관민의 사용이 일절 불가능했고, 다른 한편 군인, 군속은 군위안소 이외의 다른 위안소의 이용 및 매음부, 土民과의 접촉이 엄격히 금해졌다. 셋째, 군위안부는 군이 지정한 의사에게 정기적으로 성병검사를 받았다. 넷째, 위안부의 이동을 포함한 위안소의 제반 상황은 군의 엄격한 통제 하에 놓여 있었다.

군위안소는 설립, 경영, 위안부 모집에 있어서 군이 직접 하거나 민간에 위임하여 시기와 장소에 따라 다양한 형태를 나타냈으나, 어느 경우에나 군대의 보호, 감독 및 엄격한 통제를 받았다. 위안소의 설립은 군대가 한 경우, 민간이 설립하여 군의 허가를 받은 경우, 그리고 기존의 민간 위안소를 군이 지정하여 군위안소로 편입·정리한 경우 등으로 나누어진다. 여기서 민간이 설립한 경우에도 군위안소가 되기 위해서는 반드시 군의 허가를 받고, 군으로부터 면허증을 교부받아야 했다. 민간 영업자는 매월 일정 금액을 영업세로 납부했다. 경영은 군대가 위안소를 설립한 경우에는 군이 직접 한 경우와 군이 민간인에게 위임한 경우로 나뉜다. 민간인이 설립한 경우는 대부분이 민간인이 경영했던 것으로 보인다. 민간이 설립·경영한 군위안소의 경우에도 위생도구와 위안부에 대한 군의의 정기검진을 군으로부터 제공받았으며, 군이 정한 위생·청결사항을 엄수해야 했고, 이 밖에도 군에서 정한 위안소 규정의 여러 내용에 따르지 않으면 안 되었다. 정기적으로 군대에 업무보고를 하게 되어 있었고, 위안부의 이동까지도 군의 명령에 의해서 이루어졌다.

군위안소들은 각기 군이 정한 위안소 규정에 따라 운영되었다. 위안소의 규정에는 군인들의 계급별로 사용시간에 따라 요금이 명기되어 있었다. 규정된 요금의 액수는 장소에 따라, 시기에 따라 달랐고, 위안부의 국적에 따라 요금을 달리 규정한 위안소도 있었다. 혼잡을 방지하기 위하여 요금은 대부분 표(切符)로 지불하도록 되어 있었다. 이러한 규정에도 불구하고 위안부에 대한 급료의 지불은 거의 대부분 제대로 이루어지지 않은 것으로 보인다. 피해자들의 대부분은 보수를 전혀 받지 않았거나 군인들로부터 표는 받았지만 관리인에게 그것을 주고 돈으로 정산해 받지는 못했다.

위안부에 대한 정기 성병검사는 군위안소제도에 있어서 매우 중요한 사항이었다. 일주일에 한 번 또는 2주, 한 달에 한 번씩의 군의에 의한 위안부 검진을 명기한 위안소 규정이 많은 군 문서와 연구자료에서 발견된다.

일본군은 군인들 사이에 성병이 퍼지는 것을 막기 위하여 군인들에게 또는 위안소에 피임구를 공급하고 반드시 이것을 사용할 것을 지시했다. 피해자들의 증언에 의하면, 피임구가 부족하여 세탁해서 중복 사용한 경우도 많았다. 이러한 모든 위생규정에도 불구하고 다수의 위안부들이 성병에 걸린 사실과 성병으로 입원치료를 받은 기록이 많다. 피해자들의 증언에 의하면, 성병에 걸렸을 때는 '606호'라는 주사[3]를 맞았으며, 성병이 심하여 격리치료를 받다가 위안소로 다시 돌아오지 못한 사람도 있었다는 증언도 있다.

3. 일본군이 주도한 군위안부 강제연행

피해자에 대한 조사에 의하면 대부분의 사람들이 취업사기와 폭력에 의한 강제연행을 통해 위안소로 가게 되었다. 여기서 일본군에 의한 강제연행 사실은 일본정부에서 계속 부인했지만, 이를 보여주는 많은 증거가 있다.

(1) 군위안부 동원의 방식

좋은 곳에 취직을 시켜 주겠다는 약속을 받고 따라나섰다가 군위안소로 가게 된 피해자들이 증언하는 '좋은 곳'의 종류는 다양했다. 가장 많이 등장하는 것은 일본의 공장이었다. 몇 년간 잘 일하고 있으면 돈도 벌 수 있고 언제든 희망하면 돌아올 수 있다는 것이었다. 조금 더 사실에 가까운 것으로서 병원에 있는 부상병을 위해 일을 하는 것, 종군간호부의 일을 하는

---

[3] 이 주사는 현재 동물들에게만 사용하는 매우 독한 주사로, 당시 위안부들에게 이 주사는 성병치료와 함께 임신시에는 낙태의 효과도 나타냈으며, 계속적인 투하로 불임의 결과를 가져왔다.

것 등의 취업약속이 피해자들의 마음을 끌었던 것이다. 가난 때문에 어느 곳의 수양딸로 보내졌다가 그 집에서 팔아 버린 경우, 일하던 식당이나 가게의 주인이 판 경우, 가장 비참한 것으로 친아버지가 판 경우 등이 있다. 이밖에 공출, 봉사대, 근로대나 여자정신대 등의 명목으로 끌려갔다고 증언한 여성들이 다수 있다.

(2) 강제연행: "협의의 강제성"

2007년 미국 하원에서 일본군위안부 관련 결의안(HR121)이 논의되고 통과되는 과정에서[4] 아베 전 일본수상은 "협의의 강제성"은 없었다고 강력히 주장했다. 여기서 협의의 강제성이란 관헌이 물리력을 사용해 행한 강제동원을 일컫는 것이다. 2007년 6월 14일, 60명의 일본 국회의원, 교수, 평론가들이 워싱턴포스트에 "사실(The Facts)"이라는 제목으로 낸 광고에서도 강제연행은 없었다는 내용이 주를 이루었다. 이 소위 협의의 강제성에 대한 집착은 일본의 보수집단 전반에서 나타난다. 요미우리 신문은 "종군위안부문제의 핵심은 관헌에 의한 강제연행이 있었는가 여부다."라고 주장했다.

(3) 강제동원에 대한 여러나라 피해자 및 경험자의 다중적 증언

앞서 언급한 일본 우파들의 주장에는 강제연행에 관해서 증언만이 있을

---

4) 미국에서 일리노이주의 하원의원인 윌리엄 리핀스키가 1997년 처음으로 일본군위안부 관련 결의안을 하원 외교위원회에 제출한 이래, 2000년부터 다섯 차례에 걸쳐 같은 일리노이주의 레인 에반스 의원이 결의안을 제출했으나 번번히 좌절되었다. 2007년 1월에 캘리포니아주의 하원의원인 마이클 혼다 의원이 다시 시도하여 2월에 미 의회 사상 처음으로 위안부 피해자의 증언을 포함한 공청회가 열렸고, 6월에는 하원 외교위원회를 통과했다. 그리고 마침내 7월 30일에 하원에서 만장일치로 일본정부에게 공식 사죄를 요구하는 결의안이 통과되었다.

뿐, 문서자료가 없다는 것인데, 그것은 증언은 믿을 수 없다는 생각에 바탕하고 있는 것이다. 이미 2000년 여성국제법정에서 11개국의 피해자들이 강제연행의 피해를 증언했다. 2004년 인도네시아의 발리크파판(Balikpapan)에서 행한 한 조사에서, 한 여성은 인도네시아 연극단 주인이 연극배우를 시켜 준다고 속여 따라갔는데 위안소였다."고 말했으며, 다른 한 사람은 "길에서 강제로 머리채를 잡혀 조그만 트럭에 태워졌는데, 그 트럭에는 이미 네 사람의 어린 여성들이 타고 있었다."고 증언했다. 한국 피해자 증언에서 나타난 강제연행의 형태와 거의 일치하는 증언이었다. 이후 위안소로의 수송과정, 성병검사, 위안소 사정 등에 관한 증언의 내용도 한국 피해자들의 증언내용과 거의 흡사했다.

일본군인들의 증언도 적지 않다. 1992년 일본에서 일본군위안부문제가 사회적으로 환기되기 시작했을 때, 일본군인들의 증언을 받아 책으로 묶은 〈종군위안부110번〉에는 강제연행을 포함한 다양한 증언이 포함되어 있다. 1960년대 이후에 출판된 일본군인들의 회고록에서 강제연행을 말하는 부분들을 발견하는 것은 어렵지 않다. 버마에서 위안소에 갔던 경험을 말하는 한 군인은 "동경 군수공장에 간다는 이야기로 모집이 있었습니다...인천에서 배를 탔는데 남쪽으로, 남쪽으로 와서...버마로 왔습니다. 걸어서 돌아가지도 못하고 도망갈 수도 없어서, 포기했습니다."라고 말한 위안부의 목소리를 전하고 있다. 버마 경험을 말하는 또 한 군인은 "...19세에서 20세 정도의 조선 여성들이 타이피스트나 여급, 사무원 명목으로 몇백명이나 사냥되었고, 어용선에 실려 왔더니...어떤 여성은 고등교육을 받은 좋은 집안의 처녀인데...집단적으로 끌려 왔다고 한다."고 말했다. 파푸아뉴기니에서 참전했던 한 일본군인은 "라바울에는 장병을 위해 세 개의 위안소가 있었는데, 본인의 의지와 상관없이 완전히 강제적으로 조선에서 젊은 여성들을 배에 태워 끌고 왔다고 한다."고 증언하고 있다.

중국 평양진平陽鎭에서 위안소를 경험한 한 일본군인의 증언은 보다 생생하다. "내가 익숙한 위안부는 직업용 일본명을 마사오라고 불렀다. 집안은 강원도의 가장 가난한 농가였는데, 어느날 갑자기 촌장이 와서 '군의 명령이다. 나라에 대한 봉공으로 딸을 내놓아라'고 했다. 봉공의 뜻을 금방 이해했기 때문에 부모는 손을 빌며 큰 소리로 '아이고'를 거듭했으나, 촌장은 듣지도 않았다. 이 면에는 8명의 할당이 왔는데 면에는 처녀가 5명밖에 없으니까 한 사람도 놓치면 안된다고 했다. 촌장 뒤에는 칼을 가진 일본인 순사가 있었다. 5명의 마을 처녀가 돌과 같이 트럭에 실려서 마을 경계인 다리를 건너간 것이 고향과의 이별이었다…'매일 15명 손님으로 받아요. 몸이 안되겠어요. 살아있는 것이 불가사의해요.'라고 그녀는 말했다."

⑷ 연합군 조사보고서

연합군이 동아시아 여러 나라에 진주했을 때, 군인들 속에 섞여있는 여성들을 보고 의아해 했다는 것은 연합군의 전쟁포로 관련 여러 보고서에 기록되어 있다.

2002년 미국 정부기록물보존소(NARA)에서 발견된 문서 〈Korean and Japanese prisoners of war in Kunming, 28, April, 1945〉는 중국 쿤밍 지역에서 1945년에 미군에 의해 작성된 것으로서 "생포된 한국인 여성 23명이 모두 위안부였는데, 이들은 모두 강제(complusion)와 사기 (misrepresentation)에 의해 위안부가 되었다."고 기록하고 있다.

1993년에 오무라 데쓰오가 잡지, 〈세계〉에 일부 일본어로 소개했으나 2007년 네덜란드의 정부기록물보존소에서 한국의 연구팀이 발굴하여 전면공개된 〈일본 해군 점령기 동안 네덜란드령 동인도 서西 보르네오에서 발생한 강제 매춘에 대한 보고서(Report on enforced prostitution in Western Borneo, N.E.I. during Japanese Naval Occupation)〉(문서번호: AS5309)는 네덜란드어와 영어로 동시에 작성된 네덜란드정보부대(Netherlands Forces Intelligence Service, NEFIS) 문서로서 일본군인에 의한 무차별한 강제연행이 매우 명확하게 기록되어 있다. 인도네시아의 서보르네오 지역에서 일본해군의 특경대特警隊가 위안소의 설립과 위안부 조달의 책임을 맡고, 거리에서 마구잡이로 여성들을 체포하여 신체검사를 받게 한 후 위안소에 넣었으며, 위안소에서 탈출할 경우 그 여성의 가족이 체포되어 모진 대우를 받게 되고 심한 경우 죽임까지 당했다고 기록하고 있다.

2007년 일본 학자들이 동경대학 도서관에서 찾아내 공개한 동경 극동국제군사재판에 각국의 검찰이 제출한 연합군 문서들도 중국과 인도네시아, 베트남을 포함한 동아시아에서 일본군대가 행한 위안부 강제연행을 생생하게 기록하고 있다. NEFIS가 바타비아(Batavia)에서 작성한 문서인 〈오하라 세이다의 진술서(Statement by Lt. Ohara Seida), 1946.1.13〉에 의하면, "1944년 9월 인도네시아의 모아섬에서 내가 군인들을 위해 위안소를 조직했다…여기에 5명의 여성을 강제동원했는데 그것은 그들의 아버지가 폭동을 일으킨 것에 대한 처벌이었다." NEFIS의 또다른 문서, 〈폰티아나크 학살사건에 관한 林秀一 심문조서(Report), 1946.3.13〉에는 "그 여자들을 체포한 것은 위안소에 넣기 위해서였다"는 증언이 나온다. NEFIS 문서에는 성노예 피해자의 진술도 있다. 〈Affidavit of Interrogation: Summary of Examination of J.Beelman-v.Ballegooyen, 1946.5.16〉 이 문서는 1944년 1월에 Moentilan 수용소에 억류되어 있던 여성들이 위안소로 끌려가서 성노예가 된 상황을 보여준다. 여성들이 저항했을 때 남편에게 책임을 물을 것이라고 협박했으며 옷을 찢고 팔을 비틀어 성폭폭력을 했다고 진술하고 있다.

〈Summary of Examination of Lois Antonio Numes Rodrigues, 1946.6.26〉는 마을 유지를 이용한 일본군의 위안부 강제연행 만행을 보여준다. "포르투갈령 티모르(동티모르)의 Dilli에서 1942년 2월 일본인들은 촌장에게 여성들을 위안소에 보내도록 강제했다. 만약에 그러지 않으면 촌장의 친척들을 위안소로 데려가겠다고 협박했다."고 포르투갈인 Rodrigues는 진술했다. 또 다른 조서는 베트남에서의 위안부 강제연행을 보여준다. 〈Affidavit: Nguyen-thi-Thong, 1946.9.6〉 일본인들은 프랑스 군인과 살고 있는 베트남 여성들을 Tien Yen에 세운 위안소로 강제로 데려갔다고 말 한다.

(5) 연합군 재판 기록

바타비아임시군법회의는 1946년 인도네시아의 바타비아에서 열린 군사법정인데, 그중 한 부분이 위안부 관련 건으로 1948년에 판결을 내렸다. 1944년 2월 인도네시아 스마란에서 수용소에 억류되어 있던 네덜란드 여성 35명을 강제로 위안소로 데려와 성노예로 사용한 것에 책임을 물어, 12명이 재판을 받았는데 그중 직급이 가장 높은 장교 한명에 대해서는 사형이 집행되었다. 일본은 1952년 샌프란시스코조약에서 여러 전쟁범죄법정의 판결을 수락했다. 일본군대의 위안부 강제연행을 연합국과 동시에 일본정부도 인정한 것이다. 네덜란드 여성에 대해 이러한 강제가 이루어졌을 때, 아시아 여성에 대해서는 더욱 잔혹한 강제연행이 이루어졌을 것을 짐작하는 것은 어렵지 않다.

(6) 네덜란드 정부 보고서

네덜란드 정부가 정부공문서보관소에 보관되어 있는 문서들을 정리하여 1994년에 발표한 〈일본점령하 네덜란드령 동인도에 있어서 네덜란드 여성에 대한 강제매춘에 관한 네덜란드정부 소장 문서 조사보고〉(Report of a study of Dutch governments on the forced prostitution of Dutch women in the Dutch East Indies during the Japanese occupation, 1994.1.24) 에서도 위안부 강제연행 사실을 다음과 같은 여러 곳에서 확인할 수 있다. 그 내용 일부를 보면 다음과 같다. "1942년 3월 일본군이 쟈바섬에 상륙, 1주일 후에는 네덜란드령 동인도를 점령했다. 병참 담당 장교가 위안소 면허의 발행과 면허조건을 지키도록 하는 책임자였다. 1943년 9월 보르네오의 해군이 위안소를 직접 관리하고, 특경대(해군의 군경찰, 육군의 헌병대에 상당한다.)는 여성을 모집하는 책임을 맡았다."

쟈바섬에서는, 침략 초기에는 네덜란드령 동인도 정부관리가 적당한 여성을 찾도록 압력을 가했다. 1943년 후반에는 육군과 헌병대가 억류소와 그 밖의 장소에서 여성을 잡아오기 위해 실력행사를 했고, 그들은 쟈바 여성과 소수의 유럽여성을 주위의 여러 섬의 위안소에 보내기 위해 직접 모집에 나섰던 것이다.

(7) 전쟁 중 조선총독부 법원 판결문

1938년 일본군대가 중국을 점령하고 위안소를 체계적으로 확장하기 시작했을 때, 조선반도에서 대대적인 위안부 강제동원이 이루어졌다는 사실을 간접적으로 말해주는 또다른 문서자료가 있다. 당시의 조선총독부 법원 판결문이 그것이다. 대구복심법원, 대구지방법원, 부산지방법원밀양지청, 대전지방법원강경지청 외 여러 지청, 광주지방법원장흥지청, 정주지방법원, 광주지방법원 등 여러 법원에서는 1938년부터 1944년에 걸쳐 수많은 사람들을 유언비어, 造言飛語 유포죄로 처벌했는데, 그 유언비어의 내용이 관헌이 어린 여성들을 잡아 중국의 위안소로 보낸다는 것이었다. 다음은 처벌을 받은 유언비어의 예들이다.

"순창경찰서에서 순창의 通安에 사는 양모의 딸(17,8세)을 전지에 연행하기 위해 조사하여 同女는 걱정하여 3개월 동안 음식도 먹지 못하고 울기만 한다." "이번 지나사변에 출정하는 군인을 위안하기 위해 16세 이상 20세에 이르는 처녀 및 16세 이상 30세에 이르는 과부를 강제적으로 수집하여 전지에 보내 낮에는 취사 및 세탁을 시키고 밤에는 군인과 성적관계를 하게 한다." "최근 당국에서 17,8세의 미혼 처녀를 모집하여 북만주에 연행하여 목하 전쟁 중인 일본군 장병을 위해 취사 또는 위안을 하려고 계획 중이므로 빨리 딸 석순(16세)을 결혼시키라." "우리 이웃 마을에는 처녀 세명이 공출되어 만주로 가게 되었다…당신 딸이 있으면 시집보내라." "전남 광주와 정읍에서는 처녀공출이 성행하고 있고 칠보면에도 처녀 두 명이 공출되었다. 그 관계로 처녀의 결혼이 많아 칠보면에 살고 있는 내 동생도 일찍 결혼했다." "전주에 가서 보니 처녀는 전부 공출되었고 김제에도 근일 중에 처녀는 전부 공출된다 하니 너희들도 빨리 고향으로 돌아가서 시집가는 것이 좋다." 여기에 든 예는 육군형법 제99조, 해군형법 제100조, 조선임시보안령 등에 의해 4개월 형부터 수년에 이르는 구형을 받은 것으로서, 이밖에도 다수의 판결문을 찾을 수 있다. 1938년부터 이러한 판결이 확산되었고, 여러 지역에서 동일한 내용이 말해진 것으로 보아, 이것은 1938년부터 급격히 증가한 위안부 강제동원의 실제를 어느 정도 반영하는 것이 아닐까 생각할 수 있다.

4. 피해자의 성격과 역사적 사실의 은폐

피해자들은 어린 나이의 빈곤한 가정 출신이 많았고 전쟁 후에 살아남은 사람들도 매우 고된 삶을 살았다. 이 문제는 여러 국내. 국제적인 요인에 의해 은폐되었다.

(1) 피해자의 가정배경과 나이, 연행지역

피해자들의 가정배경은 거의 예외 없이 빈곤한 농가였으며, 학력수준도 매우 낮다. 피해자들의 연행 시 나이는 11세의 어린 나이에서부터 시작된다. 1993년 한국정부에 신고한 175명 중 27세에 연행된 사람도 한 사람 있으나, 가장 많은 사람들이 14세로부터 19세, 그중에서도 16세와 17세에 집중되어 있다. 1993년 정신대연구소에서 심층 면접한 19명의 피해자 조사에서도 같은 결과를 보이고 있다. 흥미로운 사실은 1932년부터 1936년의 아직 위안소가 크게 확대되지 않았던 시기에는 14세부터 19세로 피해자의 나이가 집중되었던 것이, 이후 위안부의 수요가 크게 늘어나면서 나이의 상한과 하한이 넓게 늘어났다는 것이다. 피해자들이 연행된 곳은 대체로 농촌지역이었지만 서울, 부산, 광주, 대구 등 도시지역에서도 광범위하게 연행이 이루어졌다. 정부가 운영했던 직업소개소를 통해서도 동원이 이루어졌다.

(2) 패전 후 처리

패전시에 군대가 위안부들을 데리고 귀향한 경우는 드물었다. 前 일본군인들의 여러 증언에 의하면, 위안부들을 위안소에 유기한 경우, 일본군인들과 함께 자살을 강요한 경우 등, 패전시 일본군의 위안부들에 대한 처리는 조선에서의 모집과정과 위안소에서의 대우보다 더욱 잔혹했다. 많은 피해자들이 어느 날부터 갑자기 군인들이 위안소에 오지 않았다고 증언했다. 이들은 많은 어려움을 겪으면서 스스로 귀국했거나 미군 수용소에 있다가 귀국한 경우가 대부분이다.

귀향 후 위안부들은 위안부를 했다는 자격지심, 위안부생활에서 얻은 병, 주위의 편견 등으로 인하여 정상적인 결혼생활을 하지 못했다. 대부분이 현재 혼자 살고 있으며, 경제적으로 또 건강 면에서 매우 곤란한 생활을 하고 있다.

(3) 은폐의 요인

이러한 엄청난 사실은 전후 거의 역사 속에 묻혀 있었다. 그 이유는 무엇보다도 일차적으로 일본정부와 군의 자료은폐 때문이었다. 일본군은 극비리에 위안부정책을 수행했을 뿐 아니라, 종전 직후 담당군인들에게 자료폐기의 명령을 내렸다는 사실[5]이 군 문서에서 발견되고 있다. 둘째, 진상을 밝히는 작업과 배상·처벌을 포함한 전후처리가 독일에 비해 일본의 경우 거의 이루어지지 않은 것도 이 일에 대한 문제제기의 길을 막은 것이다. 그것은 일본정부의 아시아 국가들에 대한 경시의 태도와, 독일의 경우와는 달리 주변국들이 취약한 경제적, 정치적 조건 및 사회운동의 상황 때문에 일본에 올바른 전후처리를 강하게 요구할 수 없었다는 점 때문이라고 볼 수 있다. 일본이 아시아 여성에 대해 행한 범죄에 대해서는 전후에 전혀 처벌이 이루어지지 않은 데 비해, 1946년에 네덜란드 정부가 인도네시아 바타비아 시의 임시군사법원에서 행한 재판에서 인도네시아에서 거주하던 네덜란드 여성들을 일본군위안부로 강제동원한 혐의로 9명의 일본군에게 형이 집행되었다는 사실은 이러한 취약한 아시아 피해국의 상황을 극명하게 보여 준다.

이와 아울러 아시아에 자본주의를 정착시키는 데 있어서 일본의 역할을 고려한 미국의 일본에 대한 대응에도 크게 기인했다고 볼 수 있다. 미국은 미소 냉전에서 일본을 미국 편으로 만드는 것을 최우선 요소로 고려하여 일본의 부정의를 단죄하는 일을 소홀히 했으며, 아시아국가에 대한 일본의 지배권을 다시금 보장하는 데 일조를 했던 것이다. 오스트레일리아의 전쟁범죄수사원으로서 동경의 GHQ에서 수사를 했던 James Gowing Godwin

---

5) "제48사단 자료는 정전시 그 대부분을 상사의 지령에 의해 처분하고, 또 나머지도 호주군에 제출하였으므로 정확한 자료 대부분이 없다. 그러므로 장병들의 기억을 종합해서 …"라고 명기하고 있다.「第48師團戰史資料竝終戰狀況」, 1946. 7.

대위는 일본군위안부라는 심각한 문제에 대해서 수사원 간에 논의가 있었으나 GHQ 상부로부터의 압력 때문에 수사를 중단했다고 기록했다.(James MacKay, 〈Betrayal in High Places〉 (Stockport,U.K.:A Lane Publishing,1996).

무엇보다 중요한 요인은 가부장적 사회 분위기이다. 가해자와 피해자를 포함한 실제 경험자들이 죄책감 또는 수치심 때문에 침묵한 상황은 이 사실이 표면화되는 것을 막았다. 더욱이 이러한 엄청난 여성인권의 유린문제에 있어서 가해자의 폭력을 비판하기보다 오히려 피해자에게 사회적 낙인을 찍는 가부장제의 사회 분위기는 군위안부문제를 은폐시켜 온 가장 치명적인 온상이 되었다고 볼 수 있다.

이 밖에 일본의 지식인과 사회운동이 아시아에 대한 일본의 전후책임에 눈을 돌리지 못했다는 점 및 일제강점기 피해사, 특히 이 시기의 여성사 분야의 연구가 부진했던 것도 이 사실의 발굴을 지연시킨 주요인이다.

5. 사회운동과 국제기구의 판단

그동안 산발적으로 논의되었던 이 문제는 한국을 비롯한 아시아 국가들이 민주화되고 여성운동이 신장됨에 따라 사회 전면에 부상되었다.

(1) 해방 후 위안부에 관한 논의

2차 대전 직후 한국에서만도 군위안부에 관한 기록을 여러 건 발견할 수 있으며(『서울신문』, 1946. 5. 12; 엄광섭, 1946), 일본에서는 영화와 소설로도 이미 이 문제가 공론화되어 있었다. 1947년에 출판된 소설「春婦傳」(田寸泰次郎 著)은 중일전쟁 중의 조선인 군위안부에 관한 것인데, 이것이 1950년 '曉の脫走'

〈새벽의 탈주〉라는 영화로 만들어졌다가 1965년 다시 일본인 위안부의 이야기로 개작한 '春婦傳'으로 영화화된 것이 그 한 예다. 1970년대와 1980년대에도 한국과 일본에서 이 문제에 관한 저술이 간혹 이루어졌는데(『서울신문』, 1970. 8. 14; 박두석, 1977; 吉田淸治, 1977; 千田夏光, 1978; 김대상, 1978; 임종국, 1981), 그중에는 매우 심도 있는 저술도 포함되어 있었다. 윤정옥 교수 등이 꾸준히 문제제기를 해 왔으며, 1960년대 초부터 원폭피해자문제가, 1970년대에는 징용·징병문제가 제기되어 현재까지 계속되어 온 것 역시 이 문제의 사회운동화에 기반이 되었다.

(2) 사회운동화

1988년 5월 노태우 대통령의 일본방문에 즈음하여 교회여성연합회, 여성단체연합 및 여대생대표자협의회는 한국과 일본정부에 대하여 군위안부문제를 제기했다. 이 운동은 1990년 11월 한국의 주요 여성단체가 거의 망라된 한국정신대문제대책협의회의 발족으로 보다 체계화되고 적극적으로 전개되었다. 1991년 11월에 미군이 조사한 군위안부관련 문서가 공개되었으며, 1992년 1월에는 일본의 한 교수가 일본 방위청 도서관에 보관되어 있는 군위안부관련 문서를 다수 발굴했다. 이것은 군위안부문제의 사회적 관심을 확대하는 데 중요한 기여를 했다. 이러한 사회적 분위기 속에서 피해자와 가해자들이 세상에 자신의 모습을 드러낸 것은 이 운동의 기폭제가 되었다. 1991년 8월 김학순 할머니의 신고가 최초로 이루어진 후, 다수의 위안부 피해자가 신고하기 시작했다.

대체로 이 운동은 은폐되고 왜곡되었던 이 문제의 진상을 구명하는 것, 피해자를 지원하는 것, 일본정부의 법적 책임을 추궁하여, 법적 절차를 거친 정부의 사죄와, 피해자에 대한 배상 및 책임자의 처벌을 시행하도록 하는 것, 추모비 건립 및 역사교육 등을 통해 다시는 이러한 일이 일어나지 않도록 하는 것 등을 목표로 하고 있다. 1991년 1월 16일 수요일 정오, 미야자와 일본수상의 방한을 계기로 일본대사관 앞에서 벌인 시위는 이후 '수요시위'로 정형화되어 매주 지속되어 2010년 1월 13일에 900차를 맞았다.

삼일절 등의 기념일이나, 교과서 왜곡 문제 등의 특정 사건마다 성명서 발표와 시위 등으로 의사표현을 해왔으며, 보다 체계적으로 일본 및 미국에서의 소송, 특별법 제정 운동 등을 벌이고 있고, 아시아 피해국들 및 일본과 함께 아시아연대회의 만들고, UN, ILO 등에 이 문제를 제기하고 있으며, 2000년 국제법정 활동을 마친 후부터는 전쟁과 여성인권 박물관 건립에 힘을 쏟고 있다.

한국의 여성운동은 곧바로 일본의 여성운동과 연대하게 되었으며 국내의 여러 시민 및 단체들의 협력을 확보하게 되었다. 이어서 일본의 시민단체들이 적극적으로 합류했는데, 일본 내에서는 다른 한편에서 이 운동에 대한 강력한 반대운동이 형성되어, 일본내에서 빠른 속도로 확산되었다. 자유주의사관운동 또는 보다 구체적인 실천으로 '새로운 교과서를 만드는 모임'으로 대표되는 이 반대운동은 기존의 우익 운동을 포괄하면서 일본사회 전체의 보수화를 주도해갔다.

'우리여성네트워크'나 '재일한국민주여성회' 등의 재일한국인 여성단체 및 일본 단체에서 개별적으로 활동하는 재일한국인들이 적극적으로 운동에 참가한 것과 남북한 단체가 상호 협력한 것은 특기할 만하다. 북한은 1992년 동경에서 열린 공청회에 참가한 이래 여러 회의와 UN에서 한국의 단체들과 긴밀한 협력관계를 유지해 왔으며, 2000년법정에서는 남북한이 하나의 기소팀을 만들어 활동했다. 남북 직접 연결이 불가능한 상황에서 대체로 일본단체 및 재일교포의 중개를 통해 한국 단체와 연결되었다.

필리핀, 대만, 중국 등 아시아 피해국의 여성단체 및 시민단체들이 운동에 가담했으며, 곧 세계의 여러 NGO들이 지원하면서 운동이 확대되었다.

2000년 12월 동경에서 열린 '2000년 일본군성노예 전범 여성국제법정'에는 남북한, 중국, 일본, 대만, 필리핀, 인도네시아, 말레이시아, 동티모르와 네덜란드 단체들이 참여했으며, 법정 중에 개최된 무력갈등에 의한 여성침해에 관한 공청회에는 구아테말라, 알제리, 시에라리온, 코소보, 미국, 아프카이스탄 미얀마, 베트남 등으로부터 피해자가 참가했다.

(3) 국제사회에서의 논의

이렇게 운동의 참가자들이 늘어나는 동안, 이 운동은 피해자 지원에 중심을 두면서 이 문제의 법적 해결을 위해 국내와 일본, 미국 및 UN, ILO 등 국제사회에서 다각적인 활동을 벌였다. 정대협은 1992년에 UN인권소위원회에 처음 이 문제를 제기했으며, 이후 현대형노예제실무회의, 인권위원회에도 호소했다. 1996년부터 2003년에 UN인권위원회에 제출된 Radhika Coomaraswamy 여성폭력 특별 보고관의 보고서와 1998년부터 2000년에 인권소위에 제출된 Gay McDougall(게이 맥두갈) 전시하 체계적 강간, 성노예제 및 유사성노예제에 관한 보고서는 일본이 중대한 전쟁범죄와 인도에 반한 죄를 저질렀다고 판단하고, 피해자 배상과 책임자 처벌, 국가 차원의 사죄 등을 권고했다.

한국과 일본의 시민단체는 노동조합과 협력하여 1995년 이 문제를 ILO에 제기했는데, 이에 대해 1996년 ILO전문가위원회는 일본군위안부문제가 강제노동조약을 위반한 범죄라는 판단을 내렸다. 이러한 국제기구의 판단과 권고에 대하여 일본정부는 샌프란시스코조약, 양국 간의 평화조약 및 기타 관련된 조약 등에 따라서 국제법상, 외교상 성실히 대응해 왔으며, 1994년 국민기금으로 도의적 책임을 다하고 있다는 입장을 고수하고 있다. UN 인권위원회와 소위원회, ILO는 그러한 조약이 체결된 당시 이 문제가 '존재하지도 않았으며' 주로 경제적인 성격의 그 조약들에 이 인권문제는 포함되지 않았을 뿐만 아니라, 국가 간의 조약에도 불구하고 개인의 인권 침해문제에 대한 청구권은 사라지지 않는다는 법적 판단을 내리고, 피해자들이 원하는 방식의 보상을 하라는 권고를 거듭 내리고 있다.

한편 2007년 미국 하원에서 일본군위안부 관련 결의안(HR121)을 통과시켜 일본정부의 사죄를 촉구한 후, 네덜란드, 호주 등 여러 나라에서 유사한 결의안을 통과시켜 일본정부의 사죄와 배상을 촉구하고 있다.

(4) 국민기금의 허구성

군위안부문제를 위한 운동이 한국과 일본 뿐만아니라 세계 사회의 지원을 받고 있던 1994년 8월 무라야마 총리는(1994.8.31) '우리나라의 침략행위나 식민지 지배 등이 많은 사람들에게 견딜 수 없는 고통과 슬픔을 주게 된 것에 대해 깊이 반성하고…', '소위 종군위안부문제는 여성의 명예와 존엄을 깊이 상처 입힌 문제이며, 나는 이 기회에 다시 한번 진심으로 깊은 반성과 사과의 뜻을 표한다.'고 말하면서, 소위『평화우호교류계획』을 발족한다고 발표했다. 이 계획의 요지는 정부의 피해자에 대한 직접 배상을 거부하고, 대신 아시아 피해국을 대상으로 10년간 1000억엔 상당의 사업으로 조사.연구.교류를 하는 것으로 이 문제를 종결한다는 것이다. 여기서 일본정부는 '폭넓은 국민 참가의 길을 함께 탐구해 나가고 싶다'는 말로, 민간모금 조성에 대한 여운을 남겼다. 이러한 정부의 방침은 12월 自民黨에서 재차 확인되었다(1994.12.7). 일본여당 내 종군위안부문제소위원회는 '종군위안부문제를 포함해서 지난 대전에 일어난 배상, 재산청구권의 문제에 대해서는 일본정부로서는 그러나 도의적 입장에서…폭넓은 국민 참가로서' 기금을 모아 전위안부에게 위로금을 지급하기로 하고 정부는 이에 협력한다는 내용을 이 문제 최종해결안으로 발표했다. 1995년 7월 마침내 '여성을 위한 아시아 평화국민기금(女性のためのアジア平和國民基金, 국민기금)'이 발족되었다.

피해자와 시민단체들은 이것이 정부의 배상책임을 회피하려는 방안이라고 보고 거부하고 있다.

6. 한일 역사교과서의 기술

일본은 식민지배와 전쟁책임을 은폐. 왜곡하는 교과서 기술 때문에 한국과 중국으로부터 비판을 받아 왔으나, 일본정부의 입장에 따라 교과서 기술도 진퇴를 거듭하고 있다. 한국 교과서는 1970년대부터 위안부 내용을 간접적으로 언급하다가 1990년대 중반 이후 본격적으로 기술하기 시작했다.

(1) 일본군위안부에 관한 일본 중학교 역사교과서 서술

1980년 검정 일본 중학교 역사교과서 8종 중, 청수서원과 제국서원의 교과서가 조선인. 중국인의 강제연행에 관해 기술했으나, 일본군위안부 문제에 관한 기술은 한 곳도 없었다. 1992년 검정 교과서는 일본서적을 제외한 다른 7개의 교과서가 모두 조선인, 중국인에 대한 강제연행, 대만인에 대한 징병을 기술하게 되었으며, 처음으로 2종의 교과서에서 명백하게 군위안부 동원을 나타내는 기술이 등장했다. 중교출판 교과서는 강제연행 전반을 기술하면서, "군을 수행해야했던 여성도 있었다."고 기술했으며, 教育出版은 "또 많은 조선인 등 여성도 정신대 등의 명목으로 싸움터로 보내졌다."라고 기술했다. 이 두 교과서의 기술은 군을 수행했다거나, 싸움터로 보내졌다는 것으로 보아, 위안부에 관한 내용임에 틀림없다. 특히 교육출판의 '정신대 명목으로' 라는 기술은 매우 흥미롭다.

1996년에는 7종의 중학교 교과서가 검정에 통과되었는데, 모두 일본군위안부 사실을 언급하게 되었다. 가장 채택율이 높은 동경서적의 중학교 역사교과서는 위안부에 대해서 다음과 같이 기술하고 있다. "(전시 하에) 국내의 노동력 부족을 보충하기 위해 많은 수의 조선인이 강제적으로 일본에 끌려와 공장 등에서 가혹한 노동에 조사하게 되었다. 위안부로서 의사에 반하여 전지에 보내진 어린 여성도 다수였다." '의사에 반하여'라고 명기하여 강제동원임을 명백히 밝힌 것은 특기할 만하다.

그러나 2001년 검정본에는 일본서적과 청수서원, 제국서원 교과서에만 위안부 기술이 남았고, 나머지 모두에는 없어졌다. 동경서적 교과서는 "또 많은 사람들이 전쟁에 휘말려들었습니다. 일본이 침략한 동아시아와 동남아시아에는 전장에서 죽기도 하고, 노동에 끌려 나오기도 하여, 여성과 아이들을 포함하여 일반 사람들에게도 많은 희생자가 생겼습니다."고 위안부와 강제연행 모두를 삭제했다. 채택률 2,3위인 대판서적과 교육출판에도 일본군위안부 서술은 빠져 있다. 1992년에 가장 먼저 군위안부 사실을 교과서에 실었던 교육출판과 일본문교출판(중교출판) 교과서는, 2001년에 아예 서술을 빼버렸다. 일본서적만이 충실하게 위안부 사실을 기술했으며, ("조선 등 아시아의 각지에서 젊은 여성이 강제적으로 모아져 일본병사의 위안부로서 戰場에 보내졌다.") 이 교과서에는 피해자들이 일본에서 소송을 진행하고 있는 사실을 서술하고 일본군위안부 피해자 김학순씨의 사진도 실었다. 청수서원과 제국서원 교과서도 위안부 사실을 기술했다.

2005년 검정 교과서의 위안부 서술은 더욱 축소되었다. 일본서적신사와 제국서원 2종에만 위안부 서술이 남았고, 청수서원 교과서마저 서술을 없앴다. 내용도 약화되어 일본서적신사의 서술에서 위안부라는 용어를 쓰지 않게 되었으며, 강제적이란 표현도 쓰지 않았다.

명백히 위안부 기술은 1996년 이후 축소 일로에 있다. 그 이유로 우선 채택률을 생각할 수 있지만, 보다 근본요인이 정치. 사회적 상황의 보수화라는 것은 의문의 여지가 없다. 1990년대 위안부 사실이 교과서에 등장하기 시작한 것, 1996년 거의 모든 교과서가 이 사실을 기록한 것, 이후 점차 그 내용을 축소해 간 것은 다른 강제동원의 문제들과 궤를 같이하며 일본 사회 전체의 상황을 반영한다.

(2) 일본군위안부에 관한 한국교과서 서술

한국의 역사교과서에서 '위안부'라는 용어가 등장한 것은 1997년 국정교과서에서 부터이다. 그런데 놀랍게도 1979년 이후의 국정교과서에서 위안부 관련 서술이 눈에 띈다. '위안부'라는 말을 쓰지는 않았지만, 명백히 위안부를 의미하는 기술이 1979, 1982 1990년까지 이루어지다가, 1997년도에 중학교 교과서에 처음으로 정신대와 위안부라는 용어를 사용하기 시작한 것이다. 2002년 국사 교과서에는 그 내용이 대폭 보강되어 보다 자세히 그 상황을 설명하고 있다.

우선 1979, 1982, 1990, 1997년 중학교, 고등학교 국사 교과서의 위안부 관련 기술 내용을 보자.

	위안부 관련 기술
1979	중학교: 심지어는 젊은 여자들까지도 산업시설과 전선으로 강제로 끌어갔다. (239쪽)
1982	중학교: 뿐만 아니라 우리나라의 여자들까지 침략전쟁의 희생물로 만들었다. (122-123쪽) 고등학교: 여자들까지 침략전쟁의 희생물로 삼기도 했다.(150-151쪽)
1990	중학교: 뿐만 아니라, 여자들까지도 침략전쟁의 희생물이 되었다. (142쪽) 고등학교: 서술 삭제
1997 (중) 1996 (고등)	중학교: 이때 여성까지도 정신대라는 이름으로 끌려가 일본군의 위안부로 희생되기도 하였다. (151쪽) 고등학교: 우리의 청년들은 지원병이라는 명목으로, 또 징병제와 징용령에 의해 일본, 중국, 사할린, 동남아 등지로 강제 동원되어 목숨을 잃었으며, 여자까지 정신대라는 이름으로 끌려가 일본군의 위안부로 희생되기도 하였다. (136쪽)

1990년대 초에 위안부문제가 한국에서 크게 사회문제화 되면서, 이것을 명확하게 중고등학생들에게 가르쳐야 하는가에 대한 사회적 논쟁도 뜨거웠다. 그러나 1990년대를 통하여 속속 밝혀지는 위안부 실상에 관한 역사적 사실들과, 유엔을 비롯한 국제사회의 주목, 피해자들의 증언 등에 따라 한국 사회 전체의 인식이 바뀌면서, 한국사 교육의 중요한 내용으로 자리잡았다.

　2002년의 중학교 국사 교과서는 "일제는 여성들도 근로보국대, 여자근로정신대 등의 이름으로 끌고가 노동력을 착취했다. 더욱이 많은 수의 여성을 강제로 동원하여 일본군이 주 둔하고 있는 아시아 각 지역으로 보내 군대위안부로 만들어 비인간적인 생활을 하게 하였다."고 기술하고 있다.

　고등학교 교과서의 일본군 '위안부' 관련 서술 과정은 중학교와 별반 차이가 없다. 1973년 국정화 이후 관련 내용들이 한 두 줄에 걸쳐 서술되거나 또는 아예 삭제되기도 했다. 1982년의 교과서에서 "여자들까지 침략전쟁의 희생물로 삼기도 하였다"는 언급이 나오기는 하지만 모호하고 추상적이다. 1990년에 발행된 교과서에는 아예 그 서술조차 삭제되었고, 1996년의 교과서에 가서야 비로소 구체적인 용어가 등장하기 시작했다.

　현재 사용되고 있는 7차 교육과정의 고등학교 국정 국사교과서는 민족의 수난과 항일 독립운동 항목에서 '일본위안부 실상'이라는 박스를 별도로 만들어 다음과 같은 〈한국정신대문제대책협의회 교육자료1〉을 인용하고 있다. "일본제국주의는 1932년 무렵부터 침략전쟁을 확대해 가면서 점령지구에서 "군인들의 강간행위를 방지하고 성병 감염을 방지하며 군사기밀의 누설을 막기 위한다" 는 구실로 우리나라와 타이완 및 점령지역의 10만 명에서 20만 명에 이르는 여성들을 속임수와 폭력을 통해 연행하였다. 이들은 만주, 중국, 미얀마, 말레이시아, 인도네시아—파푸아 뉴기니, 태평양에 있는 여러 섬들과 일본, 한국 등에 있는 점령지에서 성노예로 혹사당했다. 열한 살 어린 소녀로부터 서른이 넘는 성년에 이르기까지 다양한 연령의 여성들은 '위안소'에 머물며 일본 군인들을 상대로 성적 행위를 강요당했다. ... 이들은 군대와 함께 옮겨 다니거나 트럭에 실려 군대를 찾아다니기도 했다. 이들의 인권은 완전히 박탈되거나 군수품, 소비품 취급을 받았다. 전쟁이 끝난 후 귀국하지 않은 피해자들 중에는 현지에 버려지거나, 자결을 강요당하거나, 학살당한 경우도 있다. 운 좋게 생존하여 고향으로 돌아온 일본 '위안부' 피해자들은 사회적인 소외와 수치심, 가난, 병약해진 몸으로 평생을 신음하며 살아가야 했다."

2002년에 한국의 교과서에서 위안부 관련 내용을 크게 확대한 것은 일본의 2005년 검정 교과서에서 위안부 실상관련 내용이 축소되고 아시아여성기금의 내용이 확충된 것과 중요한 대조를 이룬다. 일본에서 그것이 정치. 사회적 상황의 보수화를 근본 요인으로 하며, 특히 민족관계가 그 축을 이룬다고 한다면, 한국의 경우, 위안부 서술이 확대된 것은 여성운동의 활성화와 정치. 경제적 민주화의 결과라고 볼 수 있다.

맺음말

일본군위안부문제는 아직도 그 역사적 진실이 완전히 밝혀지지 않았으며, 진실을 둘러싸고 피해자와 일본정부 간에, 시민들 사이에도 공방이 오가고 있다. 그러나 이미 국제사회에서 이것이 엄청난 인권침해 범죄라는 것을 인정했으며, 그 역사적인 과오에 대하여 광범위하게 학습이 이루어지고 있다. 다시는 그러한 일이 되풀이되어서는 안된다는 학습이다. 그것이 바로 교과서에 반영되고 있다. 불행히도 일본의 역사교과서에는 최근 기술이 대폭 삭감되고 있어 우려를 자아내게 하고 있으나, 한국의 교과서는 이 역사적 피해문제를 비켜가지 않고 정면으로 다루고 있다. 그로부터의 학습은 우리의 몫이다.

〈참고문헌〉

※ 국사편찬위원회. 2001. 〈일본 중학교 역사교과서(검정본) 한국관련 내용 시대별. 주제별 분석 보고서〉.

※ 군도화언. 1997. 〈일본의 중학교 사회과교과서(역사적 분야)의 검토〉 강원대학교 인문과학연구소,《강원인문논총》5.

※ 남상구. 2008, 〈일본 역사교과서의 일본군'위안부' 기술변화〉 한일관계사학회《한일관계사연구》30.

※ 동북아역사재단. 2008. 〈2007년도 검정본 일본역사교과서 분석집〉

※ 정진성, 2004. 〈일본군성노예제〉 (서울대출판부)

※ 俵義文(타와라 요시후미), 일본교과서바로잡기 운동본부 번역, 2001,《위험한 교과서》(역사비평사, 서울)

※ 한국정신대문제대책협의회. 1997. 〈일본군위안부문제의 진상〉 (역사비평사)

일제의 침략전쟁과 강제동원
―노동력동원을 중심으로

하 종 문[*]

목 차

들어가며
1. 모집
2. 관알선
3. 징용
나오며

들어가며

1937년 중일전쟁의 발발 이후 일본은 전쟁 수행을 위한 체제 정비를 서둘렀다. 1938년의 국가총동원법의 제정은 그 주요한 분기점이었다. 이후 일본 본토는 물론이고 식민지 조선에서도 전쟁에 필요한 인적 자원의 철저한 동원 계획이 수립되고 집행되었다. 근로정신대 · 일본군 '위안부' · 근로보국대 등의 형식으로 여성이 동원되었으며, 각종 산업 생산에 필요한 노동력의 동원과 더불어 군인 · 군속으로 대표되는 병력 동원이 이루어졌다.

---
[*] 한신대학교 일본지역학과 교수

그러면 일본의 역사교과서는 이런 강제동원의 역사적 실태를 어떻게 다루고 있는가? 역사교과서 문제의 주역으로 안팎의 지탄을 받았던 후소샤(扶桑社)와 그 후신인 지유샤(自由社) 교과서의 경우 다음과 같이 서술하고 있다.

전쟁 말기에는 징용·징병이 조선이나 대만에도 적용되어 현지 사람들에게 다양한 희생과 고통을 강요하게 되었다. 또한 다수의 조선인과 중국인이 일본의 광산 등에 연행되어 와서 가혹한 조건('과 대우'라는 구절이 지유샤 교과서에서 첨가됨) 하에서 일하게 되었다.(208쪽)

비록 일본군 '위안부'에 관한 언급을 누락시키고 있지만 현저히 균형감을 잃은 기술이라고 보기는 어렵다는 것이 중평이다. 여타 교과서도 거의 대동소이한 기술을 담고 있다.

이상과 같은 기조로 강제동원을 서술하게 된 것은 일찍이 1965년 재일교포 사학자 박경식朴慶植의 저서《조선인 강제연행의 기록(朝鮮人强制連行の記錄)》(未來社)이 발간된 이래 축적된 수많은 연구와 증언, 자료조사에 기인한 바 크다. 이런 연구의 진전은 피해자들이 일본 정부와 기업을 상대로 소송을 일으키는 데도 지대한 공헌을 하였다. 요컨대 강제연행이라는 비극에 역사의 빛을 비추는 작업은 재일교포와 양심적인 일본인이 힘을 합쳐 성취해 낸 귀중한 성과인 것이다. 아울러 한국에서도 1990년대에 들어와 강제동원의 실상을 파헤치는 다양한 연구가 이루어지면서 대일 과거청산이 사회적 의제로 제기되기에 이르렀다.

강제연행에 대해서는 참고할 만한 연구가 상당 정도 축적되어 있다. 이에 본고에서는 일본의 조선 지배 및 침략전쟁의 조의 전개를 기본 축으로 놓고, 이와 연동되어 계획되고 집행된 조선인 노동력의 강제동원 구조를 밝히려고자 하였다. 특히 이에 관여한 행위자들의 실태를 밝히는 데 주력하고 한다. 구체적으로는 이른바 '모집→관알선→징용'으로 이행하는 강제동원의 각 시스템 별로 계획·동원·이송·관리라는 4단계에서 움직이는 기관·단체·개인을 석출하여 각각의 책임 소재의 구체화, 명확화를 시도해 볼 것이다. 이를 바탕으로 살아 있는 생생한 역사로 강제동원의 전모를 복원하고 그 역사적 의미를 되짚어볼 수 있지 않을까 한다.

1. 모집

1) 정책 의도와 배경

① 조선인 노무동원에 관한 논의

조선인 강제연행은 1937년 7월 중일전쟁 발발 직후부터 시작되지 않았다. 불과 3년 전인 1934년 10월 30일 각의에서는 '조선인 이주 대책의 건'을 결정하여 조선인 노동자의 일본 도항을 제한하는 정책을 취한 터였다. 게다가 중국과의 국지적인 충돌이 전면적인 전쟁으로 비화될 것인지의 여부도 불투명하여 전시 동원체제의 큰 그림을 가동한다는 데 대해서도 분명한 전망을 갖고 있지 않았기 때문이다.

이에 비해 석탄업계는 발 빠르게 움직여서 1937년 8월부터 조선인의 동원을 요구하고 나섰다. 이후 많은 조선인들이 막장 노동자로 끌려갔던 규슈(九州) 지역의 '지쿠호(筑豊) 석탄광업회'의 경우, 상급단체인 '석탄광업연합회' 등에 기존의 조선인 도항 억제 방침을 완화하여 조선인의 '이입'을 허가해 달라고 요청하였다. 석탄광업연합회는 다음 달인 9월에 노동력의 보충을 요구하는 진정서를 상공성(商工省)에 제출하였다. 그 안에서는 "석탄·광업은 공장에 비해 노무 모집 상 항상 불리한 입장에 처해 있기 때문에 매년 상당수 조선인 노무자의 고입을 단행할 것"을 요청하는 내용이 담겨 있었다.

이후 일본은 중국과의 전면 전쟁에 돌입했고, 국가총동원법의 제정은 전시 동원체제로 이행하는 물꼬를 열었다. 이에 고노에 후미마로(近衛文麿) 내각은 1938년 9월 13일의 각의에서 '1939년도 국가총동원 실시계획 설정에 관한 건'을 결정하였다. 이를 통해 "장기 전시태세의 강화를 목표로 하여 … 중요물자의 동원계획을 주체로 삼고 그 실행의 완벽을 기하기 위해 필요한 노무의 동원, 교통·전력의 동원, 자금 및 무역의 통제에 대해 종합적으로 가능한 한 구체적인 계획을 수립한다"라는 방침이 정해졌다. 바로 이것이 조선인 강제연행의 기본 골격에 해당하는 '노무동원계획'(1942년도부터는 '국민동원계획') 수립의 신호탄이었다.

나흘 뒤인 9월 17일 기획원(내각 직속으로 전시체제 기획의 전담 부서)은 관계 사무관 회의를 열어 국가총동원에 필요한 각 분과위원회의 설치를 논의하였고, 노동력동원은 '노무동원위원회'가 담당하도록 하였다. 11월 30일에 정식으로 설치된 노무동원위원회의 위원장은 기획원 내정부장이 맡고, 위원은 관계 기획원 참여(參與) 또는 관계 각 부처의 고등관으로 구성되며, 간사는 기획원 고등관이 담당하였다.

이하에서는 노무동원계획의 설정이 어떻게 이루어졌는가를 확인해 보고자 한다. 먼저 이 노무동원위원회가 중심이 되어 관계 각 부처와의 협의를 바탕으로 해당 연도의 노동력 동원정책의 기본방침과 수급 규모를 결정하였다. 이를 받아 후생성(厚生省)은 수급조정의 방책, 실시요령의 책정 및 업태별 수요 규모, 급원별 수요 규모를 결정한 뒤, 이를 직업소개기관이 실시하도록 하였다.

'1939년도 노무동원계획'은 1939년 7월 4일 각의결정을 거쳤다. "장기전 체제 하에서의 노동력의 근기(根基)를 배양한다"는 기본방침에 따라 노무통제의 목표는 군수(軍需)의 충족, 생산력확충계획의 수행, 수출 진흥, 필수 국민생활의 확보 등 네 부문으로 정해졌다. 노동력의 공급 대상으로는 신규

학교졸업자, 이직자, 미취업자, 농업종사자, 상업 등의 노무절감 가능자, 여자 무업자와 더불어 '이주조선인'이 열거되어 있다. 85,000명의 조선인을 한반도로부터 동원하는 것이 정식 국가 시책으로 결정된 것이다.

② 주요 정책의 흐름

노무동원계획의 설정에 즈음하여 후생성 직업부는 척무성(拓務省, 식민지 행정을 관장)을 통해 조선총독부와 정책 협의를 개시하였다. 1939년 6월에는 조선총독부 관계자(보안과장, 사회과장)가 도쿄(東京)에서 후생성 담당자들과 회합을 가졌다. 조선으로부터의 노동력 동원이 노무동원계획에 편입된 데 따른 조치임은 불문가지이다. 상공성도 움직이기 시작하여 석탄 증산을 위한 새 방침을 정하면서 "노동력의 보급책으로 반도인 노동자 및 부녀자의 이용"을 밝혔다.

이렇게 정책적인 대강이 자리를 잡게 되는 것과 연동하여, 조선인 노무동원을 위한 기본 방침이 7월 29일 후생차관과 내무차관의 연명으로 지방장관에게 발해진 통첩 '조선인 노동자 내지 이주에 관한 건'에 의해 구체화되었다. 거기에는 '조선인 노동자 내지 이주에 관한 방침'과 더불어 '조선인 노동자 모집 요강'이 첨부되어 있었다. 이틀 뒤인 7월 31일에는 재차 후생성 직업부장·사회국장, 내무성 경보국장의 명의로 '조선인 노동자 내지 이주에 관한 건'이 통첩되어 '조선인 노동자 모집 요강'에 대한 보완 사항이 전달되었다.

한편, 조선총독부는 9월 1일 역시 '조선인 노동자 내지 이주에 관한 건'을 정무총감이 도지사에게, 경무국장이 경찰부장에게 각각 통첩하도록 하였다. 1918년 1월 조선총독부령으로 제정된 '노무자 모집 취체 규칙'의 해당 규정을 고려하여 책정된 '조선인 노무자 모집 및 도항 취급 요강'에 따라 조선인의 모집과 도항이 이루어지도록 하달한 것이다.

10월 10일에는 후생성 사회국장과 내무성 경보국장의 연명으로 '협화사업의 확충에 관한 건'이 지시되었다. 오키나와(沖繩)를 제외한 전국 각 도도부현都道府縣에 국고에서 지원하는 '협화사업 지도직원'을 배치하기로 한 것이었다. 11월 28일에는 관부關釜 연락선에 승선하여 도항할 조선인들의 통제를 위해 후생성 사회국장은 야마구치(山口) 현지사에게 '시모노세키(下關) 도항자 알선소'의 설치를 지시하였다. 해를 넘긴 1940년 6월 24일에는 '시모노세키 도항보호알선소'가 신설되었다.

2) 모집의 실시 과정

① 동원

모집에 의한 노무동원은 다음의 단계를 거쳐 이루어졌다. 먼저 일본 내에서의 과정은 다음과 같다.

* 기업은 '모집고입허가원'(이하 허가원) 5부를 관할 직업소개소에 제출한다. 직업소개소는 허가원 1부를 취업지 경찰서에 발송하여 치안과 수용 태세에 관한 의견을 교환한 다음, 적절하다고 판단된 건에 한하여 허가원 3부를 도도부현에 제출한다. 도도부현청은 허가원 2부를 학무부·경찰부에 넘겨서 각각 노무 수요와 협화사업 관계, 치안상황 등을 조사하게 하고, 허가원 1부는 후생성에 제출한다.
* 후생성은 각 지방에서 올라온 허가원을 해당연도의 노무동원계획에 기초하여 실사한 후 결정된 인원수를 도도부현청에 내려 보내고, 도도부현청은 직업소개소를 거쳐 각 기업에 결과를 통보한다. 한편 후생성은 허가원 1부를 첨부하여 결과를 조선총독부에 통보한다.

이 과정이 끝나면 기업은 조선의 어디에서 모집을 실시할 것인가를 결정·승인받는 작업에 들어간다. 그 경로는 다음과 같다.

* 후생성의 승인을 얻은 기업은 허가원 5부, 승인서, 모집종사자의 원서·이력서·사진 2매, 허가인원 10명 당 1부를 작성하여, 2도 이상에서 모집하는 경우는 주된 도청에 1도의 경우는 직접 해당 도청에 제출한다. 2도 이상의 경우는 총독부가 해당 도청들에 모집계획 작성을 지시한다.

* 도청은 모집지역을 결정하여 지역지정서류를 부군도청·직업소개소·경찰서 등에 하달하며, 부군도청·직업소개소·경찰서는 재차 모집지역을 결정하여 해당 읍면사무소·주재소·파출소에 지역지정서류를 내려 보내는 동시에 지역 결정에 대한 보고를 도청에 보고한다.

* 도청은 지역지정서류 일체를 2도 이상의 경우는 3부를 1도의 경우는 2부를 총독부에 제출한다. 총독부가 모집이 할당된 도청에 최종적인 허가를 하달하면, 도청은 이를 각 기업에 통보한다.

조선 각지의 도청에서 허가를 받은 개별 기업들은 실질적인 모집활동에 들어가게 되는데, 그 절차의 개요는 다음과 같다.

* 기업들에 의해 조선에 파견된 모집인은 먼저 도청에 출두하여 모집종사자증(종료 후 반환)을 발급받고 모집활동에 대한 회합을 갖는다.

* 모집인은 부군도청·직업소개소·경찰서에 출두하여 주소·이름·기간·인원·집결지 등에 관한 사항을 제출하고 나서 지정된 읍면사무소·주재소·파출소의 협력을 받으며 모집을 실시한다.

② 이송

예정된 모집 인원이 채워진 뒤 모집인은 조선인 노동자들을 일본에 이송하기 위한 절차에 들어가는데, 그 개요는 다음과 같다.

* 먼저 일본 내에서는 도도부현청이 인솔자증명서를 발행하고 이를 직업소개

소가 교부한다.

　* 조선에서는 집결지 출발 3일 전까지 응모자 명부(서장의 서명과 사증[1] 첨부) 2부, 수송계획서 2부, 사진 첨부된 모집종사자증 등의 서류를 읍면사무소·주재소·파출소와 출발지 경찰서와 수상서(해양경찰서)에 제출한다.

　* 이송 과정에서 인솔자는 증명서를 휴대해야 하며 도중 숙박지 경찰서에 숙박소·인원수·도착일시·출발일시 등을 통보한다. '시모노세키 도항보호알선소'와도 연락과 협의를 하며, 도착 2일 전까지 하선지 협화단체와 직업소개소, 취업지 경찰서에 연락을 취한다.

　* 도착 후에 기업은 응모자 명부를 취업지 경찰서와 직업소개소에 제출하는 동시에, 도착일시와 인원수에 관한 보고를 직업소개소·도도부현청·후생성은 물론이고 조선총독부·도청과 부군도청·직업소개소·경찰서에 각각 제출한다.

③ 관리

　* 고용주는 관할 경찰서, 직업소개소, 협화단체의 지시에 따라 이주조선인의 작업지도, 훈련, 생활보도(輔導), 기타 사항을 강구한다.

　* 고용주는 이주조선인의 이동, 중대한 부상, 질병 또는 사망에 관한 사실을 즉각 관할 경찰서, 직업소개소, 협화단체에 보고하며, 해고는 경찰서장의 승인을 받도록 한다.

　* 고용주는 매월 말 시점에서 이주조선인의 노동 상황, 임금의 상태, 생활상황을 지방장관에게 보고한다.[2]

　* 이주조선인은 협화단체로부터 즉각 회원증을 교부받아 상시 휴대하도록 한다.

---

1) 전술한 '노무자 모집 취체 규칙'에 의해 승선지 관할 경찰서장에게 응모자 명단을 제출하고 도항 사증을 발급받도록 되어 있었다.
2) 고용주가 관계 관청의 지시에 따르지 않을 때에는 신규 모집을 불허할 수 있다고 규정되어 있었다.

3) 주요 관련기관 · 단체 · 개인의 분석

① 일본

● 중앙부처

매년 책정되는 노무동원계획은 조선인 노무동원의 가장 기본적인 틀이었다. 먼저 입안의 주체는 기획원에서 구성되는 노무동원위원회(1940년 2월부터 '인원동원위원회')가 맡았으며, 위원장인 내정부장(1939년 4월부터 제3부장)을 비롯하여 각 부처에서 파견된 관계관과 기획원 담당관들이 계획을 작성하였다. 작성된 노무동원계획은 최종적으로 각의결정을 거쳐 공표되고 시행에 들어가게 된다.

책임 소재와 관련해서는 각의결정이라는 점을 중시하여 수상 이하 전 각료로 규정할 수 있겠지만, 다른 정책과의 연관성을 고려한다면 후생성 · 내무성 · 척무성 · 상공성, 그리고 1943년 10월 기획원과 상공성이 합병되어 신설된 군수성軍需省 등이 직접적인 관계부처로 규정될 수 있겠다. 아울러 조선인 노무동원에 관한 칙령을 발포한 주체로서 천황의 책임도 반드시 짚어야 할 대목이다. 이를 조금 더 자세히 들여다보자.

후생성은 크게 두 가지 측면에서 조선인 강제동원에 깊숙이 결부된다. 하나는 노무동원계획을 실질적으로 입안 · 집행한다는 차원으로, 전국 각지의 국영화된 직업소개소를 지휘하여 조선인 고용의 신청과 허가, 이동 및 해고의 전 과정을 통제하고 있었다는 점이 핵심적이다. 다른 하나는 도항한 조선인 노동자들을 직접적으로 통제하는 조직인 협화회의 인사와 예산을 관장하고 있었다는 점이다. 전자의 경우는 해당 시기에 따라 직업부(1941년 1월 이후 직업국) - 사회국 - 노정국 - 근로국으로 이어지며, 후자는 사회국 - 생활국 - 건민국으로 인계되었다. 또한 각 지방청 기구와의 연계에서 보면, 학무국 산하의 직업과와 사회과가 각각 직업소개행정과 협화사업을 관장하고 있었다.

조선인 강제동원의 본격화는 내무성의 관여도가 증가하는 것과 직결되었고, 경보국과 산하의 보안과는 조선인의 동원·이송·관리의 전 과정을 통제하는 총본산이었다. 이를 위해 내무성 산하의 경찰, 특히 특별고등경찰(특고) 조직을 지속적으로 확대해 나갔다. 1939년 11월 내무성에는 이사관 1명과 속屬 3명을 증치하였고, 지방 특고에 경시 2명과 경부 5명을 증원하였다. 또 노무동원계획의 원활한 실시를 위해 전 지방청에 속 1명씩을 증파하였다. 지방의 도부현청에 소재하는 경찰부장(경시청 특고부장)은 경보국 보안과의 직접 지시를 받으며 조선인 노무동원과 협화회의 감독·통제에 임하였다.

참고로 중앙부처 간의 협의 채널을 정리해 두면 다음과 같다. 가장 기본적인 계통은 후생성·내무성에서 조선총독부로 이어지는 라인이다. 척무성의 경우 조선부장을 겸하던 척무차관과 관리국장이 조선과 일본을 잇는 중개역으로 때때로 등장하지만, 정책의 골격 형성이나 개편을 좌우할 만큼의 영향력은 없었다고 판단된다. 주요 군수 관련 사업장을 거느리는 육군·해군·상공 등의 3성은 조선인 노동력을 실제로 사용한다는 측면에서, 특히 노무관리와 관련하여 관여했던 것으로 보인다. 사안에 따라서는 기획원을 위시하여 내무·육군·해군·상공·척무·후생 및 조선총독부(경우에 따라서는 樺太廳)의 차관이나 담당관들이 회동하여 협의와 결정을 하기도 하였다.

● 지방행정기관

도부현청을 위시한 지방행정기관에서 조선인 노무동원과 깊은 관련을 갖는 것은 학무부 산하의 직업과·사회과, 경찰부와 산하 경찰관서이다. 학무부 직업과는 노무동원계획의 일환으로 시행된 조선인 노무동원을 지역에서 총괄하였다. 지역에 설치된 국영 직업소개소는 직업과는 물론 후생성의 관련 부서와 연계하여 노무동원의 실질적인 업무를 담당하였다. 그리고 각 지역에서 협화사업을 관장한 곳은 사회과였다. 경찰부(경시청 특고부)는 내무성 경보국(보안과)의 지휘 하에 직업과·사회과와 더불어 노무동원의 전 과정에 직간접적으로 관여하고 있었다.

여기서 조선인 노무동원에 관한 중앙-지방의 명령계통을 요약하면 다음과 같다. 노무동원에 따른 도항과 이주에 관한 주요한 지시와 통첩은 후생성의 직업부장(후에 직업국장)과 사회국장, 내무성 경보국장의 연명으로 각 지방장관에게 전달되었고, 협화사업 관계는 후생성 사회국장과 내무성 경보국장의 연명으로 각 지방장관에게 하달되었다. 그리고 조선인과 연관된 치안 방면의 지시는 내무성 경보국장이 각 지방장관에게 통첩하였고, 사안에 따라서는 경보국 보안과장이 각 지방의 경찰부장과 경시청 특고부장에게 직접 지시하기도 하였다.

조선인 노무동원이 주로 탄광·광산, 토목건축에 집중되었다는 점에서 상공성 광산국(鑛山局, 1939년 6월 이후 鑛産局) 소관 하에 있던 광산감독국의 존재도 언급할 필요가 있다. 특히 광산노동자의 보호를 위해 농상무성령으로 제정된 '광부노역부조규칙'(1916년 8월)은 조선인 광부의 노무관리와도 깊은 관련성을 갖는다. 광산감독국의 중요 사무 중 하나였기 때문이다.

중일전쟁에 돌입하기 이전 삿포로(札幌)·센다이(仙台)·도쿄·오사카·후쿠오카에 광산감독국이 설치되어 있었다. 석탄 증산의 목소리가 높아지면서 1938년 10월 8개의 지소가 신설된 것을 시작으로 1940년까지 총 16개소가 증설되었다. 1939년 7월에는 광산감독국 내의 기구도 기존의 2개과에서 2부 6과로 확장되었고, 노무에 관한 사항은 총무부 노무과가 관장하게 되었다.

● 협화회

협화회는 일본 내의 각지에서 조선인 노무동원을 관장·통제한 경찰 조직의 한 축을 담당하였다. '모집'은 물론이고 '관알선'과 '징용' 단계를 아우르면서 조선인을 통제하는 최일선의 말단 행정기구로서 기능했던 협화회의 역할을 박경식은 다음과 같이 표현한 바 있다.

> 협화회는 재일조선인의 '구제보호'와 '지도'라는 이름하에 '황민화' 정책에 의한 일본인으로의 동화를 추진했으며, 나아가 침략전쟁 수행에 필요한 노동력 확보를 위한 강제연행·가혹한 노무관리, 지원병·징병·헌금 등 직접적인 전쟁협력을 강제하는 동시에, 사상·행동을 감시하고 민족적·반일적인 움직임을 탄압하는 경찰행정의 일익을 담당하였다.

원래 각지에서 관민 혹은 민간에서 운영되던 여러 조직이 있었으나, 1934년 10월 30일의 각의 결정 '조선인 이주 대책의 건'에서 협화사업의 육성을 천명한 이후 협화회는 중앙정부의 지원에 힘입어 급속도로 확대되어 갔다. 1936년도 예산 편성에서는 협화사업비가 계상되었고, 내무성 사회국의 관장 하에 전국에 걸친 조직 결성이 개시되었다. 중일전쟁의 발발 이후에도 협화사업의 육성은 계속되어 1938년 말 시점에서 전국 32개 지역에 지방협화회 조직이 만들어지기에 이르렀다.

1938년 11월 관계자가 후생성에 모여 협화사업의 통괄기관으로 재단법인 중앙협화회를 설립하기로 결정하였다. 해를 넘겨 1939년 6월 29일 설립 총회가 열렸다. 귀족원 의원 세키야 데이자부로(關屋貞三郎, 전 조선총독부 학무국장)가 이사장에 취임하였고, 담당 주무관청은 후생성 사회국(이후 생활국, 건민국이 담당)이 맡았다. 내무성·문부성·척무성·조선총독부 등이 관계관청으로 있었다. 특히 내무성 경보국은 치안의 관점에서 실질적으로는 후생성 사회국을 능가하는 협화회 운영의 실권자로 군림하였다. 지방에서는 도부현청의 학무부 사회과와 경찰부 특고과가 중심이 되어 시정촌 당국과 경찰서를 직접 지휘하여 사업을 추진하였다.

협화회와 그 사업에 각 관청이 조직적으로 어떻게 관여하고 있었는가를 정리해 두자. 먼저 중앙협화회의 경우 이사진에는 후생성 사회국장·내무성 경보국장·조선총독부 내무국장이 의무적으로 참가하도록 정해졌다. 참사직은 내무성 경보국 보안과장·척무성 관리국 경무과장·조선총독부 경무국 보안과장·후생성 사회국 생활과장 등이 당연직으로 차지하였다. 도부현 협화회는 지사를 회장으로 하고 학무부장과 경찰부장이 부회장에 앉았으며, 사회과장과 특고과장 등은 이사로 배치되었다. 각 지회는 경찰서장이 지회장을 맡아 경찰서·시정촌 당국·민간 유력자를 간부로 영입했으며, 경찰관구가 곧바로 사업구로 직결되어 있었다.

협화회와 조선인 노무동원의 관련성은 각 사업장에 이송된 후의 관리에서 집중적으로 나타난다. 조선인의 '훈련'과 노무관리에의 관여, 개별 사업자들에 대한 통제를 전담한 곳이 다름 아닌 협화회였다. 조선인들은 전부 협화회 가입이 의무화되었고, 협화회의 회원증이 그들의 신분증을 대신하였다. 개별 기업에 대해서는 회원증을 소지하지 않은 조선인을 고용하지 않도록 했으며, 도주자의 발견과 사업장 복귀도 경찰과 협력하여 주도적으로 실시하였다. 그리고 1942년 말부터 개시·강화되는 징용과 징병제에 관해서도 대상자의 선정과 집행, '계몽'과 선전에 깊숙이 개입하였다.

1944년 11월 20일부터 조선인과 대만인의 '처우 개선' 방침이 결정되면서 협화회는 흥생회興生會로 탈바꿈하였다. 중앙흥생회는 전 조선군사령관 나카무라 고타로(中村孝太郎)를 회장으로 맞이하였고, 후생성 건민국 민생과를 위시해 조선인 노무동원이 집중된 홋카이도·오사카·야마구치·후쿠오카에 신설된 민생과를 관할 하에 두었다. 예산도 증액되어 협화회의 사무(장정 연성, 병사사상 보급, 학생근로훈련소, 이입노무자 정착지도, 근로보국대 훈련, 복장개선지도 등)를 인계받았으나, 실질적인 활동은 이루어지지 못한 채 패전을 맞이하였다.

● 경영자단체

　석탄 관련 경영자 단체들은 조선인 강제동원을 성사시키기 위해 중일전쟁 직후부터 정부 요로에 요청을 거듭하였다. 그 중에서 전술했듯이 '지쿠호 석탄광업회'의 요청을 받아 '석탄광업연합회'는 1937년 9월 상공대신에게 조선인 노동자의 동원을 진정하였다.

　석탄광업연합회는 1921년 10월에 창립된 주요 석탄업자의 전국적 카르텔 조직이다. 지역 조직으로 존재하던 지쿠호 석탄광업조합(1885년)・홋카이도 석탄광업회(1914년)・조반(常磐) 석탄광업회를 모태로 설립되어 전국 채탄량의 9할 이상을 점하기도 하였다. 1937년 중일전쟁을 전후로 생산 제한을 철폐하고 증산 일변도로 바뀌면서 증산에 필요한 자재와 노동력의 확보를 위해 총력을 기울였다. 조선인 노동력 도입을 촉구한 것도 이런 활동의 일환이었고, 1941년 11월 석탄통제회가 설립될 때까지 조선인 노무동원에 관한 석탄업계의 목소리를 대변하는 역할을 수행하였다.

② 조선

　조선총독부는 조선인 노무동원을 조선 내에서 총괄하는 지휘통제소였으며, 실무진으로는 사회과와 보안과가 가장 핵심이었던 것으로 판단된다. 지방과의 연결 통로로는 일본 본토와 마찬가지로 두 개의 계통이 작동하였다. 하나는 정무총감-도지사를 잇는 일반 행정 라인과 경무국장-각 도의 경찰부장으로 이어지는 경찰 조직이다. 할당된 조선인의 노무동원은 각각 도 아래의 부군도와 읍면, 각 지역의 경찰서와 주재소로 하달되어 내려갔으며, 강제동원의 실행과 보고도 이 경로를 통해 이루어졌다.

　한편, 1941년 6월부터는 노무동원의 주체로서 조선총독부 내에 조선노무협회가 조직되었고, 각 도청 내에는 지부가 그리고 부군도에는 분회가 두어졌다. 조선노무협회는 노동력 공급원의 개척, 노동자의 알선과 모집 협력을 주요한 사업으로 삼았다. 이 협회는 다른 부수적인 조치(후술)와 연관시켜 생각하면 '관알선'으로 넘어가는 전초작업으로 평가할 수 있다.

남겨진 사료를 통해 한 모집원의 활동경로를 추적해 보면, 조선총독부 산하기구로는 내무국 사회과와 실무상 가장 빈번한 회합을 하고 있으며, 내무국장과 경무국장의 승인을 얻어 할당된 도로 내려갔음을 알 수 있다. 도에서는 사회과가 가장 중요한 창구로 보이며, 보안과와도 경찰관의 협조[3]와 관련하여 접촉을 하고 있었다.

도 단위에서는 노무동원을 위한 별도의 전담실무조직이 만들어진 곳도 있었다. 경상북도의 경우 '경상북도개척노무협회'가 설립되었다. 도지사가 회장, 도 내무부장과 도 경찰부장이 각각 부회장을 맡은 데서 알 수 있듯이 도의 일반행정과 경찰조직을 총망라하여 강제동원이 이루어지고 있었다. 경상남도의 경우는 '경상남도내선협회'라는 조직이 있었다.

'모집'의 개시와 더불어 일본 본토와 마찬가지로 직업소개소의 확충도 추진되었다. 1939년 12월 13일 '조선직업소개령'이 제정되었고, 1940년 1월에는 이사관 1명과 속 1명이 증원되었다. 직업소개소는 서울·부산·평양·신의주·함흥·대구 등의 6부에 있었으나, 1940년 11월에는 서기 8명을 증원하여 대전·광주·청진 등의 3부에 직업소개소가 신설되었다. 이렇게 정비된 직업소개소는 도지사의 지휘감독 하에 노무동원의 주요 거점 역할을 담당하였다. 1941년 12월에는 전주·청주·해주·춘천에 직업소개소를 신설하기 위해 8명의 서기가 증원되었다. 이는 후술한 '관알선'으로의 이행에 수반되는 조치로 판단된다.

---

[3] 이송 과정에서 '도망 방지'를 위해 경찰의 철저한 감시가 수반되었고, 취업지에 도착한 후에도 응모자 명부를 제출하면서 도망자 수사도 동시에 요청되었다.

2. 관알선

1) 정책 의도와 배경

① 조선인 노무동원 방식의 변화

1941년에 들어와 일본의 침략전쟁은 더욱 확대일로를 걸었다. 특히 6월의 독일과 소련의 개전은 기존의 노동력 동원정책 전반을 재검토하게 할 정도의 위기의식을 불러일으켰다. 7월 이후 기획원 문서에 "현하의 시국에 대처하는 인원동원은 그 규모 및 정도에서 종래의 면목을 일신하여 진정으로 국가의식에 근거한 국민개근로國民皆勤勞의 지도정신을 확립함과 동시에 전 국민이 일치단결하는 동원태세를 정비"해야 한다는 구절이 등장하는 데서도 짐작할 수 있다. 8월 29일 고노에 내각이 각의에서 결정한 '노무긴급대책요강'에 조선인 노무동원에 대한 언급은 없었지만 변화는 시작된 것이나 진배없었다. 게다가 12월 8일에는 태평양전쟁의 막이 올랐다.

'모집'에 의한 조선인 동원은 사실상 한계를 노정하고 있었다. 일본 내에서 소요 노동력을 충족할 전망은 점점 희박해졌고, 조선에서의 동원도 조선 내의 공업과 농업에 필요한 노동력 동원과 모순을 빚기 시작하였다. 결과는 '모집난募集難'으로 나타났고, 1941년에 들어와 상황은 더욱 심각해져 갔다. 게다가 기업 측의 사료를 보면 관련 비용의 증가까지 겹쳐 "모집에 대한 관의 적극적 원조 강화"를 주문하고 있는 형국이었다.

한편 1941년 가을은 1939년 가을에 도일한 노동자의 경우 2년의 계약 기간이 종료되는 시점이어서 이를 보완하기 위한 조치(계약갱신 장려, 가족 초치)가 빈번하게 하달되고 있었다. 모집과는 별도로 사실상 묵인 중이던 이른바 '연고도항'의 축소도 시급한 현안이었다.

1942년 1월 육군성 병비과는 '대동아전쟁에 수반되는 우리 인적 국력의 검토'라는 문건을 작성하였다. 거기에는 조선인 노무동원에 대해 "중근重筋

노력의 보충은 이미 자원이 없으므로 외지 민족, 특히 조선인을 이 목적을 위해 활용하는 것은 현재 긴급한 방책이다"는 견해가 들어 있다. 1942년 2월 13일 이른바 '관알선' 단계로 옮아가는 근거로 각의결정 '조선인 노무자 활용에 관한 방책'이 이루어진 것은 이런 배경 하에서였다. 각의결정 자체는 기존 연구에서 충분히 언급된 것이어서 재론할 필요도 없겠지만, 조선인 노동자의 도일을 제한했던 1934년 10월의 각의결정이 폐지되었다는 데서 일본 정부 당국자가 얼마나 사태를 심각하게 인식하고 있었는가를 짐작할 수 있다.

② 주요 정책의 흐름

2월 13일의 각의결정에 따라 조선총독부는 20일 '조선인 내지이입알선요강'을 결정하여 실시에 옮겼다. 조선에서는 이미 1941년 6월 '조선노무협회'가 신설되었다. 중앙과 지방에 걸쳐 조선인 노무동원을 일원적으로 관장·통제하는 실질적인 사령탑이 생겨난 것이었다.

그리고 기존의 모집 외에 연고도항에 의해 도일한 조선인 노동자들을 조선과 일본을 묶는 일원적인 통제 하에 두고자 했던 점도 특기할 만하다. 1942년 3월 기획원 제3부의 주관 하에 작성된 관계부처 간의 '각서'에 구체적인 내용이 규정되었다. 이 각서에 따르면 '기주'(모집 이전에 도일) 노동자는 물론 신규도항 노동자도 노무조정령과 기타 통제법령을 적용하여 인가를 받도록 하였으며, 담당관청은 국민직업지도소장과 경찰서장이 되며, 인가는 양자의 협의를 거쳐 국민직업지도소장의 이름으로 내리도록 하였다.

관알선으로 이행한 직후 시급한 과제로 부상한 것은 조선인의 사업장 이탈, 즉 도주의 방지였다. 1942년 8월 6일 후생·내무·상공 세 차관 명의로 '이입조선인노무자 도주방지에 관한 건'이 통첩된 것은 도주의 빈발에 따른 위기의식의 발로였다. 거기에는 노동력의 부족이라는 측면뿐만 아니라 '치안상의 우려'도 들어 있었다. 이미 이전부터 내무성 경보국은 협화회를 활용하여 이동 방지에 관한 지시를 각 지방에 내리고 있던 터였다. 9월에 들어와서는 '기주조선인'을 대상으로 징용이 실시되어 국민직업지도소와 경찰서, 협화회 지회 등이 연계한 활동이 전개되었다.

1942년 말이 가까워지면서 석탄 증산에 대한 대책이 현안으로 떠올랐다. 10월 2일 상공성이 '1942년도 하반기 석탄대책요강'을 발표한 것이 그러하다. 노무대책은 물론이고 탄광의 경영, 생산대책, 식량 및 작업용 생활필수품배급대책, 수송대책까지 망라한 종합적인 시책이었다. 11월 27일에 철강·석탄·알루미늄 등의 생산을 확보한다는 각의결정이 이루어졌다. 거기에서 특히 석탄에 관한 조선인 노무동원 방안으로 다음의 내용이 포함되었다.

* 조선어를 아는 경찰관을 가급적 탄광에 배치하여 분쟁 및 이동의 방지를 도모할 것
* '이입조선인노무자 도주방지대책요강'을 엄중 시행할 것
* 이입조선인노무자 할당수의 공출을 확보할 것

이듬해 1943년 5월에는 '1943년도 석탄 확보 대책에 관한 건'이 각의에서 결정되어, "생산목표 달성에 필요한 노무자를 확보할 것"이란 내용이 서두에 명기되었다. 이런 정책의 추진이 조선인 노동자의 동원을 강화시키는 배경으로 작용한 것은 두 말할 나위가 없다.

1943년 말이 되자 조선 내 "노무공급원은 나날이 고갈되어 공출이 용이하지 않아 관계 관청에서도 공출에 큰 어려움을 겪고 있어 예정 공출수를 채우"지 못하는 상황이었고, 해가 바뀌면서 상황은 더욱 악화되었다고 한다. 게다가 1944년은 관알선으로 동원된 조선인들의 '계약'이 만기가 되는 해였다. 1942년 2월의 각의결정 '조선인 노무자 활용에 관한 방책'이 1944년 2월 12일 개정되고, 이를 받아 2년 이상 계약한 경우에는 가족의 초치를

허용하도록 한 것은 이런 현실을 반영한 조치였다.

2) 관알선의 절차

① 동원

관알선 방식을 간단히 요약하면, 기업은 '모집고입원'을 제출하여 승인을 얻으면, 조선 내의 부군도청 소재지까지 동원된 조선인 노무자들을 인수하여 취업지까지 연행하였다. 이를 위해 말단의 읍면 단계에서는 기초훈련을 거친 대상자를 5일 이내에 부군도청 소재지까지 송출해야 하였다. 이하 각 단계를 조금 더 자세히 살펴보자.

* 기업은 '모집고입원'(이하 고입원) 4부를 관할 국민직업지도소(이하 지도소)에 제출하면, 지도소는 고입원 3부는 도도부현청에 제출하며, 고입원 1부는 취업지 경찰서에 발송하고 치안과 수용 태세에 관한 의견을 교환한다. 도도부현청은 허가원 2부를 후생성에 제출한다.
* 후생성은 각 지방에서 올라온 고입원을 해당연도의 국민동원계획에 기초하여 실사한 후 결정된 인원수를 도도부현청에 내려 보내고, 도도부현청은 지도소를 거쳐 각 기업에 승인서와 인솔증명서를 발송하며, 각 기업은 도도부현청에 모집조건을 준수한다는 서약서를 제출한다. 한편 후생성은 조선총독부에 허가원 1부와 기업별 할당 인원 등을 통지하고 군요원이 있는 경우 할당의 변경을 통보한다.

이어서 기업은 조선의 어디에서 모집을 실시할 것인가를 결정·승인받는 작업에 들어간다. 그 경로는 다음과 같다.

* 도도부현청의 승인서를 받은 기업은 고입원과 같은 내용의 알선신청서 5부,

승인서, 보도원의 이력서·신분증명서·사진 3매, 허가인원 5명 당 1부 등의 서류를 작성하여 신청 인원 1명 당 11엔(1944년 4월부터 16엔)의 금액과 더불어 조선총독부(조선노무협회)에 제출한다. 총독부는 사업장 별로 송출인원수를 결정하여 도청에 통보한다.

* 도청은 사업장 별 송출인원수를 해당 부군도청·직업소개소·경찰서 등에 5일 이내에 동원할 것을 지시하며, 부군도청·직업소개소·경찰서는 마찬가지 내용을 해당 읍면사무소·주재소·파출소에 지시한다. 지시 후 읍면 별 할당보고서와 부군별 할당보고서가 각각 도청과 총독부에 제출된다.

* 도청은 부군도 별 알선인원수·지역·기간 등을 각 기업에 통보한다.

조선 각지의 도청에서 허가를 통보받은 개별 기업들은 알선 작업에 들어가게 되는데, 그 절차의 개요는 다음과 같다.

* 기업들은 조선에 노무보도원을 파견하는데, 그 중 1명은 인솔 출발 7일 전까지 도착하여 대상자의 선고에 입회하고 나머지는 인솔증명서를 휴대하고 대원 50명 당 1명의 비율로 인솔 출발 4일 전까지 도착한다. 이들은 총독부·도청 등에 출두하여 협의를 거치며, 도청에서 노무보도원증을 받는다.

* 노무보도원 중 1명은 부군도청·직업소개소·경찰서에 출두하여 읍면사무소·주재소·파출소에서 미리 동원하고 기초훈련을 실시해 둔 인원 중에서 대상자를 선발하는 데 입회하고, 5-10명을 1조로, 2-4조를 1반으로, 5반 정도를 1대로 편성해서 부군도청 소재지까지 동원한 뒤, 출동대원명부 5부를 작성하여 부군도청에 제출한다. 부군도청과 도청은 인계완료를 보고하는 인계서를 작성하여 대원명부와 함께 각각 도청과 총독부에 제출한다.

* 한편 총독부는 도별 할당통지서를 각 통제회 경성 주재사무소(이후 부산, 여수에도 개설)에 송부하고 이는 일본의 각 기업에 통보된다. 대규모 기업은 관청과의 교섭을 개별적으로 행하고, 중소 규모의 경우는 각 통제회가 대행했다고 한다.[4]

② 이송

예정된 인원이 확보되면 조선인 노동자들을 일본에 이송하기 위한 절차에 들어가게 된다.

* 먼저 기업은 노무보도원을 통해 승차권·숙박소·도시락 등의 수배를 동아여행사(후일 동아교통공사, 일본교통공사로 개칭)에 의뢰하고, 동아여행사는 업자에게 비용을 지불한다(1942년 7월 1일 이후부터 총독부는 동아여행사에게 수송계획서를 제출하게 하여 일괄수송을 요청). 그리고 인계서 2부, 대원명부 2부, 출발지·승선지 경찰서장 서명과 사증, 호적초본, 종두증명서, 여행결정서, 단체여행권, 경찰서도항증명서, 인솔증명서 등을 소지하게 하여 연행자 50명 당 1명의 인솔자가 파견된다. 이 과정에서 조선노무협회와 협화회가 협력한다.

* 인솔자는 숙박지와 승선지, 하선지의 경찰서에 연락을 취하며, 시모노세키 도항보호알선소와도 연락과 협의를 한다.

* 도착 후에 기업은 대원명부를 취업지 경찰서와 지도소에 제출하는 동시에, 도착일시와 인원수에 관한 보고를 도도부현청·후생성은 물론이고 조선총독부·도청과 부군도청·직업소개소·경찰서에 각각 제출한다.

③ 관리

관알선 단계로 옮아가면서 협화회 사업을 매개로 조선인 노동자에 ○한 훈련이 체계화·강화되었다. 1942년 2월의 '이입노○자 훈련 및 취○요강'과 11월의 '출동노무자 훈련복무 심득준칙'의 통첩○ 그러하다. ○유 그 개요를 정리해 두자.

---

4) 1943년 8월 무렵 이후 순차적으로 총독부는 통제회의 각 도 주재원에게 부군도읍면의 할당통지서를 송부하고 주재원이 이를 경성 주재사무소와 각 기업에 통지하는 것으로 바뀌었다. 1944년 5월 이후부터 노무보도원의 업무를 부군도청 소재지에 집결시킨 출동대원을 취업지까지 연행하는 것으로만 한정시켰다. 그렇지만 대기업의 노무보도원은 활동을 인정하였다.

* 관알선 노무동원에 즈음하여 조직된 부대식 편성을 활용하여 ○○협화훈련대 하에 부대(4~6개 반)—반(2~4개 조)—조(5~10명)의 체계로 구성한다.

* 실제 훈련에 임하는 지도직원은 협화회 회장에게 연락한 후 사업주(본부장)가 임명한다.

* 훈련은 '취로예비훈련, 생활훈련, 작업훈련, 황민훈련, 체련'으로 나뉘며, 기간은 2개월씩 3기로서 총 6개월이다.

11월의 통첩에서는 도주나 결근 등을 감봉과 징계에 처한다는 내용이 첨가되어 있다.

3) 주요 관련기관·단체·개인의 분석

① 일본

● 중앙과 지방의 변화

관알선 단계에 개입하는 기획원·후생성·내무성·척무성 등의 중앙부처는 기획원과 척무성이 각각 1943년 11월과 1942년 11월에 해체되는 것을 포함하여 적지 않은 변화가 있었다. 이와 연동하여 지방의 관련기관들도 재편을 거듭하였다. 이하 그 내용을 개괄해 두자.

먼저 1942년 6월 16일의 각의 결정 '행정간소화 실시요령에 관한 건'에 입각하여 후생성은 11월 직업국과 노동국을 통합하여 근로국으로 일원화하였다. 이와 연계되어 도부현에서도 노동에 관한 사무는 일괄적으로 경찰부에서 통합되어, 학무부 산하의 직업과(혹은 사회과)는 경찰 부서로 이전되었다[5]. 그리고 대동아성大東亞省의 신설에 즈음하여 척무성은 해체되고, 관

---

[5] 관알선 단계로의 이행 이후 일본 본토의 경찰관의 증원과 예산 증액이 빈번하게 일어났다는 점도 특기할 만하다.

련 업무의 처리를 위해 내무성에 관리국이 신설되었다.

1943년 11월 상공성과 기획원을 합쳐 군수성이 신설되었다. 조선인 노무동원의 측면에서 보자면, 광공업 일반에 관한 사항과 소관 기업의 노무관리와 임금 등을 관장하는 총동원국이 중요하고, 비철금속과 광산 일반 사무를 관장하는 비철금속국, 석탄부를 거느린 연료국 등도 관여된 것으로 판단된다. 군수성은 1945년 6월 기구 개편을 단행하였다. 근로 부문을 관장한 감리국과 광산국, 석탄국이 조선인 노무동원의 업무와 관련성을 지녔던 것으로 보인다.

한편, 상공성이 해체됨에 따라 광산감독국은 신설된 군수성 산하로 이관되었다. 이후 1944년 6월부터 광산감독국은 지방광산국으로 개칭(각각 북해, 동북, 동부, 서부, 규슈)되고 관할 구역의 일부 조정이 이루어졌다.

군수성의 신설과 연동하는 형태로 후생성의 관제도 바뀌었다. 가장 주요한 점은 기획원이 관장하던 국민동원계획의 설정에 관한 사무가 근로국으로 이관된 것과 군수성과 후생성이 각각 수요와 공급에 관한 업무를 담당하게 된 것이다. 1944년 7월 1국 8과 체제이던 근로국은 1국 2부 6과로 새롭게 개편되어 동원부(기획·등록·동원)와 지도부(감리·급여·시설)를 두었다. 신설된 심의실에는 육해군을 비롯한 관계부처의 관계자가 배속되었다.

그리고 1943년 말부터 노무동원에 관한 행정사무는 대폭 지방으로 이양되어 갔다. 1944년 3월 국민직업지도소는 증원을 포함하여 진용을 강화한 국민근로동원서로 탈바꿈하였고, 지방장관과 내무대신의 통제를 받도록 바뀌었다.

● 경영자단체

관알선 단계에서 기업의 관여 상황은 모집 단계에서의 기술을 참조하는 것으로 하고, 여기에서는 각종 통제회에 관해 개략적인 내용을 기술해 두겠다. 각의결정 '경제신체제 확립 요강'(1940.12)의 일환으로 '국가총동원법'

에 의거한 각종 칙령을 근거로 광공업・운수・금융・무역 등의 업종 별로 통제회・통제조합의 결성이 시도되었다.

1941년 8월 공포된 '중요사업단체령'을 바탕으로 10월 '중요사업장 지정규칙'에 의해 제1차 지정이 이루어지면서 작업은 본격화되었다. 그해 11월부터 1942년 1월까지 철강・석탄・광산・양회(시멘트)・전기기계・산업기계・정밀기계・자동차・차량・금속공업・무역・조선 등 총 12개의 통제회가 설립되었고, 점차 추가로 10개의 통제회가 만들어졌다. 통제회는 개인회원(대기업, 통제회사)과 단체회원(중소기업의 공업조합・상업조합・통제조합)으로 구성되었다. 통제회에는 법령에 의해 1943년 1월 이후 행정권한의 일부가 이양되었다. 특히 3월에는 근로 부문에 관한 직권 이양도 이루어졌다. 하지만 이후 정부의 직접 통제가 확대되면서 통제회의 역할은 보조기관 정도로 축소되었다.

조선인 노무동원과 밀접히 관련되는 석탄・광산 양 통제회는 각각 1941년 11월 26일과 12월 18일에 설립되었다. 초대 회장에는 각각 일본석탄사장 마쓰모토 겐지로(松本健次郎)와 일본광업사장 이토 분키치(伊藤文吉)가 취임하였다.

한편 조선인 노무동원은 토목건축 분야에서도 상당수 이루어졌다. 이와 관련하여 토목공업협회는 주재원을 조선 내에 상주시켜 총독부와 각 도청, 보도원 간의 알선을 담당했다고 한다.

조선인의 이송과 관련해서 경영자 단체는 적극적으로 움직였다. 1942년 5월 석탄통제회・광산통제회・토목공업협회 등은 '수송협의회'를 시모노세키에서 열고, 7월부터 "내선을 일괄하여 단체수송"을 실시하기로 하고, 이를 동아여행사에 일임하였다. 1인당 운임은 석탄통제회 후쿠오카 지부 관내는 10엔, 동부 지부 관내는 20엔, 삿포로 지부 관내는 25엔으로 정해졌다.

② 조선

조선총독부의 행정적인 관여라는 측면에서 '관알선'은 노무 수급조정과 징용제의 실시를 위해 대폭적인 인원 증가를 낳았다고 보인다. 노무수급의 조정과 국민징용에 관한 사무를 맡기 위해 1942년 2월 4일 총독부는 사무관과 속을 각각 1명씩 증치하였다. 조선총독부는 도에 이사관 7명과 속 9명을, 부군도에 속 179명을 증원한 것을 기점으로 이후에도 꾸준히 인원 증가를 실시하였다.

기구 면에서 1943년 10월에 군수생산과 물자동원을 비롯하여 노무동원까지 담당하는 광공국이 신설되었다. 12월에는 일본 본토와 마찬가지로 대폭적인 행정기구 개편이 이루어져 각지의 직업소개소가 폐지되어 담당관과 더불어 부군에 통합되었다.

3. 징용

1) 정책 의도와 배경

이하 징용 절차에서 확인되는 바이지만, 징용에 의한 노무동원은 거부한 경우의 벌칙 규정이 있다는 점 외에는 사실상 관알선과 대동소이하다. 따라서 패전 후 일본의 대장성에서 낸 보고서에서조차 "관청의 절차는 거의 다를 바 없"으며 "관알선만 해도 강제적이어서 실질적으로는 응징사(応徵士, 피징용자의 존칭으로 사용)와 심리적인 면에서 다를 바 없다"고 평가되는 지경이었다.

그러면 징용제를 도입하게 된 이유는 무엇일까? 그 이유는 무엇보다 국민동원계획에서 찾아진다. 1944년도 국민동원계획이 각의에서 결정된 것은 8월 16일이었다. 거기에는 "조선인노무자의 내지 참입(参入)을 비약적으로 증가시키는 동시에 화인華人노무자의 본격적 이입을 행한다"고 설명되었다. 인원은 최고 수준인 29만 명으로 정해졌다. 이로 인해 조선총독부는 "노무급원의 핍박과 내지 조선인노무자의 출동기간 연장조치에 따른 영향 등으로 인해 선출에 현저히 곤란을 가중시킴에 따라, 선출 방법의 쇄신 강화를 위한 근본적 대책"으로 징용제를 도입하게 되었다는 설명을 한 바 있다.

하지만 징용제로의 이행을 정한 '반도인노무자의 이입에 관한 건'이 각의에서 결정된 1944년 8월 8일 '탄광근로자 징용배치에 관한 건'이 역시 각의에서 결정되었다. 주요 탄광회사의 군수회사(핵심 군수산업이 대상으로 군수성이 총괄) 지정과 현원징용(현 근무지에서 징용)의 실시를 담은 3월 24일의 각의결정 '석탄근로 긴급조치요강'을 강력하게 추진하는 것 외에 "탄광의 상시 노무자의 확보를 도모하기 위해 징용에 의한 탄광 노무자의 배치를 실시"하기로 결정된 것이다. 따라서 조선인의 동원이 징용으로 바뀐 것은 노동력의 절대부족이라는 현실과 더불어 탄광에서 현원징용에 이어 신규징용을 실시하게 된 것과 연동하는 조치라고 봐야 한다.

징용제에 의한 노무동원도 1945년 4월 19일의 차관회의 결정에 의해 신규 동원은 중지되었다. 이를 보강하기 위해 다음 달인 5월 28일에는 조선인 노무동원을 1년 연장시켰다.

2) 징용의 실시 절차

① 동원

전술한 바와 같이 관알선도 기능 부진에 빠지면서 징용이 일상적 노무동원의 방식으로 전개되기에 이른다. 이하 그 흐름을 그려보자.

* 기업은 관할 국민근로동원서(이하 동원서)를 통해 도도부현청에 4분기 별로 조선인 징용자 소요수를 보고하고, 도도부현청은 이를 후생성(군수성도 포함)에 통

지하면 후생성은 관계부처와의 협의와 조정을 거쳐 조선총독부와 같이 분기 별로 필요한 인원수를 결정한다. 이 과정에서 군요원은 별도로 할당한다.

* 결정된 징용 인원수는 도도부현청을 거쳐 동원서가 각 기업에 통지하고 인솔증명서를 발행한다.

동원서의 통지를 받고 기업은 징용의 구체적인 작업을 개시한다. 그 경로는 다음과 같다.

* 먼저 기업은 징용신청서를 3부를 작성하여 도도부현청, 후생성, 조선총독부(조선노무협회)에 각각 제출하는데, 매월 1~15일 분은 전전월 20일까지, 16일 이후 분은 전월 10일까지 제출한다(2도 이상은 각 통제회 경성 주재사무소에도 제출). 징용자 1명당 100엔을 각 통제회 경성 주재사무소에 납입하며, 주재사무소는 인원수에 해당하는 금액과 도별 할당을 일괄적으로 요구하고 결정된 할당 내용이 주재사무소에 통보된다. 100엔은 부산, 여수까지 필요한 일체 경비를 포함한다.
* 총독부는 기업으로부터 신청된 인원에 대한 징용 발령을 전전월 25일까지와 전월 15일까지 도청에 통지하고 수송계획서를 통달하고, 총독부와 연락하여 수송을 결정한 뒤 도청은 부군도청·경찰서에 전월 5일까지와 20일까지 징용령서와 수송결정서를 통달한다.
* 마찬가지로 읍면사무소·주재소·파출소는 전월 10일까지와 25일까지 통달된 지시에 따라 사업장 별로 징용자 출동을 명령한다. 출두자들에게 기초훈련을 시킨 후에 호적등본, 종전 수입액의 신고서 각 1부와 인감을 지참하게 하며, 부군도청 소재지에 집결시킨 다음 건강진단을 실시한다.
* 부군도청은 출근보고를 도청에 올리고, 도청은 출근보고와 더불어 부군도별 할당결정 보고를 총독부에 제출한다.

② 이송

예정된 징용대상자를 확보한 뒤 일본에 이송하기까지의 절차는 대략 다음과 같은 경로를 거치게 된다.

* 총독부, 도청, 동아교통공사(이하 공사)는 해당 기업들에게 각 통제회 경성 주재사무소를 통해 할당과 수송에 대한 결정사항(인원, 인계 장소, 일시)을 통지한다.

* 기업들은 조선에 30명 당 1명꼴로 인솔증명서를 소지한 '연송인(連送人)'을 파견하고, 그 중 1명은 부군도청에서 대상자의 선고에 입회한다.

* 먼저 집결지인 부군도청에서 부산과 여수의 도항보호사무소까지는 노무자단체승차권, 피징용자명부 등을 지참한 부군도의 직원, 조선노무협회원, 경찰관 등의 책임 하에 연행된다(도중의 송환은 경상남도와 전라남도 지사의 양해가 필요). 부산과 여수 도착 후에 열차 내에서나 하차 장소에서 기업의 연송인에게 인도된다. 승선지 경찰서장의 사증은 폐지되어 인계서가 교부되며, 노무자단체숙사(식사) 증명서·피징용자명부는 연송인이 지참하고, 노무자단체승차권이 인계된다.

* 부산과 여수에서는 연락선에 의해 하카타(博多)와 시모노세키에 수송되고, 거리에 따라 열차와 도보, 버스·트럭 등에 의해 취업지까지 연행된다.

* 총독부로부터 수송을 일괄적으로 의뢰받은 통공사는 업자에게 비용을 지불하고, 인계지까지의 경비를 총독부에 청구해서 지급받는다. 또 공사는 노무자단체숙박(식사)증명서 발행 및 부군도 별 인원과 인계 일시를 기업들에 통지하고, 인계가 끝난 후 경비를 청구하여 지불받는다.

* 도착 후에 기업은 피징용자명부를 취업지 경찰서와 도도부현청에 제출하는 동시에, 도착일시와 인원수에 관한 보고를 후생성, 각 통제회의 본부와 지부, 도청과 부군도청·직업소개소·경찰서, 각 통제회 경성사무소 도 주재원 등에게 각각 제출한다.

③ 관리

 징용 단계를 전후로 계약 갱신(기간 연장)에 의한 정착의 유도가 무엇보다 핵심적인 과제였다. 1944년 4월 후생성·내무성·군수성은 계약 연장에 관련되는 조치와 더불어 '이입조선인노무자 정착지도 중앙위원회'를 중앙협화회 내부에 설치하도록 규정하였다. 후생성 건민국의 지도 아래 협화회가 '정착지도'의 기능을 떠맡게 된 것이다. 중앙위원회는 후생성·내무성·군수성·조선총독부·중앙협화회 등의 관계자로 구성되었고, 지방에도 도청부현, 군수성 지방청(광산감독국, 군수관리국), 지방협화회, 통제회지부, 공장사업장 관계자 등을 모아 '이입조선인 정착지도 지방위원회'를 조직하도록 하였다.

3) 주요 관련기관·단체·개인의 분석

 징용 단계에 들어섰다고는 해도 관련기관과 단체의 변화는 거의 찾아볼 수 없다. 다만 일본 내의 상황에서 언급하고 싶은 것은 지방장관이 관할 지역 내 조선인 노무동원의 주체로 대두하게 되었다는 점이다. 가령 시마네(島根)현의 경우 1944년 10월 26일 '신탄(薪炭)긴급증산시설조성요강'을 고지했는데, 그 안에는 "제탄노동자의 현 외 이입 또는 반도노무자의 내지 이입"에 대해 필요한 경비를 보조하도록 규정하고 있다.

 마찬가지로 조선에서도 노무동원과 관련한 기구의 변화는 그다지 없었다. 다만 "근로행정의 중요성을 감안"하여 1945년 1월 광공국 내에 근로부를 신설한 것은 특기할 만하다.

 이제 마지막으로 조선인 노무동원에 관여된 기업 혹은 사업장에 대해 정리해 두기로 하자. 강제연행이든 이주노동이든 조선인을 사역시킨 사업장(혹은 부대)은 대략 1,550여 곳으로 추정되고 있다. 그리고 강제연행된 사업장이라고 확정하기는 불가능하지만, 조선인의 취업이 확인된 곳이 약 600

곳, 미확인된 곳도 약 600곳이다. 지역으로는 홋카이도 약 210곳, 후쿠오카 약 140곳, 오키나와 120곳 등이며, 10만 명을 넘는 조선인이 동원된 곳은 규슈 북부(탄광, 군수공장)와 홋카이도(탄광·광산, 군사기지 건설)였다. 사업장의 업종으로는 탄광·광산이 약 450곳, 군수공장이 약 320곳, 토목건설(발전공장 포함)이 약 180곳, 군軍공사·비행장이 약 160곳이었다.

나오며

이상에서 1939년부터 노무(국민)동원계획을 토대로 시작된 조선인 강제동원의 실태와 더불어 기획 및 집행에 관여한 기관·단체·개인에 관한 개괄적인 분석을 시도해 보았다. 그 내용을 간단히 요약하는 것으로 결론을 대신하고자 한다.

먼저 조선인 강제동원의 직접적인 책임자='가해자'는 기획원(군수성)·후생성·내무성·조선총독부의 네 기관이라고 판단된다. 기획 단계에서 기획원은 노무동원계획의 입안·심의·확정을 총괄하는 기관이었고, 조선총독부는 동원의 원활한 실시를 책임지는 위치에 있었다. 후생성과 내무성은 각각 동원·이송·관리를 관장하는 중앙 사령탑으로 기능하면서 노무동원의 현장에서 활동하는 지방기관(도부현청, 직업소개소, 경찰)을 지휘·통제하는 역할을 부여받았다. 두 말할 필요도 없겠지만 그 최고책임자는 천황을 비롯하여 수상과 각료들이 이끄는 대일본제국 그 자체일 것이다.

그리고 강제동원된 조선인을 지역에서 '관리'한 것은 협화회였다. 지역의 일반 행정조직과 경찰이 일체화되어 만들어진 협화회는 노동력 동원과 치안의 관점에 입각하여 동원된 조선인에 대한 실질적인 '억압기구'로서 군림하였다.

탄광·광산 및 토목 관련 경영자 단체의 움직임은 조선인의 강제동원에서 간과하기 쉬운 측면, 즉 기업의 이윤창출이 식민지배와 결부되어 수행되었다는 사실을 잘 보여준다. 무엇보다 조선인의 노동자로 동원하는 일은 당시 열악한 노동조건으로 인해 노동시장에서 밀려나던 탄광업자들에게 사활이 걸린 현안이었다. 석탄 증산이라는 '국책' 하에서 이루어진 '정상적'인 기업 활동으로 인해 조선인들은 임금 상의 차별은 물론이고 목숨마저 위태로운 작업장으로 내몰렸다. 이런 구조적인 모순의 부각과 더불어 개별 기업 내에서 이루어진 비인도적인 노무관리의 실태에 대해서는 좀 더 치밀하고 본격적인 분석이 이루어져야 할 것이다.

〈참고문헌〉

※ 김인덕, 2002《강제연행사 연구》(경인문화사)
※ 한일민족문제학회 강제연행문제연구분과, 2005《강제연행·강제노동 연구 길라잡이》(선인)
※ 정혜경, 2006《조선인 강제연행 강제노동1-일본편》(선인)
※ 박경식, 박경옥(역), 2008《조선인 강제연행의 기록》(고즈윈)

황민화정책

류승렬*

```
                    목 차
        머리말              2. 황국신민 연성의 전개
1. 조선인 황민화로서의 '황국   3. 황민화의 절정
   신민 연성'              맺음말
```

머리말

　흔히 황민화 운동 또는 황민화 정책이라고 하면 일제 말기 우리 민족을 말살하기 위해 시행된 제반 정책을 떠올린다. 그러나 애초 일제는 식민지 조선인을 특정하여 '황민'이 아니라 '황국신민'이란 악랄한 인간 세뇌·개조 프로젝트를 기획·실행하였다.
　중일전쟁 이후 전시체제기에 들어 일제는 조선인을 전쟁에 동원하려고 기획하면서 종전과는 다른 내용과 방식으로 이데올로기 공세를 본격화하

* 강원대학교 역사교육학과 교수

였다. 일제는 내선일체의 결실을 맺기 위해 조선인이 끊임없는 연성으로 황국신민화, 즉 '참된 일본인' 되기에 매진토록 하였고, 천황폐하의 적자로서 성스러운 신의 나라 일본을 위한 헌신·희생을 강요하였다.

일반적으로 황민화란 일본 제국주의가 식민지 인민을 대상으로 황국(일본)의 신민으로 만들려는 목표에 따른, 세뇌적 요소가 강한 총체적이고 강제적인 동화 정책을 일컫는다. 궁성요배나 신사참배 강요에서 드러나듯이 황민화·황국신민화 운동은 종교적 색채를 짙게 띠고 전개되었다.

따라서 일본 본국에서 제기된 성전론·대동아전쟁론에 조선 나름의 황국신민화론·연성론을 결부시켜 조선인에 대한 일방적 헌신과 희생을 다그치며 순국을 촉구하는 담론화로 이어진 황민화론의 전개 속에서 그 동안의 각종 지배 담론은 빛을 잃게 된다. 내선일체론을 주장하는 경우도 일본인과의 동등한 권리 요구를 차단하고 의무만을 일방적으로 강요하기 위해 내·선 사이의 구분과 차별을 전제로 한 '참된 일본인'론·'진정한 황국신민'론 등을 앞세우는 '황민연성의 단계'를 새로 설정하였다.

조선에서 전개된 황민화와 강제동원에 대하여 일본에서 어떻게 인식되고 있는가를 살피기 위하여 중학교 교과서의 서술 내용을 정리하면 〈표 1〉과 같다.

〈표 1〉 일본 중학교 역사교과서의 황민화 관련 서술 비교표(2005년 검정본)

출판사	황민화 및 강제동원 정책에 대한 서술 내용
동경서적	• 조선에서는 '황민화'라는 이름하에 일본어의 사용과 성명의 표기를 일본식으로 고치도록 한 창씨개명을 추진하였다. 더하여 지원병 제도를 실시하여 조선인들도 전쟁에 동원하였다. (189쪽) • 사진 : 동원된 조선의 젊은이들-조선에서는 1938년에 육군의 지원병 제도가 만들어졌다. (189쪽 아래) • 일본에 연행되어 자기 의사에 반하여 일하게 된 조선인·중국인 등도 있었고, 그 노동조건은 가혹하고 임금도 낮아 지극히 힘든 생활을 하였다. (193쪽)

대판서적	• 조선에서는 신사를 만들어 참배하게도 하고, 일본식 성명을 붙이는 '창씨개명'을 강제하기도 하여, 일본에 동화시키려는 황민화 정책이 추진되었다. (195쪽) • 평력을 보충하기 위해 대학생 등을 징병하고, 조선과 대만에서도 징병제를 실시하여 일본의 군인으로서 전쟁터에 보냈다. 또한 부족한 노동력을 보충하기 위해 병역에 나가지 않은 50세까지의 남성을 군수 공장 등에 징용하고, 젊은 여성과 중학생 등도 공장과 농촌에 근로 동원하였다. 더욱이 조선이나 중국의 점령지로부터 수십만 명이나 되는 사람들을 강제적으로 동원하여 광산과 방공호 제작 등의 일을 시켰다. (200쪽)
교육출판	• 조선인의 학교에는 일본어나 일본의 역사, 수신을 가르치도록 되었다. (132쪽) 주수신은 교육칙어를 근거로 한 소·중학교의 한 교과로 국민으로서의 도덕을 학습하는 것으로 하였다. (133쪽) • 황민화 정책-조선인에 대해서는 일본인으로 동화시키려고 하는 황민화 정책이 한층 강화되었다. 일본어의 사용, 일본식의 씨명으로 고치도록 추진했고(이것을 창씨개명이라고 한다), 신사참배를 강제하기도 하였다(이러한 정책은 대만에서도 추진되었다). (167쪽) • 전쟁과 국민생활-노동력의 부족을 보충하기 위해 식민지에서 다수의 사람들이 일본으로 끌려와서 공장이나 광산에서 일하게 되었다. 많은 조선인이나 중국인이 엄격한 노동조건 하에서 괴로운 생활을 강요당했다. (173쪽) • 조선과 대만-조선과 대만에서는 전쟁 말기에 지원병 제도가 개정되어, 징병제가 실시되었다. 그래서 많은 사람들이 '일본군 병사'로서 전쟁터에 보내졌고, 많은 조선인 여성들도 공장 등에 보내졌다. (173쪽)
제국서원	• 전쟁이 격화하자 일본은 총력을 내걸고 전쟁을 진행하기 위하여 식민지인 조선이나 대만의 사람들을 '황국신민'으로 만드는 황민화 정책을 행하였다. 학교에서는 '국어'로 일본어가 가르쳐졌고 조선어나 중국어의 사용은 금지당하였다. 또한 황거를 향하여 경례하는 등 천황을 숭배하는 것도 강제하였다. 게다가 조선에서는 일본식 성명으로 이름을 바꾸는 창씨개명이 행해졌다. 주-창씨개명은 이름만 바꾸는 것이 아니라 부부가 별도의 성을 갖는 조선인에게는 같은 성을 등재하는 것으로도 되어 일본의 가족 제도를 조선에 가져오는 것으로도 되었다. (209쪽) • 일본 국내에서 노동력이 부족해지자 기업 등에서 반강제로 할당을 결정해서 조선인이나 중국인을 모아서 일본 각지의 탄광·광산 등으로 데려가서 낮은 임금으로 심한 노동을 시켰다. (209쪽) • 대만과 조선에서도 징병이 실시되었다. (210쪽)
일본서적신사	• 조선과 대만에서는 일본에의 동화를 강제하는 황민화 정책이 진행되고, 특히 조선에서는 일본식 성명을 따르도록 하는 창씨개명과 신사참배가 강제되었다. (199쪽) • 일본 국내의 노동력 부족을 보충하기 위하여 조선이나 중국의 점령지로부터 많은 사람들을 강제로 데려왔다. 강제 연행된 조선인의 수는 약 70만 명, 중국인의 수는 4만 명에 달하였다. (202쪽) • 1943년 조선에, 1944년 대만에 징병제가 실시되었다. (205쪽) • 이 전쟁으로 일본인 사망자는 군인, 민간인을 합하여 310만 명(조선인, 대만인 5만 명 포함), 아시아 여러 나라의 사망자는 중국만 해도 2,180만 명에 달한다(중화인민공화국 정부의 발표). (207쪽)

문교출판	• 식민지인 대만이나 조선에서는 병사의 모집이 시작되고, 궁성이나 신사를 향하여 배례하고, 고유의 성명을 일본식으로 바꾸도록 하였다(창씨개명). 식민지 사람들은 전쟁 하에서 '천황의 민'에 어울리는 황국의 신민이 되도록 동화를 강요받았다. (181쪽) • 식민지의 독립을 인정하지 않고 점령 하의 주민을 노무자로서 징발하였다. 조선으로부터 약 70만, 중국으로부터 약 4만 명의 사람들을 노동력 부족을 보강하기 위하여 일본에 데려왔고, 탄광 등에서 가혹한 노동에 종사당하였다. (187쪽)
청수서원	• 조선이나 대만에도 징병제를 강제하여 일본 병력으로서 전쟁에 동원하였다. 국내의 노동력 부족을 보충하기 위하여 조선인이나 중국인을 강제 연행해서 석탄 갱도나 광산 등에서 일하게 하였다. (203쪽) • 전시 하의 조선-식민지로 된 조선에는 한글의 개량이나 역사 연구 등으로 문화면에서 일본의 지배에 저항하였다. 일ㆍ중전쟁이 일어날 무렵 총독부는 일본어의 사용을 강제하였고 전통적인 성명을 바꾸어 일본식 씨명을 짓게 하였고 공적인 자리에서는 이것을 사용하게끔 하였고, 신사에 참배하는 것도 의무화하였다. 일본의 황민화 정책은 긴 역사를 가진 조선의 문화나 사회를 근본에서 파괴하는 것이었고, 조선 사람들이 깊은 분노를 갖게 하였다. (203쪽) • 전쟁과 민중-점령지에는 일본군에 의한 현지의 가격보다 싼 물자의 징발과 때로는 약탈이나 폭행, 강제동원도 시행되었다. 조선이나 대만에는 징병제가 강제되어 각각 20만 명, 2만 명이 태평양전쟁에 동원되었다. 또한 일본 본국이나 사할린 등에 노동력으로 강제 연행된 사람들은 식민지였던 조선에서 약 72만 명(1939~1945), 점령 하에 있던 중국에서는 약 4만 명(1943~1945)에 이른다고 이야기하고 있다. (204쪽)
후소샤	• 국민의 동원-조선반도에서는 일ㆍ중전쟁 개시 후 일본식 성명을 사용하는 창씨개명이 행해지고 조선인을 일본인화 하는 정책이 강화되었다. 전쟁 말기에는 징용ㆍ징병이 조선이나 대만에도 적용되어, 현지 사람들에게 다양한 희생과 고통을 강요하게 되었다. 또한 다수의 조선인과 중국인이 일본의 광산 등에 연행되어 와서 가혹한 조건 하에서 일하게 되었다. (208쪽)

1. 조선인 황민화 위한 '황국신민 연성'

1) 조선인 황민화론의 대두

조선 황민화=황국신민화 운동은 1937년 5월 미나미 총독이 국체명징ㆍ선만일여ㆍ교학진작ㆍ농공병진ㆍ서정쇄신의 〈조선통치 5대 강령〉을 발표하면서 비롯되었다. 특히 국체명징과ㆍ교학진작은 교화와 교육을 통하여 조선인의 정신을 철저히 세뇌시키겠다는 것으로, 국가총력전 수행에 필요한 여 조선조선의 인적ㆍ물적 자원을 최대한 동원하기 위한 지배체제 공고화 작업이었다. 즉 일제는 한국인의 강고한 반일(민족)의여갠 치열한 민족운동을 겨냥하여 특별히 황국신민화라는 조선민족 개조·말살 프로젝트를 기획·실행함으로써 국가총력전병진 과적 수행에 필요한 인적·물적 자원 확보에 열을 올리게 된 것이다.

중일전쟁이 발발하자 1937년 7월 7일 미나미 총독은 〈국민정신작흥운동과 반도민중의 시국인식〉이라는 제목의 라디오 방송연설에서 국민총력전에 임하는 각오에 대하여 다음과 같이 총후, 즉 후방에 있더라도 군인정신으로 무장할 것을 주문하였다.

> 근대의 싸움은 화포가 서로 마주하는 것만의 싸움이 아니다. 국력과 국력의 싸움이고, 전쟁터의 제일선에 있는 장병만의 싸움이 아니라 국가총동원을 가지고 하는 싸움이다. 정치든 경제든 산업이든 교육이든 하나같이 승패에 관계없는 것은 없다. 그러므로 국민 모두가 병사라는 정신은 오직 총검을 손에 쥔 군인만이라고 해석해서는 안 되고, 총후의 국민도 또한 제일선의 장병과 같이 몹시 애쓰고 고생한다는 각오로써, 생업에 힘을 다하여 부지런히 노력하지 않으면 안 된다.[1]

절박한 상황에 내몰린 일제에게는 천황을 위해 기꺼이 봉사하고 목숨을 바칠 수 있는 '황국신민'이야말로 가장 절실한 인간형이었다. 그리하여 일제는 종래 억압과 착취, 차별의 대상이었던 '조선인'을 '팔굉일우[八紘一宇]'의 천황제 이데올로기에 투철한 '진짜 일본인'으로 개조하는 작업을 본격화해나갔다. 전쟁의 지속·확대와 전면화에 따른 극도의 재정 악화와 조선인의 강력한 저항에 따른 사회적 불안에 대처하여 일제는 이데올로기 공세를 강화해나갔다.

일제는 '국체', '조국肇國정신', '성은聖恩]', '황모皇謨]의 익찬翼贊', '기미가

---

[1] 水野直樹 편, 2001, 『朝鮮總督諭告·訓示 集成』 5, 綠蔭書房, 69~70쪽.

요', '황국', '황민', '황군', '성전聖戰', '신주神洲의 불멸', '가미카제', '만세' 등 그야말로 말로 표현된 온갖 신령들을 내세우며 전쟁 열기를 북돋우고 '팔굉일우'의 실현이 눈앞에 온 듯이 날뛰었다. 이렇듯 피투성이로 얼룩진 전란을 '성전'으로 포장하며 이른바 '옥쇄玉碎'에서 '가미카제' 특공대에 이르기까지 순국殉國과 희생을 재촉하는 정신주의적 대응으로 일관하지 않을 수 없는 사태 속에서 조선인에게는 황국신민의 연성을 강요한 것이다. 즉 총동원 시대에 조선인으로부터 인적·물적 착취와 강제 동원을 끝없이 자행하면서 모든 것을 '황국신민 연성'이라는 조선인 민족성 말살 공작으로 합리화해나갔던 것이다.

'황국신민의 연성'은 황국·천황을 위해 목숨을 바친다는 성전 이데올로기와 결부되어 불요불굴의 자세로 황국신민의 자질을 갈고 닦아 목숨을 바친다는 의미로 널리 사용되었다.

2) 황국신민론과 연성론의 결부

'황국신민'이란 신조어는 국수주의자로 일관했다는 평가를 받는 시오바라 토키자부로(鹽原時三郎)가 지배 이데올로기상 조선통치 세력 나름의 독자적 체계를 창출해내는 일환으로 만들어냈다. 즉 1938년 개정된 조선의 〈소학교규정〉에는 '충량한 황국신민의 육성'이 교육 목적임을 다음과 같이 분명히 천명하였다.

> 소학교는 아동의 건전한 신체 발달에 유의하고, 국민도덕을 함양하며 국민생활에 필수적인 보통의 지능을 체득시켜 충량한 황국신민을 육성하는 데 힘써야 한다.[2]

---
2) 「小學校規定」, 『文敎の朝鮮』, 1938. 4월호, 25쪽.

애초 일본인이 아닌 조선인에게는 더욱 엄격한 황민화를 강요하지 않을 수 없고 이를 위해 일본보다 철저함을 요구하였으며, '황국신민'이라는 조어 자체가 조선의 특수성을 반영한 것이었다. 나아가 "이 점이야말로 제3차 조선교육령 개정의 핵심이자, '오늘의 반도에서 요구'되는 것에 대한 학무국의 대답이며, 조선군의 의향을 전면적으로 받아들인 점이기도 했다. 동시에 그렇게 함으로써 일본 교육의 파쇼화도 촉진한다는 구조가 만들어졌던 것이다"라고 할 것이다.[3]

또 '연성'이란 용어는 1938년을 전후하여 미나미 총독이 입에 올리기 시작하였다. 그후 전시체제의 강화에 따라 사용빈도가 늘었으며, 1941년 4월 1일 국민학교 제도 시행에 즈음해서 최고의 교육목표로 되었다. 1942년 5월 29일 고이소 총독 취임 후에는 학생뿐 아니라 일반인 모두를 개조의 대상으로 삼으면서 지상의 정책 목표로 바뀌어 갔다.

조선인을 대상으로 한 황국신민 연성은 〈표 2〉의 비교에서 드러나는 바와 같이 일본의 연성에 비해 전면적이고 강도가 매우 높았기 때문에 조선인은 마지못해서라도 황국신민처럼 보이는 몸짓을 연출하지 않으면 안 되는 지경에 이르렀다.

〈표 2〉 일본 본국과 식민지 조선의 연성론 내용 비교

구분	일본	조선
출현	교학쇄신평의회가 제시(1936. 11)	미나미 총독이 처음 언급(1938년 전후)
강화 계기	국민학교 체제 출현	전황이 악화되어 감에 따라 전일적으로 확산되고 부문별로 심화되어 감
내용	• 국책이 요망하는 대국민의 연성 • 언제든 모두를 아낌없이 바칠 담력 배양 • 국가총력전 전사 양성 위한 가정·학교·사회 상호 3자 일체의 실현 • 기백 있는 대국민의 육성	이중 목표를 가짐(조선인의 총력전적 자질을 끊임없이 연마육성+천황을 위해 모든 것을 바칠 수 있는 황국신민으로의 개조)

---

3) 宮田節子, 1997, 『朝鮮民衆과 '皇民化'政策』, 일조각, 117~118쪽.

궁극 목표	• 대국민 연성을 위해 직접성과 구체성, 진실성 위주의 교육을 실시하자 • 황국교육의 마지막 목표하는 바는, 천황의 대어심에 부봉함	조선인을 황국신민으로 개조하는 특별 연성
실천 목표	현장에서 연성의 효과 거두자, 아동은 곧 멀리 북만주의 땅에, 몽고의 오지에, 남양의 섬에서, 전투하고, 개척하고, 건설하고, 지도한다.	• 황도주의+내선일체·동화+인고단련=) 충량한 황국신민의 육성 • 학교 교육에서 연성의 무제한의 확대를 통한 군사훈련, 군사동원의 대비
구체 실천	• 전생활 일체의 연성 • 자기 봉공의 연성 • 일하는 교육 • 청소의 교육 • 조용함의 교육 • 낭독의 교육 • 배례하는 교육 • 숙박훈련 • 무사도의 연성	• 1937년 10월부터 황국신민의 서사 제송, 황국신민체조 보급 시작 • 국민학교 제도 시행(1941. 4. 1)에 즈음하여 황국신민 육성을 최고의 교육목표로 설정함 • 조선청년특별연성령 발포(1942. 10. 24) • 조선총독부 학무국에 연성과 설치(1942. 11. 1) • 국민총력조선연맹에 연성부 설치(1942. 11. 4) 이후 노동자·농민·여성·관공리 등 대상의 연성기관 으로 수련도장 설치 • 1945년 초 국민총력조선연맹을 국민의용대중앙본부로 개편
출전	• 志賀匡, 1942, 『大戰下の國民學校 皇民鍊成の實際』, 東京 秋文堂藏版 • 草場弘, 1943, 『皇民鍊成の哲理』, 第一出版協會藏版	• 정재정, 2005, 「일제하 조선에서의 국가총력전체제와 조선인의 생활-'황국신민의 연성'을 중심으로」, • 『한일역사공동연구보고서』 제5권 • 「朝鮮ニ於ケル教育ニ關スル方策」(1937. 12월), 『日帝下 戰時體制期 政策史料叢書』 제39권

　조선총독부는 1942년 10월 14일 〈조선청년특별연성령〉을 발포하고, 조선총독부에 연성과와 국민총력조선연맹에 연성부를 설치했으며, 노동자·농민·여성·관공리 등을 대상으로 한 연성기관을 속속 만들었다. 일제의 전쟁 상황이 악화함에 따라 조선인에 대한 연성은 전일적으로 확대되고 부문별로 심화되어 갔다.

　애초 황국신민과 연성의 결부는 미나미 총독의 언급에서 찾아볼 수 있다. 중일전쟁의 장기화 조짐을 예상한 미나미 총독은 조선인을 황국신민으로 만드는 것이 통치의 목표이며 이를 위한 연성의 필요성을 다음과 같이 주장하였다.

조선통치의 목표는 이 지역 동포로 하여금 정말로 황국신민으로서의 본질에 투철하고, 내선일체와 함께 잘 다스려지는 평안함의 기쁨에 의지하여 동아東亞의 일에 대처하는 데 있다. … 신동아 건설을 향하여 나아가는 우리 제국의 중책은 더욱더 국민 자질의 순화 향상을 필수의 시급한 일로써 계속해야 한다. 즉 이 국세를 따르고 이 세운에 응하는 길은 국체명징, 내선일체, 인고단련의 3대 교육방침을 끝까지 관철하여 대국민다운 지조 신념의 연성練成을 으뜸으로 하지 않으면 안 된다.[4]

여기서는 연성이란 용어가 연성練成으로 표현되어 있다. 그런데 미나미 총독은 곧 이어 도지사회의 훈시에서 다음과 같이 연성으로 바꾸고 풀어 설명하고 있다.

반도의 국민사상의 확립은 현상으로써 만족할 것이 아님은 물론이다. '철이 가장 뜨거워졌을 때 이것을 두드린다'는 말과 같이, 이 시대 흐름의 순조로운 기운을 파악하여 더욱 유감이 없을 때까지 이의 도야연성을 행하고, 널리 황국신민으로서의 자각을 배양하는 데 더하여 한층 더 궁리노력을 다하지 않으면 안 된다.[5]

조선인을 대상으로 한 '연성'은 조선인을 일본인으로, 그것도 단순한 일본인이 아니라 천황을 위해 물자는 물론이고 신체와 마음까지 기꺼이 바칠 수 있는 참된 일본인, 곧 황국신민으로 개조한다는 것을 뜻하였다. 그렇기 때문에 조선총독부는 가정 · 학교 · 부락 · 단체 · 직장 · 공장 · 군대 등 모든 부문에서 조선인에게 '황국신민의 연성'을 다그쳤던 것이다.

'내선일체'라는 말을 액면 그대로 받아들이면 일본인과 조선인이 모습도

---

4) 水野直樹 편, 2001, 『朝鮮總督諭告 · 訓示 集成』5, 綠蔭書房, 5~7쪽.
5) 水野直樹 편, 2001, 『朝鮮總督諭告 · 訓示 集成』5, 綠蔭書房, 35쪽.

마음도 피도 몸도 하나가 되어야 하는 것이었다. 그러나 실제로는 일본인과 조선인이 서로 융합하여 중간형의 인간이 되는 것이 아니라되는 것인이 모든 것을 버리고 일방적으로 일본인화 하는 것을 의미하였다. 이 때문에 조선에서 전개된 국민정신총동원운동은 일본에서처럼 거국일치·견인지구·진충보국 이외에 '일시동인에 기초한 내선일체화와 황국신민화의 철저'를 동시에 내세울 수밖에 없었다. 그러나 일제는 늘 일방적인 황국신민화에 초점을 맞추었다.

조선인에게 내선일체의 이념을 선전하고 다녔던 조선총독부 경무국 보안과장 후루카와(古川兼秀)는 부여에서 열린 전조선 지도자강습회에서 다음과 같이 일상의 연성을 통한 황국신민화의 실현이 선결 과제임을 주장하였다.

> 내선일체의 본뜻은 새로 편입된 조선 동포로 하여금 명실공히 완전히 충량한 황국신민이 되게 하는 것이고, 조선인으로 말하면 참된 일본인이 되는 것이다. … 내선일체의 방침은 조선인에게 단 하나 희망에 찬 지도원리이기 때문에 단순히 관념과 이론상의 문제에 그쳐서는 안 된다. 그것이 모두 생활상에 가장 불가분의 관계를 갖고 있다는 점을 밝히고, 황국신민 연성의 실적이 올라감에 따라 조선인의 사회적 지위도 필연적으로 향상될 것이고, 또 대동아공영권의 건설에 임해서도 동아의 다른 민족과는 달리 일본인으로서 그 중핵체가 되고 지도자의 지위를 획득하게 될 것이라는 등 장래에 대한 밝은 빛을 주지 않으면 안 된다.[6]

그런데 여기서 주목할 부분은 '황국신민 연성'이라는 표현이다. 이제 황국신민과 연성이 결부되어 하나의 일체를 이루면서 조선인 개조를 위한 구체적 기획을 나타내게 된 것이다.

---

6) 國民總力朝鮮聯盟防衛指導部,『內鮮一體ノ理念其ノ具現方策要綱』, 1941년 6월, 1-8쪽.

연성과 관련한 업무를 총괄한 국민총력조선연맹은 조선인이 천황을 향하여 멸사봉공하는 황국신민이 되어야만 내선일체를 이룰 수 있는데, 조선인을 황국신민으로 만들어 내선일체에 도달하게 만드는 방법이 연성이라면서 황국신민 연성을 다음과 같이 강조하였다.

> 내선일체의 근본 전제는 황국신민화에 있으며, 사심을 버리고 공에 봉사하고 참으로 폐하의 백성이라는 자각을 투철히 하는 것이 모든 제도상 일체화의 선결 문제이다. 이 근본 전제를 궁행실천하지 않고 쓸데없이 제도상 평등을 요구하고 그것이 한꺼번에 이루어지지 않는다고 궁극의 이념을 비방하는 짓과 같은 일은 참으로 비황국신민적인 태도로 순진한 내선일체 운동을 가로막는 해독이라고 하지 않을 수 없다. 나아가 내선일여의 황국신민을 연성하는 데 임해서는 민도의 향상, 교육의 보급, 인격의 도야를 필요로 함은 말할 필요도 없다.[7]

미나미 총독도 태평양전쟁 발발 후인 1942년 5월 4일 열린 도 경찰부장 회의에서 총력전의 효율적 수행을 위해 절실한 인적 · 물적 자원의 총동원에 부응하려면 '황국신민의 연성'이 절실하다고 주장하였다.

> 지금의 시국에 대처하기 위해서는 인적 물적 모든 자원을 총동원하는 것이 극히 긴요하고, 물적 자원의 개발 충실 또한 끝까지 추구하는 바 인적 자원의 강화에 의하지 않으면 도저히 그 목적을 달성할 수 없는 것이다. … 국민적 훈련에 중점을 두고 국가의 요청에 즉시 응할 수 있도록 이들을 연성하여 몸과 마음 모두 건전한 황국신민으로 육성할 것을 기대한다.[8]

미나미 총독을 이은 고이소 총독은 급박해진 전쟁 국면에 대처하기 위한

---

7) 國民總力朝鮮聯盟防衛指導部, 『內鮮一體ノ理念其ノ具現方策要綱』, 1941년 6월, 6쪽.
8) 水野直樹 편, 2001, 『朝鮮總督諭告 · 訓示 集成』 5, 綠蔭書房, 282쪽.

인적·물적 자원의 총동원이 더욱 절박해지자 황국신민의 연성을 더욱 다그쳤다. 그는 1943년 1월 4일 시무식 훈시에서 황국신민의 연성을 다음과 같이 강조하였다.

    황국신민으로서 연성 없는 징병제, 국체의 본의에 투철하지 못한 의무교육제 같은 것은 혼 없는 뼛조각에 불과한 것이다. 특히 국가총력전인 근래 전쟁의 특징으로 사상선, 경제전은 이후 더욱더 치열해질 것이다. 그러므로 끝까지 지조를 지키는 것을 굳건히 하고 필승의 신념을 움켜쥐어 털끝만큼도 적이 넘볼 수 있는 정신적 틈새를 없게 하고, 금년 불행하게 일어난 한해·수해로 인한 식량 부족을 비롯하여, 미국과 영국에 대항한 결전의 완수를 위하여 필연적으로 예상되는 여러 물자의 부족함을 인내하고, 정신·육체의 양면의 노무를 강화하여 다음에 말하는 생산력전의 증강을 급속히 감행 충실케 하기 위해서도, 황국민 연성의 즉시 철저와 이에 따른 관민 모두의 참된 신도의 실천이 절대 불가결의 조건이라는 점을 깊이 명심하지 않으면 안 된다.[9]

1943년에 개정된 제4차 조선교육령에서는 '연성과 학도동원'을 내세우며, 식민지 조선인을 전쟁 자원으로 삼아 천황제 사상으로 세뇌시키는 노골적인 전쟁 놀음을 꾀해나갔다. 또 1945년 5월에는 〈전시교육령〉을 공포하고 모든 학생들의 결전 태세 확립을 외치면서 교직원과 학생들로 하여금 '학도대'를 결성케 함으로써 학교를 곧바로 군대조직화하기에 이른다.

3) '황구신민 연성'과 '황구신민'의 인간상

조선인을 겨냥한 특별한 황민화의 목표인 '황국신민'이 의미하는 바는

---

[9] 水野直樹 편, 2001, 『朝鮮總督諭告·訓示 集成』5, 綠蔭書房, 181~2쪽.

'황국신민의 서사'[10]를 보면 확연히 드러난다. 조선총독부 학무국은 교학 진작敎學振作과 국민정신 함양을 도모한다는 명목으로 '황국신민의 서사'를 기획하여 1937년 10월 2일 미나미 총독이 재재함으로써 공식화되었다. 일제는 이를 모든 조선인들에게 외우기를 강요하였고, 각급 학교의 조례와 모든 집회에서 제창하도록 하였다. 그리고 모든 출판물에 이를 게재하도록 하였다.

그런데 여기서 가장 주목할 부분은 아동용과 일반용으로, 두 가지 서로 판이한 내용의 서사가 애초 만들어졌다는 사실이다. 일제는 내(일본인)와 선(조선인)의 일체를 외치면서 차이와 차별을 줄곧 지속·확대시켜 갔을 뿐 아니라 조선인 내부에도 다양한 구획선을 만들어 조선인의 분단·단열화를 꾀하였던 것이다.

초등 정도 학교와 각종 유소년 단체용의 '아동용 황국신민의 서사'에는 '대일본제국의 신민'으로 '천황폐하께 충의'를 다하는 '훌륭하고 강한 국민'이 되겠다고 되어 있는 반면에, 중등학교 및 동 정도 이상의 학교 및 청년단체와 동등 이상의 유사 단체용의 '성인용 황국신민의 서사'에는 '대일본제국'·'천황폐하'·'국민'의 어느 구절도 찾아볼 수 없다. 이것은 무엇을 의미하는가? 거기에 조선적 황민=황국신민의 의미와 황국신민 연성이 지향하는 바가 담겨 있는 것이다.

• 아동용 황국신민의 서사
 - 초등 정도의 학교 및 각종 유소년 단체용
1. 우리들은 대일본제국의 신민입니다.
1. 우리들은 마음을 합하여 천황폐하께 충의를 다합니다.
1. 우리들은 인고 단련하여 훌륭하고 강한 국민이 되겠습니다.

---

10) 朝鮮總督府,「生活ノ刷新ニ關スル件」,『朝鮮總督府時局對策調査會諮問案參考書』, 1938, 19~20쪽.

• 일반용 황국신민의 서사
  - 중등학교 및 동 정도 이상의 학교 및 청년단체와 동등 이상의 유사 단체용
1. 우리는 황국신민이며 충성으로 군국君國에 보답한다.
1. 우리들 황국신민은 서로 신애 협력하여 단결을 공고히 한다.
1. 우리들 황국신민은 인고 단련력을 길러서 황도皇道를 선양한다.

새롭게 자라나는 아동은 대일본제국의 신민-천황폐하께 충의-강한 국민으로 연결되는 반면, 이미 조선인으로서 민족성에 물든 일반인의 경우는 황국신민이 되어 자기들끼리 협력 단결하여 충성으로 군국에 보답하고 황도를 선양하라는 일방적 요구만이 적시되어 있다. 여기서 집중적 연성의 대상은 당연히 후자이다. 이러한 '황국신민 연성'이 무엇을 뜻하는가에 대하여 국민총력조선연맹의 운동요강은 다음과 같이 정리하고 있다.

황민연성의 본뜻은 황국신민으로서의 정신을 기르고, 용감하게 국사에 참여하는 강건한 심신을 연마하고, 억조일심一億一心 대화협력大和協力하여 도의생활의 실천에 항상 열중하는 데 있다. 두루 국체본의의 투철을 꾀하고, 특히 청소년의 연성에 힘씀과 함께, 황민의 어머니인 부인의 자각을 촉진하여 황국 가풍의 확립에 노력하고, 직장의 연성을 통하여 직역봉공의 국풍을 일으키고, 각 계층의 지도자를 연성하여 솔선수범의 열매를 거두고, 행동을 중심으로 하는 연성과 아울러 끊임없이 국민에게 도의실천의 생활 훈련을 철저하게 하는 것이다.[11]

'황국신민 연성'을 통해 만들어내려고 한 '황국신민'은 대체 어떤 모습일까?
국민총력조선연맹 연성부에서 연성운동을 진두지휘한 벳부別府蒼水는 연

---

11) 國民總力朝鮮聯盟, 『國民總力運動要覽』, 1943년 9월, 66~75쪽.

성의 의의와 '황국신민'의 모습에 대하여 다음과 같이 지적하였다.

일본은 신이 나라의 기초를 세우고 만세일계의 천황이 통치하는 3천년 역사를 가진 세계에 비할 바 없는 국가이다. 이 국체와 이 역사 속에서, 더구나 대동아전쟁이라는 지금까지 전혀 없었던 성업시대에 태어난 우리들은 일본인이라는 자각에 서서 황국이 더욱더 번영하기 위해 순국의 충성을 다해야 한다. … 본래의 일본인의 모습은 『고사기』, 『일본서기』, 『만엽집』 등의 역사 속에 분명히 기록되어 있다. 본래의 일본인은 모든 것을 바쳐 오로지 천황을 위해 시종하였다. 신민의 생활은 단지 천황에 봉사하기 위해서만 존재하였다. 경제도 산업도 예술도 모두 그러하다. 천황을 위해서는 생명조차도 깃털의 가벼움으로 여겼다. 일체의 것은 단지 천황을 위해서만 존재하고, 인민은 눈꼽만큼도 사리사욕이 없었다. 이것이 일본인의 본래 모습이었다. … 연성은 왜 필요한가? 대동아전쟁 그 자체 때문이다. 모든 국민의 일체 생활이 이 한 가지 일에 부응하지 않으면 안 되는 것처럼, 연성도 이 대동아전쟁에 표적을 맞추고 이루어지지 않으면 안 된다. 연성을 통하여 국민 생활의 일체를 대동아전쟁에 집중해야 한다. … 연성은 당면한 국민생활 일체를 정말 있어야 할 일본의 모습으로 만듦으로써 대동아전쟁을 승리로 이끄는 태세 정비의 계기인 것이다. 세상 사람들은 연성이라고 하면 깊은 산속의 절이라든가, 사람 사는 곳에서 멀리 떨어진 도장이라든가, 그것과 비슷한 환경에서만 이루어지는 것으로 생각한다. 또 강물이나 바닷물에 목욕함으로써 이룩되는 것으로 여기고 있다. 물론 그러한 신사의 강당이라든가 도장이라든가 또는 절간을 이용하고, 또 맑은 바닷물이나 강물에 목욕하는 것은 연성의 효과를 높이는 방법임에 틀림없지만, 반드시 그렇게 하는 것만이 연성이라고는 말할 수 없다. 연성은 가거나 오거나, 앉거나 눕거나 하는 사이, 즉 언제나 하지 않으면 안 되는 것이다. 산업인은 공장이, 관리는 관청이, 상인은 상점이 연성의 도장이다. 즉 일상생활 그 자체가 연성의 과정이다. 우리는 현재 과거 수백 년에 걸쳐 미국과 영국이 아시아에 심어놓은 자유주의·개인주의라는 허물·오물을 불식하기 위해 대동아전쟁이라고 하는 고금 미증유의 푸닥거리(祓禊)를 강행하고 있다. 일본인 한 사람 한 사람은 진짜 아시아를 건설하기 위해 과거의 비일본적 허물과 오물을 모두 청산하기 위해 스스로 영혼과 육체를 연성하지 않으면 안 된다.[12]

여기서도 잘 드러나는 바와 같이 연성이란 '낡은' 조선인을 황국신민으로 주조해내는 인간개조이고, 이렇게 창출되는 황국신민은 영혼과 육체는 말할 것도 없고 일상생활의 모든 것까지 천황을 위해 바치는 참된 일본인이 되어 죽음으로 은혜에 보답해야 하는 존재인 것이다.

2. 황국신민 연성의 전개

조선의 황민화 운동은 '황국신민의 연성'이라는 모습으로 전개되었다. 일제는 조선인을 황국신민으로 연성한다는 명목으로 각종 통제 법령을 발포·시행하고, 국민정신총동원운동조선연맹·국민총력운동조선연맹·조선국민의용대 등을 이용한 대대적 관제운동을 전개하였다. 나아가 학생·청년·노동자·농민·여성·관공리 등을 수련도장에 수용하고 특별 연성을 실시하기도 하는 등 법령·제도·운동 등 모든 부면에 걸쳐서 전일적으로 황국신민의 연성을 추진하였다.

중일전쟁 발발 1주년인 1938년 7월 7일을 맞아 일본 본국과 보조를 맞추어 조선에서도 국민정신총동원운동이 시작되었다. 일본의 국민정신총동원중앙연맹에 이어 국민정신총동원조선연맹을 발족시켜 조선인의 정신생

---

12) 別府蒼水,「鍊成に就いて」,『朝光』 9-3, 1943년 3월, 22~26Z쪽.

활은 물론 경제생활에 이르기까지 모든 생활 영역에 철저한 통제를 가하기 시작하였다. 국민정신총동원조선연맹의 운영을 전담한 전임총재는 조선군사령관인 가와시마요시유키가, 전임이사는 육군중장 가와기시 후미조가 맡은 데서도 그 성격을 짐작할 수 있다. 국민정신총동원조선연맹 산하에 지방조직으로 정·동·리·부락연맹이, 각종 단체 연맹에 최말단의 바닥 조직으로 10호 정도로 구성된 애국반이 있었는데, 호 대표가 반원이 되었다. 강령상의 근본 취지는 조선인을 황국신민으로 만들어 내선 일체를 실현하고, 생활혁신과 생산확충을 이룩하여 총동원에 부응하며, 조직과 훈련을 통해 전시체제를 확립하자는 것이었다. 활동은 애국반을 통해 종래의 애국일 행사는 실시하 한편, 강령을 구현할 수 있는 각종 기념일과 강조 주간을 설정하여 생활혁신과 정신교화에 나섰는데, 궁성요배와 근로저축은 반드시 실행하도록 중시되었다.

  1940년 10월 미나미 총독은 식민지 조선의 신체제운동을 총괄할 조직으로 국민정신총동원조선연맹을 모체로 하여 국민총력조선연맹을 결성하였다. 총독이 총재, 정무총감이 부총재를 맡았다. 조선총독부는 국민총력운동을 다음과 같이 선전하였다.

> 국민총력조선연맹으로 개조·강화됨과 동시에 물심양면에 걸쳐 전시 국민생활의 실천에 나섰다. 특히 대동아전쟁 발발 후에는 전쟁의식의 앙양과 전력증강에 초점을 맞추어, 황국신민의 도의 실천과 수양연성의 강화, 국어 보급과 상용, 통제경제의 운영, 저축의 증강, 국채 소화, 폐품 회수 등 모든 국민운동을 추진하고 실천하는 기관으로 총독부의 행정과 일체가 되어 활동을 계속하고 있다. 이것이 일본의 대정익찬회 운동과 다른 첫째 특징은 절대로 정치적 성격을 띠지 않고 어디까지나 황국신민의 도의 실천과 직역봉공을 목표로 하는 국민생활의 실천운동이란 점이다. 가장 하부조직에는 일본의 마을모임(隣會)에 해당하는 애국반이 조직되어 그 수가 43만에 이른다. 특히 매일 아침 정해진 시간에 거행하

는 궁성요배와 정오의 묵도는 일본에서는 여간해서 볼 수 없는 엄숙한 풍경으로 라디오와 사이렌을 신호로, 가정에서 혹은 거리에서, 전원에서, 기차와 전차 속에서, 그밖에 모든 직장에서 조선의 전국민이 궁성을 요배하거나 호국 영령에게 경건한 묵도를 올린다.[13]

미나미 총독을 이은 고이소 총독은 황국신민의 연성을 더욱 다그쳤다. 조선인에게 일본정신을 주입하고 규율생활을 체득하게 만드는 것을 통치의 최우선 과제로 삼은 그는 조선인을 황국신민으로 개조하는 특별 연성이야말로 최대최선의 급선무라고 여겼다.

그에 따라 조선총독부는 1942년 11월 1일 학무국에 연성과를 설치하고 체육 등의 업무를 맡겼다. 그리고 1942년 11월 4일 총독이 총재를 겸하고 있던 국민총력조선연맹의 조직을 개편하여, 사무국 총장 밑에 가장 큰 부로 연성부를 설치했다. 연성부에는 **사상과**(황도정신의 앙양, 국민사상의 통일, 방공·방첩·방범 및 준법 정신의 철저와 보호시설에의 협력), **연성과**(국민의 일반적 연성, 국어보급, 지도자 부인 단체 등의 지도 연성, 국민방공훈련), **청년과**(청소년의 지도연성), **군사보급과**(군사사상의 보급)를 두어 각각 소임을 다하도록 하였다. 관과 민이 일체가 된 황국신민 연성의 전일적 추진이었다.

조선총독부는 전쟁이 막바지로 치닫는 상황에 처하여 생산·배급·소비의 모든 분야를 급속히 군수체제로 개편해나갔다. 아울러 황국신민의 연성도 총동원을 중시하는 방향으로 바뀌어, 국민총력조선연맹은 연성부를 축소하고 새로 실천부를 설치하였다. 1943년 11월 15일의 조직 개편에서 연성부는 줄어든 반면 실천부가 부각되었다. 1944년 12월 1일의 조직 개편 때는 아예 연성부가 폐지되고 실천부 아래 연성과로 편입된 반면, 사봉과는 새로 신설된 근로부로 이관되었다.

---

13) 朝鮮總督府 情報課, 『新しき朝鮮』, 朝鮮行政協會, 1944, 42~43쪽.

일제는 1945년 7월에는 아예 국민총력조선연맹을 조선국민의용대로 바꾸면서 조선인을 마구잡이로 전쟁터로 내몰았다.

〈표 3〉 전시체제하 총동원 조직의 핵심 기구 변천 내역

조직	국민총력조선연맹			국민의용대중앙본부
시점	1942. 11. 4	1943. 11. 15	1944. 12. 1	1945년 초
중심 변화	연성부 신설	연성부 축소 실천부 신설	연성부 폐지 근로부 신설	국민총력조선연맹을 국민의용대중앙본부로 개편
조직 내부 구성	사상과 연성과 청년과 군사보급과	연성부-국민신앙과, 연성과 실천부-사봉과, 정시생활과	연성과는 실천부에 편입 사봉과는 신설된 근로부로 이관	
초점	관민일체가 되어 황국신민의 연성을 전일적으로 추진	생산·배급·소비 모든 분야의 급속한 군수체제로의 재편	전쟁 막바지의 최대한 수탈	조선인 모두를 전쟁에 직접 가담시키려는 목적

조선총독부는 황국신민 연성의 일환으로 애국일 행사, 황국신민의 서사 제창, 황국신민체조의 시행 등을 통해 국가총력전에 부응할 수 있는 정신과 신체를 지니도록 만들어 나갔다.

우선 전국적으로 일제히 거행된 연성일 행사를 들 수 있다. 연성일은 애국일·흥아봉공일·대조봉대일 등의 계보를 잇고 있다.

조선총독부는 중일전쟁 발발 직후인 1937년 7월 22일 조선중앙정보위원회를 만들고 그 사업의 일환으로 애국일 행사를 거행하도록 했다. 근본 취지는 조선인에게 일본의 신도·천황·국가에 대한 경외심과 충성심, 곧 황국신민의 도를 체득케 만드는 데 있었다. 당시 일본에도 없던 이 행사를 1937년 9월부터 학교는 매월 6일에 실시케 하고, 11월부터는 관공서·회사·은행·공장·각종 단체와 정동회 및 부락으로 확대하여 매월 1일 또는 15일에 거행케 하였다. 그 목적은 인고지구의 정신 훈련을 통해 책무 수행 능력을 조장하겠다는 것이었다. 이 행사는 신사 앞에서 치르는 것이 원

칙이고 신사가 없을 경우 국기게양대 앞에서도 실시하였다. 행사는 신사神社·신사神祠 참배, 황거요배, 국기게양, 국가제창, 강화, 황국신민의 서사 제송, 천황폐하 만세삼창 등의 순서로 치러졌다. 그밖에 근로보국의 명목으로 집회 때 2시간 정도 집단 작업을 하는 경우도 있었는데, 일심불란의 태세를 갖추게 한다는 의도에 따른 것이었다.

1939년 7월 4일 국민정신총동원위원회는 공·사 생활을 쇄신하고 전시태세를 강화하겠다는 기본 방침을 설정하고, 매월 일정한 날을 국민생활일로 지정하여 그 날은 전국민이 전장의 노고를 기리고 강력한 일본을 건설하기 위해 자숙자성할 것을 요구하였다. 이때 만들어진 국민생활요강에는 일찍 일어나기 실행, 보은 감사, 대화협력, 근로봉사, 시간엄수, 절약저축, 심신단련 등의 내용이 들어 있었다.

〈표 4〉 조선인을 대상으로 한 전면적인 황국신민 연성 시행일 비교

	애국일	국민생활일	흥아봉공일	애국반상회	애국부인회	대조봉대일	연성일
시기	1937년 9월	1939년 7월	1939년 9월			1942년 1월	1943년 3월
관할기구	조선중앙 정보 위원회	국민정신 총동원 위원회	국민총력 조선연맹			국민총력 조선연맹	국민총력 조선연맹
실행일	매월 6일 (11월부터는 매월 1일 또는 15일)	매월 일정일	매월 1일	매월 7일 저녁 7시 30분이나 8시부터 2시간	매월 셋째 월요일 2시간 정도	매월 8일	매주 월요일
실시내용	신사·신사 참배, 황거요배, 국기게양, 국가제창, 강화, 황국신민 서사 제송, 천황폐하 만세삼창	국민생활요강-일찍일어나기 실행, 보은 감사, 대화 협력, 근로 봉사, 시간 엄수, 절약 저축, 심신 단련	당일 아침 직장과 마을에서 애국반 중심으로 상회 개최, 상회는 보통 라디오방송 지시에 따라 진행	라디오방송의 지도에 따라 전국에서 일사불란하게 진행	집단으로 바느질 등의 노동	상회 참가 애국반은 반드시 반기 휴대. 정·동·리·부락 연맹에서 반드시 방송 시각에 맞추어 개최	출근 정각보다 30분~1시간 반 전에 출근하여 엄격한 규율 아래, 국민의례와 체조·교련, 여자는 의례 등을 습득

중요목적	인고지구의 정신훈련을 통해책무수행 능력을 조장	전국민이 전장의 노고 기리고 강력한 일본 건설 위해 자숙자중	황국신민으로서의 긍지와 총후 전사로서의 자각 높이고, 신도실천과 직역봉공 의 생활화			내선일체 실현과 필승신념·인고단련·명랑건실의 자세로 직역봉공에 매진	황국신민 연성을 통한 내선일체화 실현과 전시협력을 통한 국가총동원 실천
근본취지	황국신민의 도 체득	전시태세 강화	고도국방 국가의 건설	황국신민 연성의 색채 농후		대동아전쟁의 완수	극단적인 황국신민화와 국가총동원
비고	때로 근로보국 명목하 2시간 정도 집단작업	일본 흥아봉공일 행사와 동일	애국일 행사와 거의 비슷	원칙상 애국반원인 세대주가 반드시 출석		반드시 집안의 주인이 출석. 애국반상회는 매월 10일 저녁으로	흥아봉공 일보다 빈도가 4배로 늘어남

조선총독부는 일본 본국의 흥아봉공일 제정에 호응하여 2년여 동안 실시해온 애국일을 폐지하고 1939년 9월부터 매월 1일에 흥아봉공일 행사를 거행하였다. 행사의 내용은 기본적으로 애국일 행사와 거의 비슷하였다. 먼저 당일 아침에는 직장과 마을에서 애국반을 중심으로 상회常會를 개최하였는데, 보통 라디오 방송의 지시에 따라 진행되었다. 이 행사는 국민정신총동원운동이 1940년 10월 16일 국민총력운동으로 바뀐 뒤에도 개최되었다. 행사의 주요 목적은 황국신민으로서 긍지와 총후 전사로서 자각을 높이고, 황국신민의 도 실천과 직역봉공을 생활화함으로써 고도국방국가의 건설에 이바지한다는 것이었다.

애국일 행사에서 분화·발전한 애국반상회는 매월 7일 저녁 7시 30분이나 8시부터 약 2시간 동안 열렸다. 원칙상 애국반원인 세대주가 반드시 출석하게 되어 있었다. 이와 별도로 부인반상회가 개최되는 경우도 있었는데, 매월 셋째 월요일에 2시간 정도 열려 주로 집단으로 바느질 등의 노동을 하였다. 애국반상회는 나중에 라디오 방송의 지도에 따라 전국에서 일사불란하게 진행되었다. 그 순서는 ① 개회인사, ② 국기경례, ③ 궁성요배, ④ 묵도(출정장병 무운장구 기원 및 전몰장병 영령에 감사), ⑤ 통달 및 보고, ⑥ 협의·간담·의논, ⑦ 강연(국민총력조선연맹 실천요강을 중심으로), ⑧ 황국신민의 서사 낭독, ⑨ 폐회 등이었는데, 황국신민적 색채가 짙었다.

　1942년 1월부터 흥아봉공일의 상회와 애국반상회 실시요령이 변경되었다. 국민총력조선연맹은 일본의 예에 따라 1942년 1월부터 매월 8일(태평양전쟁을 발발한 12월 8일을 기념하여)을 대조봉대일로 정하여 그 전까지 매월 1일 아침에 개최해온 흥아봉공일 상회를 대치하고, 매월 7일 저녁에 열던 애국반상회는 매월 10일 저녁으로 옮겨 개최케 하였다. 조선총독부는 대조봉공일의 지도정신은 대동아전쟁의 완수를 위해 내선일체를 이룩하고, 필승신념·인고단련·명랑건실의 자세로 직역봉공에 매진하는 데 있다고 선전하였다. 대조봉공일 상회는 매월 8일 반드시 정·동·리·부락연맹이 방송시각에 맞추어 열었는데, 4~10월은 오전 6시 30분, 11월~3월은 오전 7시 30분에 시작하여 30분 정도 실시하였다. 상회에는 반드시 한 집안의 주인이 출석해야 하였으며, 주인이 사고일 경우 주부가 대신 참가하였다. 상회는 보통 라디오 방송에 따라 ① 국민총력의 노래 또는 애국반가 제창, ② 개회·국기게양, ③ 국가합창, ④ 궁성요배, ⑤ 묵도, ⑥ 강화, ⑦ 공지사항, ⑧ 지난달 보고, ⑨ 황국신민의 서사 제송, ⑩ 만세삼창, ⑪ 국기하강, ⑫ 해산 등의 순서로 진행되었고, 애국반은 반드시 반기를 휴대해야 했다.

　대조봉대일 상회의 진행 순서와 내용은 흥아봉공일 상회와 비슷하고, 참가자의 단결과 흥미를 돋우기 위해 국민총력의 노래, 국가와 애국반가 합창이나 만세삼창이 추가되었다. 주목할 점은 조서봉독이 불경하게 이루어질까 염려하여 현장에서 읽지 않고 라디오 강화나 강연으로 대신한 것인데, 그만큼 천황에 대한 경외와 터부가 강했던 까닭이라 할 것이다.

　조선총독부와 국민총력조선연맹은 전세가 급박해지자 대조봉대일을 1943년 3월 1일부터 연성일로 바꾸고, 매주 월요일마다 행사를 거행하도록 독려하였다. 연성일에는 관공서·공공단체·회사·은행·각종 조합 사무소는 출근시간보다 30~1시간 30분 전에, 공장·광산 사업장 등은 지도자가 정한 적당한 시간에 평일보다 일찍 출근하여 엄격한 규율 아래 ① 국민의례, ② 체조·교련을 행하고, 이것이 불가능할 경우 훈화·근로작업 등으로 대신하였다. 여자는 교련 대신에 의례 등을 습득하였다. 연성일 행사도 대조봉대일과 비슷하였으나 갬서·공공단빈도를 월 1회에서 주 1회로 4배 늘리고, 연성의 범위를 각계각층으로 확대함으로써 강도를 더욱 높인 것이 특징적이다.

이하 황국신민 연성의 일환으로 시행된 각종 시책에 대하여 간단히 살펴보기로 한다.

1937년 10월에 제정된 황국신민의 서사 제송은 원래부터 조선인에게만 부과되었다. 서사의 내용은 미나미 총독의 통치방침인 국체명징·내선일체·인고단련이 뼈대를 이루고 있었다. 조선총독부는 애국일 행사에서 뿐만 아니라 학교와 단체의 각종 집회에서 서사를 제송하고, 또 출판물에도 이것을 게재하도록 강요하였다. 심지어는 이것을 일본어로 외울 수 있는가 없는가를 따져서 배급품을 지급하기도 하였다. 1939년 11월 24일 조선교육회는 경성의 남산에 미나미 총독의 친필로 황국신민서사를 새긴 기둥과 조각을 건립하여 이를 선전·보급하였다.

1937년 10월 8일 조선총독부는 다음과 같은 목적으로 황국신민체조를 제정하였다.

예로부터의 무도武道의 형型을 바탕으로 이를 체조화 하고 조직한 '황국신민체조'를 제정하여 일반에게 보급하게 되었다. 예로부터 일본정신의 근본이 무도에 의해 배양되는 무사도에 있다고 믿고, 그 정신을 취하여 칼에 친한 사람이든 그렇지 않은 사람이든 간에 일상적으로 무도의 형에 친숙하게 함으로써 몸과 마음을 단련하여 황국신민으로서의 신념을 체득하는 데 있다.[14]

황국신민체조는 소학교 저학년을 제외한 각급 학교의 학생과 일반 대중을 대상으로 실시되었다. 세 종류의 목검과 목도가 사용되었는데, 체조의 일반적 도구가 아닌 일본 정신으로 여겨져 신성시되었다. 복장은 하의는 순백색·검정색·감색의 가랑이를 감추는 짧은 바지나 발목까지 오는 긴 바지를, 상의는 흰색의 반팔 또는 긴팔 셔츠가 장려되었다. 1938년 3월 30일 〈학교체조교수요목〉을 개정하여 전조선의 아동과 학생들에게 실시하였으며, 그해 말에는 관공서와 일반인에게도 실시되었다.

일본 본국의 경우 후생성에서 전국민을 대상으로 '국민체조'를 보급한데 반하여, 조선에는 황국신민체조를 특별히 제정·실시한 목적은 신체의 연성과 정신의 통일을 통해 확고불발의 정신과 인고지구의 체력을 양성하고 황국신민다운 기백을 함양한다는 것이었다. 즉 천황제 이데올로기를 주입함으로써 황국신민 연성의 수단으로 기능하는 한편, 전쟁 수행을 위한 전력증강에 이바지하는 데 있었다. 따라서 황국신민체조는 체조 시간은 물론, 매월 열리는 애국일을 기하여 시행되었다.

조선총독부는 1940년 2월 11일부터 이른바 창씨개명에 나섰다. 조선총독부는 "황기 2600년 기원절에 천황폐하의 따뜻한 배려로 조선인도 일본식 씨氏를 갖게 되었다"고 선전했지만, 본뜻은 조선인을 황국신민화함으로써 손쉽게 인적·물적 자원을 동원하려는 데 있었다. 행정조직과 학교, 국민정신총동원운동 조직, 그리고 친일 인사들을 총동원하여 대대적인 선전과 함께 신청을 강요하였다. 신청기간이 마감된 8월 11일 이후에는 제령 제19호 부칙 제3항에 따라 종래의 '성姓'을 그대로 '씨'로 간주하는 일방적인 호적정리 조치를 취하였다. 따라서 '창씨'를 끝내 거부하던 조선인들의 경우도 호적을 갖고 있는 한 모두 일제에 의해 '창씨'가 되는 결과를 맞았다.

일제는 조선어 말살 정책도 강력히 추진하였다. 학교에서 조선어 교육

---

14) 『朝鮮總督府官報』, 1938. 10. 8일.

을 완전히 배제시키고, 조선어 신문을 폐간시켜 조선어를 사회로부터 추방하였다. 1942년부터는 국민총력운동의 일환으로 '일본어 완전 이해·항시 사용 운동'을 대대적으로 실시함으로써 전조선인에 대하여 일본어 항시 사용을 강제하기 시작하였다. 학생들에 대한 조선어 사용 단속이 한층 강화되었고, 관공서, 각종 단체, 상점 등의 직원들에게 근무 중에는 반드시 일본어를 쓰도록 하고, 만약 어길 경우 많은 액수의 벌금을 징수하는 등의 제재를 가하였다. 일본어를 사용하지 않으면 일상생활을 할 수 없는 분위기가 조성되었던 것이다.

일제는 조선인의 정신을 통제하는 일환으로 일본인의 재래신앙인 신도와 신사참배를 강요하였다. 신사는 1945년 1,141개로 급증하였으며, 신사 미설치 지역에는 신사 기능을 대체할 수 있도록 신궁쓰시마의 배포, 신붕의 설치, 궁성요배 등을 강제하였다. 지역과 직역을 망라한 국민운동 형태로 신사참배를 대대적으로 강요한 결과 조선신궁 참배자 수를 보면 1942년 260만 명을 기록할 정도였다. 신도·신사는 천황 숭배 및 황도주의의 바탕이 되었으며, 일본의 역사를 과장하고 왜곡·날조한 황국사관과 직결되었다.

일제는 이상의 제반 시책과 함께 각종 장치를 마련하여 조선인을 통제·수탈하였다. 우선 법률면을 보면, 〈조선사상범보호관찰령〉, 〈조선사상범예방구금령〉 등을 통해 민족주의자 및 사회주의자에 대한 탄압을 전면화하고, 1941년 〈개정 치안유지법〉을 시행하여 적용 범위를 무제한으로 확대하였다. 아울러 1938년 〈국가총동원법〉을 공포한데 이어, 1941년 12월 〈물가통제령〉을 발포하여 일반물자 및 생활필수품에 대한 배급통제를 확대하였다. 1943년 이후에는 이마저 한계에 부딪치자 생활필수품의 소비를 철저히 통제하고 금지시키기에 이른다.

3. 황민화의 절정

일제는 1940년대에 들어 전황이 급박해지자 다각도로 그 타개책을 모색하지 않을 수 없었다. 특히 급속한 전선의 확대와 병력 자원의 소진으로 인한 동원 병력 확보는 절박했고, 그 타개의 방향은 조선에서의 인적·물적 자원의 동원이었다.

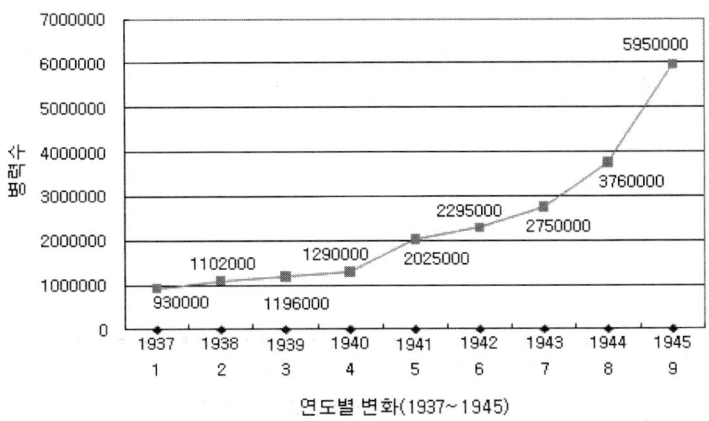

연도별 변화(1937~1945)

미나미 총독이 아직 전쟁 초반인 1939년 1월 "대저 본 사변은 동원 병력량과 교전지구의 확대 및 세계적 관섭關涉의 심각 복잡 미묘함"으로 인해 미증유의 규모라며 동원 병력의 증가에 놀라움을 표시하였다.[15]

사정이 이러했기에 〈표 5〉에 나타난 바와 같이 일본군의 병력 수는 1940년대 이후 급격히 증가하였다.[16]

이처럼 일본군 필요 병력 자원이 늘어나는 한편으로 침략 전선의 확대와 침략 전쟁의 격화에 따라 〈표 6〉에 보이는 바와 같이 엄청난 전사자가 발

---
15) 南次郎,「協同興亞の大精神」,『朝鮮行政』, 1939. 1월호, 2~3쪽.
16) 大濱徹也·小澤郁郎 편, 1995,『帝國陸海軍事典』, 同成社, 13쪽.

생하였으며, 부상자까지 포함하면 그 수는 막대하였다. 이러한 상황이 장기간 지속됨에 따라서 동원 가능 병력 자원의 절대적 부족은 갈수록 심각해질 수밖에 없었다.

〈표 6〉 제2차 세계대전시 일본군 지역별 현존 병력 수와 전사자 수

1945. 8. 15일 현재 지역별 현존 병력 수				전사자 수 (1937. 7. 7~1945. 8. 14)
일본 본토 주변	조선	그 외 지역	병력 총수	
4,335,500	335,900	3,217,700	7,889,100	1,940,100

출전 : 1964. 3. 1일 일본 후생성 원호국 작성

일제는 격증하는 병력 자원 수요에 대처하여 ① 학생들을 대상으로 한 징병유예 제도 폐지, ② 징병연령의 인하(20세에서 19세로), ③ 병역 복무연한 연장(40세에서 45세로), ④ 병역편입 연령의 인하(17세로) 등으로 대처해나가려 하였다. 그러나 병력 자원의 절대 부족을 해소하기 위해서는 보다 근본적인 대책이 필요하였고, 이에 식민지 조선과 대만에서의 징병제 시행을 기획하게 된 것이다.

일제는 강제 징병을 통하여 일본 및 동남아시아 방면에 30만여 명, 조선 내에 71만 3,700여 명, 그 외 군속으로 3만여 명, 합계 104만 3,700여 명을 연행하려는 계획을 세우고 실제 지원병·학도병·징병 등으로 육군 186,980명, 해군 22,299명, 합계 209,279명, 해군 군속 154,907명의 조선 청년을 전쟁터로 끌고 갔다. 이들의 집단 행동을 방지하기 위하여 엄격하게 분산입대·분산배치의 원칙을 세우고 집단 반항과 탈주 및 정보 교환을 봉쇄하였으며 위험한 전투에는 항상 첨병 역할과 선두 행동을 강요하였다.[17] 같은 기간 대만에서는 총 20만 7천여 명의 청년들이 군속·군부·지원

---

17) 정신문화연구원, 1995, 『1995년 해외 희생자 유해현황 조사사업보고서』, 81~82쪽.

병·전투원 등의 명목으로 징집되어 전쟁에 투입되었다.[18]

조선인에 대한 징병제 시행은 태평양전쟁의 개전과 거의 궤를 같이하여 육군성 군무국 군사과를 중심으로 구체화되어 입안되었다. 육군은 앞으로 전개될 장기전에 대비하여 일본민족의 인적 국력 소모를 극도로 회피하기 위해서는 '외지 민족의 활용'이 필요하고, 그 첫 번째 착수로 조선인에 대한 징병제 시행이 급선무로 떠올랐던 것이다.[19]

징병제 실시에 따라 일제는 임기응변으로 조선인(대만인도 포함하여)에 대한 처우 개선책을 급히 내놓았을 뿐 아니라, 징병제에 직결된 이른바 '공통법'을 손질하는 일도 절박하였다. 조선인을 대상으로 징병제를 시행한다는 것은 "조선동포 모두가 법률적으로 제국신민(황민)으로 인정"되었다는 의미를 가지므로, "공통법의 개정과 그 시행에 의하여 똑같이 조선동포를 일본인과 동격의 제국신민으로 인정"하는 조치를 취해야만 했던 것이다.[20]

그런데 일제가 당면한 고민은 징병제의 시행으로 기존의 내선일체에 대한 의미 부여를 달리해야 하는 곤혹스러움을 어떻게 해결할 것인가 하는 문제였다. 이에 "반도동포가 내선일체의 실천에 투철한 점"이 징병제 시행을 가져왔다고 하여 "이미 내선일체는 실현되었다"는 식으로 강변하기도 하였다.[21]

그러나 실상은 '반도의 황민연성적 단계'를 고리로 한 희생·헌신의 내선일체론을 조성하고 조선인에 대한 일방적 의무 부과를 강요하는 방향으로 나아갔던 것이다.

고이소 총독이 부임 유고에서 성전 완수를 위해 필수 불가결의 요소인 국체본의의 투철이 아직 불충분하다고 한 데서 살필 수 있듯이 조선의 현

---

18) 北河賢三, 1989, 『國民總動員の時代』, 岩波書店.
19) 宮田節子, 1997, 『朝鮮民衆과 '皇民化' 政策』, 일조각, 131~133쪽.
20) 杉浦洋, 『朝鮮軍報道部 監修 朝鮮徵兵讀本』, 1943. 12월, 179~181쪽.
21) 朝鮮軍事普及協會編, 『朝鮮軍報道部監修 朝鮮徵兵準備讀本』, 69~70쪽.

황은 내선일체와는 거리가 멀었다. 이에 대응하여 징병제가 시행될 때까지의 2년간 특히 반도는 '맹렬한 자기연성'에 힘을 기울여야만 하며, 그동안 논의되던 각종의 독립론, 자치론, 협화론 등은 이제 모두 헛소리가 되었으니 일본정신을 체득하고 목숨을 천황에게 바친다는 결의를 굳혀야 한다고 다그쳤다.[22]

더 나아가 다음과 같이 신의 자식으로서 감격스럽게 연성에 매진할 것만을 주문하면서, '황민연성'이야말로 반도의 새로운 단계에 즉응한 가장 강력한 목표가 되지 않으면 안 된다는 궤변을 늘어놓게 된 것이다.

> 특히 눈부시게 빛나는 징병제도 및 의무교육제의 시행을 앞두고 신의 자식인 일본인으로서 감사 감격을 한층 새롭게 함과 동시에 참으로 명실 공히 대동아의 중핵 지도자로서 자기 연성을 향해 일대 행진을 개시하고 있는 조선의 진가를 물어야 할 역사적 중대 시기를 맞았다.[23]
> 내선일체의 방향은 확립되었고, 황국신민으로서 자각도 이미 결정되었다. 그러나 그 열매가 아직 반드시 충분히 갖추어졌다고는 할 수 없다. 여기에 황민으로서 연성의 문제가 발생하는 것이다. … 특히 반도인의 황민연성은 현하 반도의 최대 문제이다. … 징병제도의 시행은 황민만이 담당하는 영광이고, 인류의 지도자로서 실질을 갖출 수 있는 자만이 그 중책을 맡을 수 있다.[24]

나아가 이처럼 급작스레 징병제 시행이 단행되었기에 "징병제의 취지에 합치하기 위해 힘껏 절차탁마하고 일본정신의 체득에 힘써, 실시에 고장을 일으키지 말 것이며, 또한 일본인 병사에 조금이라도 손색이 없도록 몸과

---

22) 津田剛(綠旗聯盟 主幹),「徵兵制の施行と半島の革新」,『綠旗』, 1942. 6월호., 10~17쪽.
23) 波田重一(總力聯盟 總長),「戰時國民生活に徹せよ」,『朝鮮公論』, 1943. 2월호, 19쪽.
24) 津田剛(綠旗聯盟 主幹),「小磯總督の着任と半島の新段階-皇民鍊成的段階の展開」,『綠旗』, 1942. 7월호, 10~17쪽.

마음의 소질을 양성"하[25]라고 다그쳤다. 이에서 알 수 있듯이 징병제는 실제로 일본인과 조선인을 더욱 뚜렷이 구분하면서 일본인에게는 지도적 사명을, 조선인에게는 일방적 희생만을 고취하는 식으로 더욱 뚜렷이 양자에 대한 구분·차별을 노골화하는 방향으로 나아갔다. 결국 조선인은 다음과 같이 일방적 희생만을 강요당하게 되었다.

이 징병제도는 국민이 마음으로 폐하에 충성을 다한다는 정신에서 출발하는 것이기 때문에 법률적인 의무 관념으로써 판단해서는 안 된다. 권리나 의무 등을 초월한 극히 숭고 존엄한 제도이다. 따라서 국민은 징병의 의무를 완수하기 때문에 그 대가로써 어떤 종류의 권리를 요망하는 것과 같은 교환 조건적 생각을 절대로 가져서는 안 된다.[26]

일방적 희생의 강요는 결국 다음과 같이 조선인의 희생이 부족하다면서 지속적으로 더 많은 희생을 다그치는 식의 임기응변으로 나아갈 수밖에 없었다.

우리들 반도인의 희망을 대표하는 지원병 가운데서는 2명의 전사자와 약간의 부상자를 냈다. 사변의 초기에는 천진, 상해의 반도인 의용대에서도 사상자를 낸 일이 있다. 그렇지만 단순히 이 정도의 희생으로써 전사자와 부상자 ○○만을 헤아리고, 근친 연고자 중에 야스쿠니 신사에 모셔지지 않은 사람이 없는 내지인과 더불어, 시국을 말하고 기쁨과 근심을 서로 나누어 가질 자격이 있다고 말할 수 있을 것인가. 일억일심이라고도 하고, 내선일체라고도 한다. 홍아유신을 추진하는 이런 원동력의 한 부분을 나누어 맡고, 균등하게 황국신민으로서

---

25) 朝鮮軍事普及協會編, 『朝鮮軍報道部監修 朝鮮徵兵準備讀本』, 85쪽.
26) 大久保弘一(陸軍 中佐·京城師團 兵務部),「我が國徵兵制度の根本義」,『綠旗』1942. 7월호, 41쪽.

영예를 가진 반도인으로, 내지인에 비하여 한심할 정도로 적은 희생 부담으로써 대동아공영권 건설에서의 지도자적 우위에 참여한다는 것은 후안무치가 아닌가. 단적으로 단정하여, 우리들 반도인은 내지인에 버금가는 희생을 이 성전에 지불하고, 또 그 만큼의 고통과 그 만큼의 감격을 나누어 가진다는 지향과 각오를 갖지 않으면 안 된다. 황국신민으로서 자랑은 오직 한결같이 멸사봉공, 헤아릴 가치 없는 우리 몸과 목숨을 대의를 위해 천황국가에 바쳐서 부끄럼이 없게 하는 데 있다. 황군의 막강함이 세계에 비할 바 없는 까닭은 여기에 있다. 우리들 반도인 청년은 겸손하게 스스로 깊이 성찰하고 이런 마음가짐에 투철하여 온 몸을 던지는 열성을 곳곳에 드러냄으로써만 비로소 내지인을 뒤쫓으며 황도홍아의 진의를 파악하고 내선일체를 체행할 수 있을 것이다."[27]

"조선 거주 내지인의 발분을 기다리는 바가 많음은 물론, 황국신민으로서 이미 30여년의 수련을 거듭하고, 근래 빛나는 의무교육제도 및 의무병제 실시의 기쁨을 맞고 있는 반도동포에 대해서도 참으로 이 시국이야말로 자기를 높여서 훌륭한 인물을 만들어낼 절호의 기회라는 점을 자각하지 않으면 안 된다."[28]

일제는 절체절명의 위기에 처하여 순국 촉구 담론을 조성하고 선전하면서 조선인에 대한 징병과 징용을 실행하여 사태를 미봉하기에 급급하였다. 또한 침략 전쟁을 '성전'으로 포장하고, 그 가치를 '조국정신'·'팔굉일우' 등 고대 일본 신화의 복고적 황도주의에서 찾으려고 하였다. 일제가 희생·헌신의 내선일체론에 입각해 내놓은 〈소국민에게서 솟아나는 순국의 기풍〉이란 제목의 다음과 같은 순국 촉구 담론을 보면 일제가 얼마나 절박

---

27) 「大義奉行團結盟趣旨書(草案)」, 『內鮮一體』, 1941년 9월호, 7~8쪽.
28) 「一億不屈の意思を結集せよ」, 高宮太平, 1944, 『小磯統理の展望 第二輯』, 京城日報社, 136쪽.

한 상황에 몰리고 있었는지를 잘 살필 수 있다.

과거의 수많은 전쟁에 비하여 대동아전쟁의 특색은 소년의 힘에 의지하는 바가 크다는 점이다. 군대에서는 소년 비행병의 채용은 물론이고, 모든 병과를 통하여 소년 지원병에 기대하는 바가 매우 많다. 과거의 징병제도는 21세를 적령으로 하였기 때문에 제일선의 직접 전투는 청년의 힘으로 이루어졌지만 지금 제일선의 전투는 20세 미만의 소년들이 수행하는 역할이 참으로 크다. 진주만의 태평양 함대도, 영국의 불침 함대도 아직 어린티를 간직한 어린 소년의 육탄 돌격挺身에 의해 격파되었다. … 금일의 어린 국민의 가슴속에는 중등학교 3·4학년으로서 이미 조국의 위급함을 구하기 위해서는 '목숨도 버리고 이름도 버린다'는 순국의 열정이 용솟음쳐 오르고 있다.[29]

이제 겨우 초등학교를 갓 마칠 정도의 어린 소년들에게 죽음을 재촉한 것을 비롯하여, '즉각 몸과 마음을 던지자'[30], '자기의 직책 하에 죽자'[31], '결사의 각오에 승리가 있다'[32], '1억 총입영을 단행하자'[33] 등과 같은 구호와 함께 오로지 죽음을 촉구하는 데만 혈안이 되었다.

이렇듯 전쟁터로 내몰렸던 '황국신민' 조선인은 단 한 번도 일본제국의 국적법을 적용받는 대상에 들지 못하였다. 그러나 제2차 세계대전이 끝난 후 열린 전범 재판에서 한국인 148명이 유죄판결을 받았다. 그중 23명은 B·C급 전범으로 교수형과 총살형에 처해졌다. 그런데 148명 중 군인은 3명뿐이고 나머지 전원이 포로수용소 감시원으로 징집된 군속이었다. 이들

---

29) 「社說 少國民に盛上る殉國の氣風」, 『朝鮮公論』, 1944. 4월호, 6~7쪽.
30) 「社說 直ちに身命を投ぜん」, 『朝鮮公論』, 1944. 7월호, 4~5쪽.
31) 『社說 自己の職責下に死せ』, 『朝鮮公論』, 1944. 8월호, 4~5쪽.
32) 『社說 決死の覺悟に勝利あり』, 『朝鮮公論』, 1944. 9월호, 4~5쪽.
33) 『社說 一億總入營を斷行せよ』, 『朝鮮公論』, 1944. 10월호, 4~5쪽.

은 '황국신민'화가 종막을 고하고 민족이 해방된 이후 '일본인으로 분류되어' 유죄 판결을 받은 것이다.

맺음말

미나미 총독기에 조선에서 조성된 지배이데올로기는 일본 본국에 역유입되기도 하였다. 구체적으로 '황국신민'론이나 연성론의 경직화와 실행의 강제, 그리고 국민정신총동원운동의 전개 등 조선통치 세력이 조성한 논리체계 및 강제의 경험과 방식이 전해진 것이다.

1940년대 징병제 시행에 즈음해서는 일본 본국의 성전론·대동아전쟁론과 조선 나름의 황국신민화론·연성론이 결부되면서 조선인에 대한 일방적 헌신과 희생을 다그치는 논리적 기반이 마련된다. 아울러 권리 면에서 일본인과의 동등한 어떠한 요구나 주장도 차단하고 의무만을 일방적으로 강요하기 위해 '참된 일본인'·'진정한 황국신민' 등을 목표로 한 '황민연성의 단계'가 새로이 추가된다. 이제 조선인에게는 황국신민으로서 끊임없이 연성하여 천황폐하를 위해 희생과 헌신을 재촉당하고 끝내 순국하라는 단 하나의 목표만 남게 되었다.

수탈과 착취를 위한 인적·물적 동원, 나아가 성전·순국을 위한 희생을 강요당하면서 조선인에게는 엄청난 정신적·육체적 트라우마가 남게 되었다. 그러나 일본은 아직도 야스쿠니靖國 신사에 합사된 2만 1,181위의 조선인 위패를 그대로 존치시키고 있으며 숱한 징용·징병자와 원폭 피해자에게 정신적·물질적 배상에 관심을 기울이지 않고 있다. 오히려 일본의 주류 연구 경향은 식민지 주민과 식민지 현실을 아랑곳하지 않는 연구로 일관해오는 태도를 보였다. 최근의 연구자들도 과거 식민지에 대한 향수를 불러일으키는 듯한 '식민지 제국 일본'론을 내세우며 '자기들의' 역사 만들기에 분주하다.

일제 말기로 가면서 노골적으로 드러났던 일제 지배 체제와 이데올로기의 폐해는 인간성 개조, 인간성 말살, 강제적 동원과 희생 등 극단적 비인간화를 초래하였다. 그러나 그처럼 엄청난 전쟁 범죄에 대한 처벌은 미미하였으며 그조차 흐지부지되고 말았다.

1978년 10월 17일 야스쿠니 신사에 도조 히데키 이하 7명의 교수형 처형자와 마츠오카 요스케 외 미결 병사자, 히라누마 기이치로 외 5명의 옥사자 등 14명의 A급 전범이 '제신' 합사되었다. 이에 대해 야스쿠니 신사측은 다음과 같은 입장을 표명하며 일본이 맞은 국난의 희생자로 추켜세우는 망발을 자행하였다.

국가기관 또는 지방자치 단체 등 공적인 기관에서는 전범 사형자란 용어를 쓰지 않고 전부 법무 사망자, 법무 관계 유족이라는 용어를 쓰고 있다. 1952년 4월 28일의 강화조약 발효 다음해 제16 국회의 의결에 의해 원호법이 제정되어 연합국측이 정한 A·B·C급 등의 구분에는 전혀 관계없이 법무 관계 사망자, 본 신사의 호칭으로는 소화 순난자와 그 유족이 한결같이 전몰자와 전몰 유족과 똑같은 처우를 국가로부터 받을 수 있게 되었다는 점을 확실히 인식할 필요가 있다. 원호의 실시는 거슬러 올라가 1953년 4월 1일부로 결정되었다. 따라서 소위 A·B·C급 전범으로 사형당한 분들은 그 시점에서 법적으로 복권되었고, 이것을 반영하여 야스쿠니 신사는 당연히 합사하여 모시지 않으면 안 되는 책임을 지고 있다.[34]

일제 식민지 지배의 최종적 귀결, 한국인을 황국신민으로 개조하는 인간 개조 프로젝트, 한국인의 민족성 말살을 기도했던 제노사이드 정책의 메커

---

34) 「昭和殉難者靖國神社合祀の根據」, 『靖國』(靖國神社 社報), 1986년 3월호.

니즘과 그 귀결의 의미를 반성적으로 되짚어봄으로써 전쟁 범죄를 분명히 자각하는 새로운 역사인식과 역사교육의 출발점으로 삼아야 한다. 우리는 일제가 조선인을 전쟁에 내몰고 죽음을 재촉한 메커니즘을 구체적으로 밝힘으로써 전쟁 범죄의 진상 규명과 반성을 위한 역사인식의 형성에 기여함과 아울러 올바른 역사교육의 자료로 활용할 수 있을 것이다.

21세기는 상호 존중과 화해의 정신을 바탕으로 미래를 향한 평화로운 공존과 번영의 역사를 구성하는 새로운 앞길을 열어나가기 위한 노력을 필요로 한다. 어느 누구도 더 이상 천황에 대한 충성과 성전을 외치며 숱한 목숨을 죽음으로 내몰았던 어두운 기억을 향수처럼 돌이키지 않을 확고한 역사인식의 공유와 확산에 힘을 기울여야 한다.

〈참고문헌〉

※ 최원규 엮음, 《일제말기 파시즘과 한국사회》, 청아출판사, 1988
※ 미야다 세즈코, 《조선민중과 '황민화'정책》, 일조각, 1997
※ 민족문제연구소 편, 《일제하 전시체제기 정책사료총서》 총 98권, 2000
※ 정재정 번역, 《식민통치의 허상과 실상》, 혜안, 2002
※ 방기중 편, 《일제 파시즘 지배정책과 민중생활》, 혜안, 2004
※ 방기중 편, 《일제하 지식인의 파시즘체제 인식과 대응》, 혜안, 2005
※ 방기중 편, 《식민지 파시즘의 유산과 극복의 과제》, 혜안, 2006

샌프란시스코 강화조약과 전후 동북아국제질서의 재편[1]
— 독도 영유권 문제를 중심으로

이 석 우*

목 차

머리말
1. 제2차 세계대전 중의 연합국 결정과 일본의 항복문서
2. 연합국 최고사령부(SCAP)의 대일본 점령정책
3. 연합국 최고사령부지침 (SCAPIN) 제677호
4. 미 국무성의 입장 변화와 시볼드의 역할
5. 미국과 영국의 입장 조정
6. 단축형 영토 조항 채택
7. 단축형 방식에 대한 관련국들의 반응: 뉴질랜드와 프랑스
8. 미국의 역할
9. 일본의 외교적 공세와 반론의 가능성
10. 초안이 가지는 법적 의미
11. 체결 당시 우리 정부의 대응 조치 및 평가
맺음말: 샌프란시스코 강화조약, 한일 외교관계의 구축, 그리고 전후 동북아국제질서의 재편

---

* 인하대학교 법학전문대학원 교수
1) 본 원고는 이석우, 2005 〈제2차 세계대전, 평화조약, 그리고 독도의 법적 지위(1)〉 《내일을 여는 역사》 20(여름호), 247~260 ; 이석우, 2005 〈제2차 세계대전, 평화조약, 그리고 독도의 법적 지위(2)〉《내일을 여는 역사》 21(가을호), 287~301 ; 이석우, 2010 〈연합국최고사령부, 샌프란시스코평화조약, 그리고 한일 외교관계의 구축〉 《제2차 세계대전 이후 한일관계의 형성과 변화》(경인문화사)를 근거로 하여 작성되었다.

머리말

이 글은 현재 한일 간에 치열하게 전개되고 있는 독도 문제에 대한 본질을 중점적으로 파악하고, 이를 근거로 일본의 주장을 효율적, 법리적으로 비판하여 향후 대응방안을 마련하기 위한 주요 사실관계를 파악함을 주요 목적으로 한다. 이를 위해 전후 일본의 영토 처분과 관련된 연합국의 대표적인 결의 내용과 1951년 샌프란시스코 강화조약에서의 독도의 지위를 중점적으로 분석할 것이다. 이러한 분석은 독도 문제의 본질에 대한 정확한 인식과 향후 대일본 대응논리 개발 및 정책 수립을 위한 제언을 가능하게 하는 하나의 준거를 제공한다.

1. 제2차 세계대전 중의 연합국 결정과 일본의 항복문서

제2차 세계대전 중에 이루어진 전후戰後 일본 영토 처리를 위한 주요 연합국들 간의 결의·결정으로는 카이로(Cairo), 얄타(Yalta), 그리고 포츠담(Potsdam)선언 등이 있다. 이 선언들은 전후 일본의 영토 처분에 대한 일반적인 원칙을 명시하고 있다. 먼저 1943년 12월 1일 카이로선언은 "일본은 폭력과 탐욕에 의하여 탈취한 모든 여타 영토로부터 축출될 것이다"라고 명시하고 있다. 이와 관련, 당시 미국 국무성과 일본 외무성은 향후 독립될 한국에 당연히 귀속되어야 할 영토로 제주도·거문도·울릉도를 포함한 여타 근해 도서를 명시하였다. 그 이유로 상기 도서들이 역사적·행정적으로 한국의 영토였으며 주로 한국인들이 거주해 왔음을 제시하였다.

1945년 7월 26일 포츠담선언은 제8조에서 카이로선언을 확인하는 한편 "일본의 주권은 혼슈·홋카이도·규슈·시코쿠와 [연합국]이 결정하는 소도小島로 국한될 것"이라고 명시하였다. 즉 연합국의 결정에 따라 일본으로부터 분리되어야 할 여타 소도小島들을 분명히 한 것이다. 일본은 1945년 8월 14일 항복문서를 통해 포츠담선언에 명시된 제 규정들에 대해 동의하였다. 이것은 결과적으로 일본이 연합국들 간에 체결된 주요 선언에 명시된 전후 영토 처리 원칙에 대해 구속됨을 선언한 것이다.

이렇게 보면 전후 패전 일본의 영토 처리를 논의하는 과정에서 연합국들 간에 체결된 제諸 선언과 일본의 항복문서만을 통해서, 독도에 대한 한국의 영유권을 주장하기에는 그 구체적 적용 및 해석에 무리가 있다.

2. 연합국 최고사령부(SCAP)의 대일본 점령정책

1943년 미국 국무성 산하에 '동아시아담당 부처간 지역위원회(The Inter-Divisional Area Committee on the Far East)'가 결성되어 전후 패전 일본의 제반 사항을 논의하였다. 이 과정에서 보여준 미국의 유화적 대일본 정책은 패전 일본의 영토 처리과정에서도 예외 없이 극명하게 표출되었다. 이러한 미국의 대일본 유화정책에 대한 비판은 연합국 내에서도 빈번하게 거론이 되었다.

미국의 정책에는 일본 제국주의의 폐해로 인해 고통을 받았던, 과거 일본의 식민지에서 독립한 국가들이 일본에 대해 간직하고 있는 감정이 과연 어떤 것인지에 대한 원숙한 고민이 결여되어 있었다. 역사적 인식의 결여와 국제법적 정의의 부재不在를 보여주고 있는 것이다. 특히 일본이 제국주의 침략국가로서 또 패전국으로서 당연히 감내해야 하는 법적·정신적·

도덕적 부채의 굴레를 벗겨준 것이다. 이러한 미국의 배려는 식민지의 고통으로부터 벗어난 많은 해당 지역의 국가들에게는 역사적 인식의 왜곡, 국제법적 정의에 대한 박탈감과 상실감을 양산하게 하였다.

유럽에서 전후 보여준 죄악과 만행에 대한 인정과 반성, 그 과오에 대한 책임 부과가 동아시아 지역에서는 재연되지 않았다. 이것은 전후 처리과정에서 미국을 위시한 전승국인 연합국의 역할에 기인한 바 크다. 즉, 미국은 일본이 자신의 전쟁범죄와 그 책임문제를 회피하는 데서 일정한 역할을 함으로써 일본의 역사적 기억상실에 일조하였다. 청구권 및 배상문제와 관련하여 샌프란시스코 강화조약이 패전국 일본에 대해 극도로 관대하고(extraordinarily generous) 비非징벌적인(non-punitive) 성격을 가지게 된 배경에도 미국의 역할이 존재하였다.

결과적으로 샌프란시스코 강화조약이 체결되기 이전에 형성된 연합국과 일본과의 관계사(the history of Allied-Japanese relations)가 명확히 규명되어야만, 전후 패전 일본과 식민지 독립국가들 사이의 관계 설정 및 상호간에 존재하는 현안 처리에 대한 해법을 제공할 수 있다.

1945년 8월 15일 일본의 무조건 항복 선언에 이어, 1945년 9월 2일 일본이 항복문서에 서명함으로써 연합국은 일본의 영토를 점령하게 되었다. 연합국은 일본점령을 실시하기 위하여 극동위원회(Far Eastern Commission), 연합국 최고사령부(SCAP), 대對일본연합국이사회(Allied Council for Japan) 등의 기관을 설립하였다. 주요 승전국들로 구성된 극동위원회에서 결정된 사항을 미국 정부가 구체화하여 SCAP에게 훈령을 발령하였다. 이러한 훈령을 기초로 SCAP은 일본 정부에 개별적인 지령들을 발령함으로써 점령정책의 이행을 감시하고 감독하였다. 실제로 SCAP은 일본의 무장해제 및 전후 처리 등 점령의 주요 목적을 달성하기 위하여 '연합국 최고사령관 지령(SCAPIN)'이라고 불리는 다수의 지령들을 일본 정부에게 직접 발령하였다. 이러한 SCAPIN은 제2차 세계대전의 전후 처리 과정에서 한국과 일본의 식민관계 청산에 중대한 영향을 미치는 내용들을 포함하고 있었다. 특히 SCAP은 오늘날까지도 주요 현안으로 양국 간의 관계에 영향을 미치고 있는 재일 한국인의 처우문제나 독도 관련 현안 등과 같은 문제도 다루었다. SCAP이 점령 초기에 일본의 행정구역의 한계를 설정한 SCAPIN 제677호의 내용과 성격은 양국의 영유권 논쟁에서 빠지지 않고 등장하는 중요한 쟁점이다.

일본을 점령하는 기간 동안 일본 정부에 대해 발령되었던 SCAPIN은 SCAP 단독으로 결정한 것이 아니라, 극동위원회의 구성국들 간의 합의와 미국 정부 내의 국무부, 국방부 및 해군성 간의 긴밀한 협력을 통해 이루어졌다. 이 사실은 시사하는 바가 매우 크다. 즉, 전후 일본의 모든 분야에서 사실상의 정부로서 기능했던 SCAP의 역할에서 1945년에서 1952년까지 점령기간(occupation period)의 유산을 발견할 수 있는 하나의 해답을 찾을 수 있다. 점령기간 동안 미국은 성공적으로 일본, 일본인, 그리고 일본의 전후 지도계층을 세계여론의 도덕적, 정치적 압력으로부터 격리시킬 수 있었다.

이러한 맥락에서 일본의 전쟁책임에 대한 무지無知는 맥아더 장군(General MacArthur)이 주도했던 미국 점령당국의 정책에 기인한 바 크다고 판단된다. 1945년 이후 일본 정부와 국민의 역사적 기억상실과 관련한 미국의 공모는 강화조약에 면제조항을 삽입하는 과정에서 미국이 일정한 역할을 수행한 것에서 드러난다. 이 같은 정책은 미국과 다른 외국시민들의 일본에 대한 개인 청구권이 가능한 선례들과 관련된 정보를 은폐하는데 그치지 않고, 더 나아가서 점령기간 동안 미일관계의 전체 구도를 형성하였다.

점령당국의 성과가 무엇이든지 간에, 다른 국가는 전후 일본이나 일본의 도덕적 책임의 부담을 보는 맥아더 장군의 방식과는 다르게 보고 있었다. 미국은 이 사실을 일본 정부에 전달하는데 처참하게 실패했다고 평가받는다.

즉, 연합국들의 경제가 전쟁에 의한 충격으로부터 간신히 회복되기 시작할 때, 일본인들은 미국에 의해 자신들이 얼마나 우호적으로 대우받았으며 그들의 경제회복에 얼마나 높은 우선순위가 부여되었는가에 대해 이해하지 못하였다. 또 일본인들은 전쟁범죄로 지속적인 고통과 분노가 있었음을 전혀 이해하지 못하였다. 영국의 외교관 Sir Alvary Gascoigne은 일본 요시다 시게루(吉田茂) 수상 역시 일본이 제2차 세계대전의 기간 동안 점령지역에서 자행한 야만적 행위에 대해 해당 지역의 국민들이 가지고 있는 증오를 극복하기 위해서는 어느 정도의 일정한 시간이 경과해야만 함을 전혀 이해하지 않았고, 이해하려고 하지도 않았다고 보고하였다. 연합국의 인식 및 의견에 대한 일본의 오해와 무지는 일본이 과거에 대한 일정한 규정과 전쟁범죄에 대한 책임부과에 대해 저항하게 하였다. 다른 국가들과 국민들이 느끼고 있는 도덕적 분노에 대한 일본의 둔감은 맥아더의 지령과 비非징벌적인(non-punitive) 성격의 조약에 대한 덜레스(John Foster Dulles)의 입장 견지에 의해 보호되었다. 게다가 미국은 냉전시대에 직면해 광의의 강화조약 외교 종합대책의 일환으로 공산진영에 대한 동맹조약을 체결하는데 일본의 동의를 필요로 하였다. 이같은 조건은 일본이 과거의 전쟁행위에 대해 부과된 규정을 거절하고, 이를 정당화하는 사고방식을 배양시켰다.

3. 연합국 최고사령부지침(SCAPIN) 제677호

제2차 세계대전 중에 이루어진 전후戰後 일본 영토 처리를 위한 주요 연합국들간의 선언들과 함께, 1951년 샌프란시스코 강화조약 체결 이전 독도의 국제법상 지위와 관련하여 많이 논의되는 것이 이른바 연합국 최고사령부지침(SCAPIN) 제677호이다. 1946년 1월 29일자 SCAPIN 제677호, 즉, '일본으로부터 특정 외곽지역의 정부 및 행정상의 분리(Governmental and Administrative Separation of Certain Outlying Areas from Japan)'는 제3조에서 명시적으로 독도를 일본의 영토로부터 제외시켰다. 그런데 제6조에는 이 지침이 포츠담선언 제8조에 언급된 소도(小島)들의 최종적인 결정에 관한 연합국의 정책을 의미하는 것으로 해석되어서는 안 된다고 규정하고 있다. 이와 관련, 미국도 영토에 대한 주권 확정의 문제는 연합국 최고사령부의 권한 밖의 일임을 강조하였다.

즉 SCAPIN 제677호 또한 주권 문제와는 관련이 없다는 단서 조항으로, 이를 독도 문제에 직접적으로 원용할 수 있는 근거로 되기는 어렵다고 판단된다. 물론 이 지침이 당시 일본의 관할권이 행사되는 지역을 규정하고, 결과적으로 향후 일본의 영토 처분과 관련하여 구체적인 결정을 하는데 하나의 출발점이 된다는 내용의 미국 국무성 문서도 존재한다. 하지만 그 의미는 아래에서 분석하는 1951년 샌프란시스코 강화조약에서의 독도 지위와 관련하여 자세히 살펴볼 필요가 있다.

샌프란시스코 강화조약과 19개 초안

초안	독도에 대한 영토 처분	조약 규정
1947년 3월 19일	일본의 포기	일본은 이로써 한국과, 제주도, 거문도, 울릉도 및 독도를 포함한, 한국의 모든 해안 소도(小島)들에 대한 모든 권리와 권원을 포기한다.
1947년 8월 5일	일본의 포기	일본은 이로써 한국과, 제주도, 거문도, 울릉도, 독도를 포함한, 한국의 모든 해안 도서들에 대한 모든 권리와 권원을 포기한다.
1948년 1월 8일	일본의 포기	일본은 이로써 한국인을 위하여, 한국과, 제주도, 거문도, 울릉도, 독도를 포함한, 한국의 모든 해안 도서들에 대한 모든 권리와 권원을 포기한다.
1949년 10월 13일	일본의 포기	일본은 이로써 한국을 위하여, 한반도와, 제주도, 거문도, 울릉도, 독도를 포함한, 한국의 해안 도서들에 대한 모든 권리와 권원을 포기한다.
1949년 11월 2일	일본의 포기	일본은 이로써 한국을 위하여, 한국의 본토와, 제주도, 거문도, 울릉도, 독도를 포함한, 한국의 모든 해안 도서들에 대한 모든 권리와 권원을 포기한다.

1949년 12월 8일	일본의 영토	일본의 영토는 혼슈, 규슈, 시코쿠, 그리고 홋카이도의 네 개 주요 일본의 본도(本島)와, 내해의 도서들; 쓰시마, 독도 …. 등 … 일본해에 위치한 모든 다른 도서들을 포함한, 모든 부속 소도들로 구성된다.
1949년 12월 19일	한국의 영토	연합국은, 한국의 본토와, 제주도, 거문도, 울릉도, 독도를 포함한, 한국의 모든 해안 도서들에 대한 모든 권리와 권원을, 대한민국에게 전권으로 부여한다는데 동의한다.
1949년 12월 29일; 1950년 1월 3일	일본의 영토	일본의 영토는 혼슈, 규슈, 시코쿠, 그리고 홋카이도의 네 개 주요 일본의 본도(本島)와, 내해의 도서들; 쓰시마, 독도 …. 등 … 일본해에 위치한 모든 다른 도서들을 포함한, 모든 부속 소도들로 구성된다. 일본은 이로써 한국을 위하여, 한국의 본토와, 제주도, 거문도, 울릉도, 그리고 일본이 권원을 획득했던 한국의 모든 다른 해안 도서 및 소도들에 대한 모든 권리와 권원을 포기한다.
1950년 8월 7일	N/A[2]	일본은 한국의 독립을 승인하며, 일본과 한국과의 관계는 1948년 12월 유엔총회에서 채택된 결의에 의거한다.
1950년 9월 11일	N/A	일본은 한국의 독립을 승인하며, 일본과 한국과의 관계는 한국에 관한 유엔총회와 안전보장이사회의 결의들에 의거한다.
1951년 3월 12일; 1951년 3월 17일	N/A	일본은 한국에 대한 모든 권리, 권원, 그리고 청구권을 포기한다.
1951년 4월 7일	일본의 영토	일본의 주권은 북위 30°로부터 북서 방향으로 … 남동방향 그리고 독도에서 혼슈의 해안을 따라 북서 방향으로 … 선에 의해 구분된 지역 내에 놓인 모든 도서, 부속 소도 및 암초 등에 존속된다. 일본은 이로써 한국에 대한 어떠한 주권의 주장, 모든 권리, 권원, 그리고 이해를 포기하며, 한국의 주권과 독립에 관해 유엔의 주도 또는 주도하에 취해질 그런 모든 조치들을 인정하고 존중할 의무를 진다.

[2] N/A (NOT AVAILABLE)는 조약문상에 언급되어 있지 않음을 의미한다.

1951년 5월 3일	N/A	일본은 제주도, 거문도, 울릉도를 포함한, 한국에 대한 모든 권리, 권원, 그리고 청구권을 포기하며, 한국의 주권과 독립에 관해 유엔의 주도 또는 주도하에 취해질 모든 조치들을 인정하고 존중하는데 동의한다.
1951년 6월 14일; 1951년 7월 3일; 1951년 7월 20일; 1951년 8월 13일	N/A	일본은, 한국의 독립을 승인하고, 제주도, 거문도, 울릉도를 포함한, 한국에 대한 모든 권리, 권원, 그리고 청구권을 포기한다.

    1951년 샌프란시스코 강화조약에서 독도 영유권 문제 처리에 대한 연합국들의 입장을 알기 위해서는 먼저 지금까지 발견된 이 조약의 초안에 대한 분석이 이루어져야 한다. 현재까지 발견된 19개 초안은 각각의 초안이 가지고 있는 의미보다는 강화조약 체결과정에서 독도의 법적 지위에 대한 최종적 판단이라는 차원에서 의미가 있다.

    샌프란시스코 강화조약 제2조는 패전 일본의 영토 처리에 관한 조항으로, 이 조문의 (a)항은 "일본은 한국의 독립을 승인하고, 제주도 · 거문도 · 울릉도 등을 포함한 한국에 대한 모든 권리, 권원, 그리고 청구권을 포기한다("Japan recognizing the independence of Korea, renounces all right, title and claim to Korea, including the islands of Quelpart, Port Hamilton and Dagelet.")"라고 규정하고 있다. 한국과 직접적으로 관련이 있는 이 조항이 최종적으로 작성되기까지는 미국을 중심으로 한 연합국들 사이에 수많은 교섭과 협상이 이루어졌다. 그 관련 문서들은 이 조항의 초안 작성에 직접적으로 영향을 미쳤다. 문제는 이 최종 문안에 '독도' 및 그에 상응하는 어떠한 용어도 언급되지 않았다는 것이다. 따라서 이 조항의 해석을 통해 샌프란시스코 강화조약에서 '독도'의 지위를 파악하는 작업이 이루어져야만 한다.

4. 미 국무성의 입장 변화와 시볼드의 역할

샌프란시스코 강화조약 체결 과정에서 독도의 처리 문제를 둘러싼 연합국 측의 논의 과정을 분석하면, 각 연합국의 입장을 알 수 있다. 먼저 이 강화조약의 주요 문안 작성자인 미국 국무성은 향후 독도 영유권 문제를 놓고 이해 당사국들 간에 분쟁이 발생할 가능성이 있다는 것을 미리 예견한 듯하다. 미국 국무성 내부 문건 가운데는 일본의 영토에 귀속될 도서들에 대한 결정은 전략적으로 이루어져야 함을 강조한 것이 존재한다. 이 문건들에 따르면 미국 국무성은 한국과 일본 사이에 놓인 도서들에 대해서는 그 귀속 여부를 둘러싸고 상이한 의견이 대립될 가능성이 많으며, 따라서 이 문제의 도서들이 향후 영유권 분쟁에 위치하지 않게 하기 위해서는 이 분야에 대한 매우 주의 깊은 문안 작성이 요구된다는 점을 강조하고 있다.

1947년 3월 19일, 1947년 8월 5일, 1948년 1월 8일, 1949년 10월 13일, 그리고 1949년 11월 2일자 초안에서는 독도의 한국 영유권을 인정하고 있다. 이러한 초안들에 대해 당시 미국의 일본 정치고문관(U.S. Political Adviser for Japan)이었던 윌리엄 제이 시볼드(William J. Sebald)는 독도 문제에 대한 재고려를 요구하는 서한을 미국 국무성에 보냈다. 그는 "일본의 이들 도서들에 대한 권리 주장은 오랜 것이고 유효한 것으로 보인다. 전략적인 고려사항은 그 곳에서의 기후 및 레이다 기지의 설치를 상정할 수 있게 한다(Japan's [claim] to these islands is old and appears valid. Security considerations might conceivably envisage weather and radar stations thereon.)"는 내용의 전문電文을 보내 독도 문제가 매우 중요한 사항임을 강조하였다. 그는 또한 샌프란시스코 강화조약에서 독도의 지위에 대한 재고가 미국의 국가 이익과도 직결되는 문제임을 강조하였다.

친일적 인물로 알려진 당시 일본 정치고문관 시볼드의 제안이 샌프란시스코 강화조약의 독도 처리 문제에 정확히 어떠한 영향을 미쳤는지는 분명하지 않다. 그러나 주목할 것은 독도의 법적 지위에 대해 일본의 입장을 대변했던 시볼드의 제안이 있은 후에 샌프란시스코 강화조약에서 독도의 지위가 정반대의 법적 지위를 향유하는 것으로 규정되었다는 점이다.

5. 미국과 영국의 입장 조정

샌프란시스코 강화조약에서 독도의 법적 지위 변화는 주 조약 작성자였던 미국 국무성과 조약 작성 과정에서 가장 중요한 협상 대상자였던 '영연방 일본 강화조약 실무반(Commonwealth Japanese Treaty Working Party)' 사이의 논의 과정에서 이루어졌다. 특히 영토 조항 기술 방법에 대한 이견 조정 과정을 거치면서 보다 구체화 되었다. 즉 샌프란시스코 강화조약에서 일본의 영토 처리 문제에 대한 주요 이해 당사국 가운데 하나였던 영연방은 '일본은 단순히 강화조약에서 특정 영토에 대한 모든 권한을 포기한다'는 내용만 언급하고, 그 구체적인 영토의 처분 방법은 별도의 협정에 의해 처리해야 한다는 입장이었다.

반면에 미국 국무성은 대만·팽호도澎湖島·남부 사할린·쿠릴, 그리고 중부 및 남부 류큐琉球제도 등의 처분에 대한 규정은 강화조약 자체에 명시되어야 하고, 다만 쓰시마·독도 등 일본의 내해內海, 또는 일본과 가까운 곳에 위치한 도서들은 일본의 오랜 영토였던 만큼, 강화조약에 특별한 명시 없이 일본에 귀속되는 것으로 간주해야 한다는 입장이었다.

1949년 12월 8일자 초안부터 처음으로 독도에 대한 일본의 영유권을 인정하기 시작하였다. 이 초안은 영토 처분과 관련한 규정을 일반적이면서도 간결하게 함을 원칙으로 하고 있다. 1949년 12월 19일자 초안은 '1949년 12월 19일자, 이전以前 일본 영토의 처분에 관한 협정(Agreement respecting the

Disposition of Former Japanese Territories on December 19, 1949)'의 형식으로 기초되었으며, 독도에 관한 영토 처분에 대해 한국의 영유권을 다시 인정하였다. 1949년 12월 29일, 1950년 1월 3일자 초안에서 독도에 관한 영토 처분은 일본의 독도에 대한 영유권을 인정하는 것으로 해석된다.

한편, 이 초안들 이후로는 독도의 영토 처분에 대한 방식에 상당한 변화가 나타났다. 이는 한국 또는 일본을 독도의 귀속 국가로 지정해 오던 기존의 방식을 더 이상 샌프란시스코 강화조약의 조약 규정 방식에서 채택하지 않았기 때문이다. 즉 '독도' 및 그에 상응하는 어떠한 용어, 다시 말해 국제적으로 많이 통용되는 리앙코르 락(Liancourt Rocks)이나 일본식 표기인 죽도(Takeshima) 등도 1951년 4월 7일자 초안을 제외하고는 이후 초안들에서 발견되지 않는다.

이렇게 '독도' 및 그에 상응하는 어떠한 용어도 이후 샌프란시스코 강화조약의 초안들에서 사라졌다. 이는 미국 국무성과 영연방 일본 강화조약 실무반 사이의 절충에 따른 결과였다. 즉 영연방 일본 강화조약 실무반이 런던에서 가졌던 회의에서 합의·결정된 사항들 가운데는 "일본으로부터 분리된 영토는 강화조약에 언급될 필요가 없다(Territories to be taken from Japan need not be mentioned in a Peace Treaty.)"라는 항목이 들어 있다. 그 밖의 영토 문제에 대해 영연방 일본 강화조약 실무반은 일반적으로 다음과 같은 사항에 합의하였다. 첫째, 일본의 주권은 일본의 네 개 주요 본도와 다수의 부속 소도들로 구성되며, 부속 소도에 대한 정확한 개념 정의는 강화조약의 체결 회의에서 결정한다. 둘째, 일본으로부터 할양되어야만 하는 영토의 처분에 대해서는 샌프란시스코 강화조약 자체에 언급될 필요가 없다. 강화조약에서 일본은 단순히 분리된 영토에 대한 모든 권리를 포기하는 방식으로 기술한다. 따라서 영연방 일본 강화조약 실무반의 이러한 입장은 이후 미국 덜레스 국무장관의 강화조약 영토 조항과 관련한 단축형 초안의 제안과 함께 강화조약 내에서의 독도의 영토 처리에 영향을 미치게 되었다.

6. 단축형 영토 조항 채택

    1950년 8월 7일, 1950년 9월 11일자 초안부터는 단축형 초안이 도입되었다. 이후 샌프란시스코 강화조약 영토 조항의 초안들에서는 약간의 형식상의 변화를 제외하고는 그대로 유지되었다. 그 결과 강화조약 문안 작성자들의 독도 영토 처리에 대한 최종적인 의도가 무엇인지를 파악하는 것은 더욱 불명확하게 되었다.

    단축형의 영토 조항 규정이 채택될 시점과 관련, 다음과 같은 두 가지의 미국 국무성 내부 문서가 언급되어야 한다. 우선 샌프란시스코 강화조약의 작성과 관련, 강화조약의 조약문 작성이 미국 국무성 내에서조차도 극소수의 사람만이 참여하는 과정 속에 이루어졌다. 따라서 그에 대한 절차상의 문제가 내부적으로도 제기되었다는 것이다. 또 다른 하나는 독도와 관련된 미국의 언급이다. 샌프란시스코 강화조약에서 미국 정부가 반영하고자 하는 입장에 대해 호주 정부가 특정한 문제들, 특히 이전 일본의 영토 처분과 관련하여 해명 및 보충설명을 요구하자, 미국은 독도가 일본의 영토로 계속해서 인정되어 왔고, 따라서 일본의 영토로 잔존한다는 입장을 피력했다.

    1951년 3월 12일, 1951년 3월 17일자 초안들은 한국의 영토 처리와 관련한 샌프란시스코 강화조약의 초안들 가운데 가장 단축형을 채택한 것이다. 이들 초안들에만 근거해서는 강화조약 문안 작성자들의 독도의 영토 처리에 대한 최종적인 의도가 무엇인지를 파악하는 것은 불가능하다.

    1951년 4월 7일자 초안에서는 다시 독도에 대한 일본의 영유권을 인정하고 있다. 일본 영토로부터 분리되어 특정 국가에게 할양되어야 할 도서들을 명시하지 않은 이전의 초안들과 1951년 4월 7일자 초안과 관련해, 영국은 한국과 일본 사이에 위치하고 도서들은 특정한 명시에 의해 처리되어야만 한다는 의견을 제시하였다. 예를 들어 한국과 관련한 영토 조항에,

'한국 다음에 제주도를 포함한'이라는 구절을 삽입하는 방식이다. 이러한 영국의 주장은 후속 초안들에 반영되었다.

1951년 5월 3일자 초안에는 다시 독도의 처분에 대해 언급되고 있지 않으며, 강화조약 문안 작성자들의 독도의 영토 처리에 대한 최종적인 의도가 무엇인지를 파악하는 것이 어렵게 되었다.

7. 단축형 방식에 대한 관련국들의 반응
   : 뉴질랜드와 프랑스

이러한 영토 조항의 단축형 방식에 대해, 당시 아시아-태평양 지역의 평화 및 안보문제에 많은 이해관계를 가지고 있었던 뉴질랜드는 영국이 제시한 초안을 지지하는 입장을 보였다. 뉴질랜드는 일본 근해의 도서들에 대한 주권 문제가 향후 분쟁 상태에 놓이는 것을 방지하기 위하여, 일본 영토로 포함되는 영토를 위도와 경도를 사용하여 분명한 경계를 지우는 것이 바람직하다고 주장하였다. 뉴질랜드는 이러한 방법을 통해 모든 문제가 해결될 수 있을 것이라고 전망하였다.

이러한 제안에 대해 미국은 다음과 같은 세 가지 답변으로 부정적인 견해를 피력하였다. 첫째, 계속적으로 이어지는 선으로 일본의 영토를 에워싸는 방식은 일본인들에게 심리적으로 부정적인 영향을 미칠 수 있다. 둘째, 일본은 이미 영국의 그러한 제안에 대해서 거부의사를 표시하였다. 셋째, 미국이 강화조약에서 한국의 영토 규정에 대해, 제주도·거문도·울릉도를 명시하여 포함시키겠다는 의사를 밝히자 영국이 자신의 제안을 철회할 의사를 보였다. 따라서 영국은 미국과의 워싱턴 회합에서 그 제안을 스스로 철회하는데 동의하였다.

프랑스 또한 이와 관련해, 향후 발생할 수도 있는 영토 분쟁을 국제연합(UN)이 처리하도록 하는 규정을 두는 것이 바람직하다는 견해를 피력하였다. 이에 대해 미국은 그러한 접근 방식에 대해 이미 많은 연합국들이 반대 의사를 표시하였고, 강화조약 자체를 일본의 이해를 청산하는 것으로 제한하는 것이 바람직하며, 미래에 이러한 문제들을 어떻게 해결할 것인지에 대해서 규정하는 것은 바람직하지 않다는 의견을 피력하였다. 미국은 또한 강화조약에 의해서 유엔에 어떠한 의무를 부담지우는 것은 유엔 자체의 지위에 악영향을 미칠 수 있을 만큼 상당히 부담스러운 것이며, 따라서 이러한 제안은 유엔의 존립 자체에 위험할 수도 있다는 기존의 주장을 되풀이하였다. 이러한 미국의 입장은 이후의 초안들에 반영되게 된다.

1951년 6월 14일, 1951년 7월 3일, 1951년 7월 20일, 그리고 1951년 8월 13일자 초안들은 샌프란시스코 강화조약의 최종안과 동일하며, 독도의 처분에 대해 명시적으로 언급하고 있지 않다.

8. 미국의 역할

1951년 샌프란시스코 강화조약의 체결 과정에서 독도 처리 문제를 둘러싼 연합국 측의 입장은 이견이 존재하였다. 당시의 국제정치 역학과 관련해 패전 일본의 신속한 재건 및 전후 처리 문제가 최대 현안이었던 미국은 친일본적인 태도를 강하게 견지하였다. 반면 영연방 및 여타 연합국들은 독도 문제의 명확한 해결을 주장한 것으로 파악된다. 또한 연합국들 간의 이견을 조율하는 협상 과정에서 미국의 주도적인 역할을 함으로써, 결과적으로 미국의 주장이 샌프란시스코 강화조약의 최종 문안으로 채택되는 결과를 낳은 것으로 분석된다.

다시 말해, 미국은 한국전쟁의 발발 등 냉전시대 동아시아에서 일본의 역할에 대한 제고 등 당시의 정치적인 여건들을 고려해 전승국 간의 신속한 교섭 및 일본과의 조약 체결을 정책의 최우선 과제로 인식하였다. 그 결과 논란의 여지가 많은 사안들은 조약문 자체에 명시하지 않는 방향으로 귀결되었다. 독도와 관련된 사항도 이러한 미국의 정책적인 고려대상에서 자유롭지 않았다. 최종 조약문에서는 현재 우리가 보는 바와 마찬가지로 '독도' 및 그에 상응하는 어떠한 용어도 언급되지 않게 된다.

9. 일본의 외교적 공세와 반론의 가능성

현재 한국의 일부 학계 및 시민단체에서 제기되고 있는 샌프란시스코 강화조약의 체결 과정에서 독도 처리 문제와 관련된 이른바 '일본의 로비설'을 입증하는 증빙자료는 발견되지 않고 있다. 이와 관련된 어떠한 미국 국무성의 외교·내부 문서도 발견되지 않았다. 다만 이미 언급한 당시 일본 정치고문관이었던 시볼드의 친일적인 행태 및 전후 일본의 영토 처리 작업을 포함하여, 샌프란시스코 강화조약의 문안 작성에서 그가 미친 영향력 등을 감안할 때, 그에 대한 개별적인 연구가 이루어져야만 한다는 점을 강조한다.

샌프란시스코 강화조약 체결 이후 독도의 법적 지위에 대해 한국과 일본 정부의 분쟁이 가속화되자, 이 조약의 주요 문안 작성자였던 미 국무성에서도 양국 정부들이 제시한 역사적인 사실들에 대한 분석에 동양사 전문가의 조력이 필요하다는 의견이 제기되었다. 이러한 사실은 분쟁 사안에 대해 권위 있는 해석을 할 수 있는 기관에서 어떠한 성향을 가진 전문가를 활용하느냐에 따라 결과 자체에 결정적인 영향을 미칠 수 있다는 점을 보여

준다. 따라서 이점 또한 매우 중요하게 인식되어야 한다. 샌프란시스코 강화조약을 포함하여 전후 일본의 처리 과정에 깊이 관여한 당시 미국 하버드대학의 라이샤워(Edwin O. Reischauer) 교수는 당시 패전 국민인 일본인들에 대한 특별한 배려, 전후 일본의 영토 처리 과정에서 일본인들의 심리 상태 고려 등 일본에 편향적인 의견을 많이 개진하였다.

결과적으로 일본의 외교적 공세에 대한 대응, 일본의 독도 영유권 주장에 대한 반박은 일차적으로 이를 입증할 수 있는 증빙력 있는 증거자료가 발굴되기 전에는 어려울 것으로 판단된다.

10. 초안이 가지는 법적 의미

일본이 "일본은 한국의 독립을 승인하고 제주도·거문도·울릉도를 포함한 한국에 대한 모든 권리, 권원 그리고 청구권을 포기한다"는 샌프란시스코 강화조약의 제2조(a)항에 동의했을 때, 강화조약의 문안 작성자들은 적어도 독도를 일본이 포기해야 하는 영역 내에 포함시키지 않았다. 따라서 일본은 상당한 근거를 가지고 자국의 주권이 독도에 계속해서 미치고 있다고 주장하고 있는 반면, 한국은 일본의 이러한 입장에 반대하고 있다.

문제는 샌프란시스코 강화조약의 작성 과정에서 한국의 입장이 공식적으로 그리고 대외적으로 표명되었다는 것이다. 당시 주미 한국대사는 미국 국무장관에게 보낸 1951년 7월 19일자 서한에서 일본이 한국의 독립을 승인함에 따라 모든 권리, 권원 그리고 청구권을 포기해야 하는 도서들 가운데 제주도·거문도·울릉도 뿐만 아니라, 독도도 포함시킬 수 있도록 강화조약의 조문 제2조(a)를 개정할 것을 요구하였다. 이를 통해 독도에 대한 한국의 공식적인 입장이 미국에 전달되었다.

주미 한국대사의 요청에 대해 당시 미국 국무성의 딘 러스크(Dean Rusk) 차관(Assistant Secretary of State)은 1951년 8월 10일자 답신을 통해 부정적 입장을 표명하였다. 그는 자신이 가지고 있는 정보에 따르면 독도는 한국의 영토로 인정된 사실이 없으며 1905년 이후로는 일본의 시마네현 오키섬 지부의 관할권 내에 위치하였고, 이전에 한국이 독도에 대해 영유권을 주장한 사실에 대해서는 입증이 되지 않고 있기 때문에 한국의 제안에 동의할 수 없다고 밝혔다. 그 결과 샌프란시스코 강화조약의 조문 제2조(a)는 독도에 대해서 언급하지 않게 되었다.

샌프란시스코 강화조약에서 독도의 지위를 조망할 때, 미국은 포츠담선언에 명시된, 일본에 존속하게 되는 '소도(minor islands)'가 샌프란시스코 강화조약의 영토 조항으로 결정되었다고 보았던 것이다. 이 강화조약에 의해 독도는 일본에 존속되게 되었다는 입장을 고수하고 있는 것으로 보인다. 다만 미국은 단순히 강화조약의 여러 체약국가들 가운데 하나에 불과하며, 조약으로부터 야기된 분쟁을 해결하기 위해서 강화조약의 제22조에 국제사법재판소에 대한 절차를 상정하고 있다고 언급하였다.

이러한 상황에서 문제의 본질을 파악하기 위해서 반드시 고려해야만 하는 사항이 하나 있다. 미국의 딘 러스크 차관이 주미 한국대사에게 보낸 답신에서 표명된 미국의 견해가 과연 샌프란시스코 강화조약이 독도를 일본에 존속시켰다는 법적인 결론을 의미하는지에 대한 문제이다. 다시 말해 논리적으로 보면 첫째, 포츠담 선언에서 특정한 '소도'를 일본의 주권 하에 존속시키도록 결정하였고 둘째, 그 결정은 다시 일본이 강화조약 제2조에서 포기하지 않은 모든 도서 및 소도들에 대한 권리를 향유한다는 강화조약의 해석에 의해서 뒷받침되며 셋째, 한국이 조약의 체결 이전에 일본에 의한 독도의 포기를 조약에 명기할 것을 요구했지만 거부되었으며 넷째, 강화조약의 문안 작성자들의 의도는 일본이 독도를 포기하지 않았고 독도는 일본의 주권 하에 존속되도록 결정된 소도들 가운데 하나라는 것을 인정했다는 연속된 법적인 결론을 내릴 수 있는지 검증해야 하는 작업이 필수적으로 수행되어야 한다. 한국으로서는 그 연결 고리를 끊을 수 있는 논리 또한 개발해야 할 것이다.

한편, 일본의 한국에 대한 주권 포기와의 연장선상에서 일본에 의한 독도의 포기를 특정하여 조약에 명기할 것을 거부한, 특히 미국 러스크 차관이 주미 한국대사에게 보낸 답신에서 강조한 '우리의 정보에 의하면 (according to our information)'이란 단서는 독도를 포함한 한국의 역사적인 사실들에 대한 미국의 이해의 폭이 상당히 제한되어 있음을 자인自認하는 것이라고 볼 수 있다. 따라서 이러한 입장 표시는 한국으로 하여금 일본이 독도를 일본의 시마네현의 관할권 내에 편입시킨 1905년 이전에 사실상 독도는 한국의 영토로 간주되었다는 사실을 입증할 수 있는 여지는 남겨둔 것으로 이해해야 한다.

결과적으로 이러한 이론에 따르면 한국은 여전히 법적으로 입증하는 것이 가능하다면, 샌프란시스코 강화조약에서 일본이 포기한 '한국'이라는 개념 속에는 독도가 포함되어 있음을 주장할 수 있을 것이다. 특히 이러한 접근 방법은 근거 자료의 객관성 결여라는 차원에서 접근한다면 충분한 문제 제기의 실마리는 제공하고 있는 것으로 보인다. 독도에 대한 미국 국무성의 내부 문서가 거의 대부분 미국 국무성이나 미국 의회 도서관에서 이용 가능한 일본어로 쓰인 자료들이거나, 미국 국무성과 일본 외무성에서 준비한 제한된 주제에 한정된 보고서들에만 근거했기 때문이다.

11. 체결 당시 우리 정부의 대응 조치 및 평가

    샌프란시스코 강화조약의 체결 시기가 임박할 시점부터, 한국은 미국 국무성에 독도의 영토 처리 문제 등 강화조약 내에서의 한국의 영토 처리 규정에 대한 의견을 제시하였다. 예를 들면 위의 초안들, 특히 1951년 7월 3일자 초안과 관련해 한국 정부는 조문 제2조(a)의 개정안에 대하여 "일본은 한국과 제주도 · 거문도 · 울릉도 · 독도 그리고 파랑도를 포함한 일본의 한국에 대한 합병 이전, 한국의 일부였던 도서들에 대한 모든 권리, 권원 그리고 청구권을 1945년 8월 9일자로 포기했다는 것에 동의한다"라고 규정되어야 한다는 의견을 제시하였다. '리앙코르 락'에 상응하는 한국식 명칭인 독도, 특히 이들의 영어식 발음 표기인 'Dokdo' 또는 'Tokdo'에 대해 미국 국무성 내의 지리학자들은 위의 섬들을 일본이 한국의 항의 없이 1905년 공식적으로 일본의 영토로 편입했으며, 독도에 대한 한국의 영유권이 과거 인정되었다는 주장에 대한 어떠한 기록도 존재하지 않는다는 보고서를 향후 이 문제에 대한 재조사가 필요하다는 사항과 함께 제출하였다. 그러나 이 내부 문서는 독도 문제가 몇 가지 해결되지 않은 쟁점들 가운데 하나라는 사실을 인식하고, 한국 및 독도에 대한 강화조약에서의 영토 처리 규정으로 "일본은 한국의 독립을 승인하고, 제주도 · 거문도 · 울릉도를 포함한 한국에 대한 모든 권리, 권원, 그리고 청구권을 포기한다"라고 명기할 것을 제안하였다. 이러한 제안은 강화조약에서의 후속 초안들에서 보는 바와 같이 실질적인 무게를 가지고 반영되었다.

    한국의 입장은 당시 한국의 외무장관에 의해서도 반복적으로 제기되었다. 그는 독도 및 파랑도를 포함한 한국의 섬들이 강화조약의 조문상에 명기되어야 함을 강조하면서 "제주도 · 거문도 · 울릉도 · 독도, 그리고 파랑도를 포함한 일본의 한국에 대한 합병 이전 한국의 일부였던 모든 도서들에 대한"이란 문구로 강화조약의 조문 제2조(a)가 수정되어야 함을 강조하였다.

독도를 강화조약의 조문 제2조(a)에 포함시켜야 한다는 한국의 제안에 대해 당시 미국의 덜레스 국무장관은 만약에 일본이 독도를 일본의 영토로 편입하기 전 독도가 한국의 영토였다는 것이 확실하다면, 한국의 영토에 대한 일본의 영토적 권리의 포기를 규정하는 강화조약의 관련 조문에 독도를 포함시키는 것은 특별한 문제가 될 수 없다는 답변을 개진하였다.

그러나 당시 미국 주재 한국 대사관을 포함해 그 어느 기관도 일본이 독도를 일본의 영토로 편입하기 전 독도가 한국의 영토였다는 사실을 관련 자료로 증명하지 못하였다. 그러자 미국은 강화조약에 독도에 대한 한국의 주권을 인정하는 문안을 첨부해야 한다는 한국의 제안을 고려하지 않는 방향으로 기울였다. 결과적으로 한국의 독도의 영유권 문제에 대한 덜레스 국무장관의 전향적인 재검토 의사 표시는 당시 미국 주재 한국 대사관 담당자의 무성의한 답변을 포함한 한국 측 관계인사들의 독도 문제에 대한 종합적인 인식의 결여로 활용되지 못하였다. 이로 인해 샌프란시스코 강화조약의 최종 영토 조항에 한국의 독도에 대한 주권을 인정하는 문안이 첨부될 수 있는 기회를 한국 스스로 포기한 결과를 야기하게 된다.

강화조약의 조문 제2조(a)에 대한 한국의 개정 요구에 대해 미국은 다음과 같은 이유들을 근거로 수용할 수 없음을 밝혔다. 첫째, 미국의 정보에 의하면 독도는 한국의 영토로 인정된 사실이 없으며, 1905년 이후로는 일본의 시마네현 오키섬 지부의 관할권 내에 위치하고 있는 것으로 파악된다. 둘째, 미국은 1945년 8월 9일 작성된 일본의 항복문서상의 규정이 그 자체만으로는 기술적으로 영토 문제의 처리에 관한 형식적 및 최종적인 결정을 의미하는 것은 아니라는 인식을 가지고 있다. 그렇기 때문에 한국이 제시한 형식대로 한국의 특정 영토에 대한 일본의 권리 포기에 대해 일본이 동의하는 방식으로 강화조약에 규정하자는 한국의 제안에 동의할 수 없다. 셋째, 포츠담선언(Potsdam Declaration)은 이 선언이 언급한 지역에 대한 일본의 형식적 또는 최종적인 주권 포기를 의미하고 있다는 이론을 강화조약이 채택해야만 한다는 주장을 미국은 받아들일 수 없다.

맺음말: 샌프란시스코 강화조약, 한일 외교관계의 구축, 그리고 전후 동북아국제질서의 재편

국제법상 SCAP은 전시점령 당국으로서 점령 시부터 강화조약의 체결 전까지 점령지의 공공질서를 유지하고 평화를 회복시키는 잠정적이고 제한적인 역할만을 수행하는 법적 실체였다. 점령기간 중 소련공산주의 세력의 확산과 일본 점령정책의 시행에 따른 미국의 경제적 부담 등에 따라 미국 및 SCAP의 점령정책은 변화하게 되었다. 이에 대해 일본은 적극적으로 대처하여 '사실상 평화상태'에서 강화조약 체결 전에 주권의 제한을 최대한 완화하고자 노력하였다. 미국의 점령정책 변화와 일본의 적극적 노력은 실제 강화조약에도 반영되어 다른 국가들의 강화조약과 비교하여 일본에 온건한 강화조약 체결이란 결실을 맺었다.

특히 주요 승전국은 패전국 일본의 전후 영토 처리과정에서 노정된 일본의 고유영토와 일본이 제국주의적인 영토팽창 과정에서 침탈한 영토를 명확하게 구분해 처리할 과제를 안고 있었다. 그러나 주요 승전국 간의 이해관계와 정무적인 편의성에 의해 이 과제가 훼손되었다. 이 사실은 법적 근거 자체가 논란이 되고 있는 전승국의 패전국 영토 처리에 대한 권한 문제를 더욱 의문시하게 하고 있다.

과거 죄악에 대한 부인은 불신을 잉태하고 국제 화합을 어렵게 한다. 한일 간의 관계와 프랑스·독일의 관계를 비교하여 설명하고, 과거 죄악에 대한 국가차원의 인정이 이 신뢰와 화합을 구축하는데 본질적이라는 주장을 하는 연구는 이미 상당수 존재하고 있다. 이와 관련하여 미래지향적인 입장을 견지하면서 과거의 죄악을 인정하는 것이 보다 좋은 접근방향이라는 제언도 가능하다.

유럽에서 전후 보여준 죄악과 만행의 인정, 그 과오에 대한 책임 부담이 동아시아 지역에서는 재연되지 않았다. 이것은 전후 처리과정에서 미국을 위시한 전승국인 연합국의 역할에 기인한 바 크다. 즉 미국은 일본이 자신의 전쟁범죄와 그 책임문제를 회피하는데서 일정한 역할을 함으로써 일본의 역사적 기억상실에 일조한 바 있다. 청구권 및 배상문제와 관련하여 샌프란시스코 강화조약이 패전국 일본에 대해 극도로 관대하고(extraordinarily generous) 비非징벌적인(non-punitive) 성격을 가지게 된 배경에도 미국의 역할은 존재한다.

이른바 1905년 가쓰라-태프트 협정(Katsura-Taft Agreement)을 체결한 직후인 1906년 일본 동경의 일본상공회의소(Japanese Chamber of Commerce)에서 미국의 전쟁장관(US Secretary of War) 윌리엄 태프트(William Taft)는 이런 내용의 연설을 하였다.

> 우리는 지금 법과 질서의 정부를 유지할 수 없는 민족의 문제에 보다 강한 국가가 개입하여 해당 민족이 보다 좋은 정부가 되어 세계의 발전을 위한 국가적 의무와 역할을 수행할 수 있도록 지원해야 하는 시대에 살고 있다.

미국은 제국주의시대 자신의 영토를 확장하는 과정에서 국가이익을 실현하는 과정에서 부정적 결과를 드러내기도 하였다. 대표적으로 제2차 세계대전 이후 전승국의 입장에서 연합국 최고사령부, 샌프란시스코 강화조약의 구도를 거치면서 미국이 적용한 정무政務적인 편의성의 고려 및 남용은 현대 동아시아, 특히 한일 외교관계에서 불안정을 잉태하게 한 결과를 낳았다.

제국주의 국가가 영토를 확장하는 과정에서 자행한 행위에 대해 사후 자신의 행위를 방어하는 과정에서 주로 원용되는 시제법(時際法; intertemporal law)의 원칙[3]이 동아시아의 현실에서는 제한적으로 적용되어야만 하는 근거가 여기에 있다. 과거 서구 제국주의 국가들의 정책들은 현재 법적 안정성이라는 법이념 및 시제법이라는 법기술에 의해 그대로 인정을 받고 있는 상황이다. 과연 법적 안정성이라는 법이념은 현재의 부(不)정의한 상황과 구체적 타당성에 반드시 우선하는 것인가라는 의문을 던져 볼 수 있다. 시제법의 법적 효용성 강화, 기능·편의주의적인 *uti possidetis* 원칙[4]의 보편적 적용 가능성 증가 등 법적 안정성이라는 법의 이념에 충실한 현대의 국제법은 제국주의 시대의 국제법을 계수하고 있다. 이같은 현실에서 연합국 최고사령부 및 샌프란시스코 강화조약 체제에 근거하여 형성된 현대 한일 외교관계의 구축은 변하지 않는 미국의 영토적 이익추구가 동아시아 지역에 실현된 역사적 배경과 함께 그 타당성이 재검토되어야 된다고 판단된다.

---

3) 시제법의 원칙이란 특정한 시기의 특정한 분쟁에 어떠한 법 원칙을 적용해야 하는가의 문제와 관련된 것으로, 분쟁 당사자들 간의 특정한 분쟁 사안에 대해 당사자들이 제기한 주장은 분쟁이 발생한 당시에 존재했던 국제법과 법 원칙에 따라 평가되어야만 한다는 원칙을 말한다.
4) 이와 관련, *uti possidetis* 원칙의 개념, 형성과정, 그리고 적용 문제에 대해서도 연구할 필요가 있다. *uti possidetis* 원칙은 스페인 통치 지역이었던 남미지역의 경우, 스페인 식민지 지역의 국가가 독립을 성취하였을 때 식민지 시대의 내부 행정 구획이 신생 독립 국가들 간의 국경선으로 획정된다는 원칙으로, 이 후 아시아, 아프리카 지역 및 최근의 구 유고사태에서도 적용되었다.

〈참고문헌〉

※ 이석우, 2007《동아시아의 영토분쟁과 국제법》(집문당)
※ 이석우 편, 2006《대일강화조약 자료집》(동북아역사재단)
※ 이석우 편, 2005《독도 분쟁의 국제법적 이해 (개정증보판)》(학영사)
※ 이석우, 2003《일본의 영토분쟁과 샌프란시스코 평화조약》(인하대학교 출판부)

현대사 인식을 통해 본 상호인식

신 주 백*

목 차

1. 지금 서로를 어떻게 생각하고 있을까?
2. 한 측면의 강조 : 종전과 패전, 해방과 점령
3. 한국전쟁, 세계적 열전과 협소한 시야
4. 샌프란시스코 강화조약, 무책임 구조의 창출과 회피하는 역사 의식
5. 한일협정, 그 다층성과 단선적 이미지
6. 고도성장, 편향된 이해 속에 싹 키우는 우월의식과 비하의식
7. 나의 미래에 상대방은?

---

1. 지금 서로를 어떻게 생각하고 있을까?

흔히들 일본은 한국인에게 '가깝고도 먼 나라'라고 말한다. 그것은 빈말이 아니다.

---

* 연세대학교 국학연구원 HK 연구교수

세계경제가 상당히 좋지 않았던 2009년에도 일본을 찾은 외국인 여행자 679만 명 가운데 한국인이 가장 많은 158만 명이었다. 한국을 방문한 외국인 781만 명 가운데 반수에 가까운 305만 명이 일본인이었다.

이처럼 활발한 교류는 상대방에 대한 호감도로 이어지고 있을까? 2009년 10월 일본 외무성이 조사한 '한국인에 대한 친근감'이란 항목의 통계에 따르면, 조사 대상 일본인의 63.1%가 친근함을 느끼고 있다고 답변하였다. 역대 최고의 수치이다.

그런데 한국인은 그렇지 않은 것 같다. 한국일보가 한 '2007 한중일 공동여론조사'에 따르면, 조사 대상 한국인의 37.5%만이 한일 관계가 '좋다'고 답변하고, 61.2%가 '나쁘다'고 답변하였다. 2005년 후소샤 교과서를 둘러싸고 벌어진 양국 간 첨예한 갈등, 그리고 이보다 더 극심했던 2006년 독도영유권 문제를 둘러싼 갈등 때 높아진 숫자이지만, 조사 대상 일본인의 72.3%가 두 나라 사이를 '좋다'고 답변한 것과 극명한 대조를 이룬다. 이는 한국인의 일본에 대한 신뢰도가 24.4%에 불과한데 비해, 일본인의 한국에 대한 신뢰도가 61.1%에 달하는 현상과도 일치하는 경향이다.

한국인이 한일관계가 좋지 않다고 생각하는 가장 큰 이유는 역사문제에 있다. 한일 역사문제는 1945년 이후 수면 아래로 잠재하면서 가끔씩 불거졌는데, 2001년 일본의 후소샤 역사교과서의 역사왜곡을 시작으로 한해도 거르지 않고 연례화 하고 있다. 역사교과서와 역사교육 문제만이 아니라 영토문제, 동해문제, 야스쿠니신사 참배문제도 불거졌다. 많은 한국인은 일본이 침략과 지배에 대해 진정으로 반성하고 주변의 국가와 민족에 화해하려는 손짓을 하고 있지 않다고 보고 있다.

한일관계가 이처럼 삐거덕거릴 때도 많은 일본인이 한국을 좋게 보고 있는 중요한 이유는 드라마와 영화로부터 파생되기 시작한 '한류' 때문이다. 실제 앞서 언급한 2007년도 조사에 따르면, 일본인이 한국에 흥미를 느끼는 부문은 TV드라마(23.3%)·영화(15.3%)·연예인(14.1%)·한국인의 사고방식(13.4%) 순이었다. 중국인이 한국에 대해 흥미를 느끼는 부문이 한국음식(40.1%)·가전제품(39.4%)·영화(38.3%) 연예인(36.6%) 순이라는 점과 비교하면 일본인의 한국에 대한 이미지의 경향적 특징을 선명하게 느낄 수 있을 것이다.

결국 역대 어느 때보다 활발한 한일 교류 속에서 양국 간 진정한 신뢰와 협력을 이끌어내 한일관계 만이 아니라 지역 내 다자간 협력질서를 만들어 내는데 있어 역사문제의 마무리는 꼭 필요한 것이다. 그것은 두 나라만의 문제가 아닌 것이다. 상호신뢰와 협력을 구축하는 방법의 하나가 역사교육을 통해 미래지향적이고 협력적인 사람을 길러내는 일이다.

이 글에서는 1945년 8월을 전후한 시기부터 양국의 미래까지를 두 나라 역사교과서에서 어떻게 묘사해 오고 있는지 소개하고 개선점을 검토해 보겠다. 한국과 일본이 현대를 살아오면서 서로 직접 관계를 맺었던 몇 가지 역사적 사건[1]에 대해 두 나라의 2009년도 역사교과서는 서로 어떻게 평가하고 있는지를 검토하는 방식으로 상호 이미지의 역사적 연원을 추적해 보자.

2. 한 측면의 강조 : 종전과 패전, 해방과 점령

1945년 8월 일본 천황의 무조건 항복으로 아시아·태평양전쟁은 끝났다. 일본은 연합군총사령부(GHQ)의 점령을 받았다. 식민지 조선도 일본으로부터 독립하였다. 하지만 한반도는 38도선을 경계로 남에는 미군이, 북에는 소련군이 진주하여 일본군의 항복을 접수하였다.

---

1) 그러한 경우로는 1945년 8월 전후, 1950년 한국전쟁, 1951년 샌프란시스크 강화조약, 1965년 한일협정과 고도성장을 들 수 있을 것이다. 그리고 미래의 한일관계, 동아시아 내에서의 상호관계를 어떻게 상정하고 있는지도 살펴보자.

1945년 12월 모스크바삼상회의를 계기로 한반도의 정치 구도는 민족 대 반민족의 구도에서 반공 대 친공 곧, 좌우 이념대결 구도로 바뀌었다. 이때부터 38도선은 항복 접수 경계선이 아니라 분단선의 성격이 강화되어 갔다. 그 결말이 1948년 8월의 대한민국, 9월의 조선민주주의인민공화국 수립이다.

　한일 양국의 역사교과서는 이 시기의 역사를 어떻게 기술하며 가르치고 있을까?

　한국의 역사교과서는 일본의 항복과 한국의 독립, 그리고 대한민국 정부의 수립이란 과정으로 이 시기를 설명한다. 이에 비해 일본의 역사교과서는 좀 복잡하다.

　일본 역사교과서의 대부분은 1945년 8월 15일 아시아·태평양전쟁이 끝난 시점을 '종전'이란 말보다 '패전'하여 연합국에 '항복'했다고 기술하고 있다. 그러면서 연합군총사령부에 의해 실시된 점령정책을 기술하는 경우가 대부분이다.

　그런데 일본의 우익 중학교 교과서인 후소샤의 교과서와 2010년부터 사용할 지유샤의 교과서에서는 비록 일본이 '패전'한 전쟁이지만 소화천황이 '성단을 내린' 결과 전쟁이 마무리되었다고 기술하고 있다. 천황이 위기의 일본을 구하였다고 부각시킴으로써 그를 평화주의자로 묘사하고 있는 것이다. 그러나 분명한 사실은 명치천황, 소화천황은 대한제국을 멸망시키고 조선총독부를 내세워 한반도를 지배하였고, 중국과 전쟁을 했으며, 아시아·태평양전쟁을 일으킨 전쟁범죄자라는 사실이다. 일본의 우익이 1945년 8월 전쟁이 끝나는 과정을 왜곡시키는 이유 가운데 하나가 여기에 있다고 볼 수 있겠다. 더구나 이러한 역사인식에서는 한국 민족운동 세력의 건국 준비과정에 대한 기술이 들어갈 틈바구니를 없게 한다. 달리 말하면 독립을 향한 한국인의 노력을 간과함으로써 자기 역사를 만들어가고 있던 우리의 주체적인 모습을 배제하고 있는 것이다.

이처럼 한일 간의 현격한 역사인식 차이는 8월 이후 한반도의 상황에 관한 묘사에서도 들어난다. 중학교《국사》에서는 이에 관해 아래와 같이 기술하고 있다.

남북 분단 우리 민족은 감격적인 광복을 곧바로 독립으로 이어 가지 못했다. 그것은 미국과 소련이 한반도에 주둔해 있는 일본군의 무장을 해제한다는 명목으로 북위 38도선을 군사 분계선으로 설정하는 데 합의하고, 우리나라의 남과 북에 각각 자기 나라의 군대를 진주시켰기 때문이다.

그러면서 한국의 교과서는 신탁통치문제를 둘러싼 좌우대결, 미군정의 정책, 대한민국을 수립하기 위한 노력에 대해 기술하고 있다. 이에 비해 일본의 교과서는 대부분 동경서적의 고등학교 교과서처럼 기술하고 있다.

식민지의 해방과 아시아 조선은, 식민지로부터 해방되었지만, 북위38도선을 경계로 북을 소련에, 남을 아메리카에 점령되고, 1948년에는, 북에 조선민주주의인민공화국(북조선)이, 남에 대한민국(한국)이 성립되었다.

일본의 역사교과서는 식민지 조선이 해방과 동시에 분할 점령되었다고 기술하고 있으며, 1948년 각각의 정부가 수립되었다는 사실을 곧장 언급하는 기술방식을 택하고 있다. 그러면서도 점령상태라는 표현으로 한반도에 있었던 다양한 정치세력, 정부 수립을 위한 민중의 노력과 의지를 완전히 간과하고 있다.

이는 남북한의 역사서술과 크게 다른 부분이다. 즉 한국의 역사교과서는 '건국 준비'를 강조하여 미군정기하에서도 한국인의 독자적인 삶의 역사를 부각시키고 있다. 북한의 역사교과서는 조선민족해방전쟁에서 승리한 것을 바탕으로 해방조선의 역사를 주체적으로 꾸려갔다고 기술하며 소련 군정 자체를 언급하지 않고 있다. 일본과 남북한이 역사인식에서 현격한 차이를 드러내고 있는 것이다. 한국의 교과서는 미군정을 언급하지만 미군정을 중심으로 '해방공간 3년사'를 기술하지 않는다. 북한의 교과서는, 기구표상으로는 소련 군정이 없었으니 북한식 서술이 맞는다고 볼 수 있지만, 사실상 소련군이 북조선(임시)인민위원회를 관리했다는 현실을 완전히 도외시하고 있다. 남북한의 '해방공간 3년사' 서술이 다르면서도 같은 점을 여기에서도 확인할 수 있다. 결국 남북한의 이러한 서술 태도는 일본에서 연합군총사령부에 의한 통치를 명확히 하고 있는 일본 역사교과서와 다른 점이라고도 볼 수 있다.

남북한과 달리 '해방공간 3년사'에 관한 일본 역사교과서의 관점과 역사인식에 따르면 미군과 소련군의 '점령' 기간 동안의 한국현대사가 일본이 지배하던 시기와 별다른 차이가 없는 것으로 학생과 일반 독자는 이해할 소지가 있다. 연합국군총사령부에 의해 '점령당한' 일본과 한반도가 다른 상황이었음에도 불구하고 같은 처지 곧, 패전국의 상황처럼 일본의 학생과 일반 독자들에게 이해시킬 소지도 있다.

그런데 분명한 사실은 1945년 8월 소화昭和천황이 항복을 선언하는 라디오방송을 들은 다음 날부터 한반도에 거주하고 있던 재조일본인과 친일파를 제외한 사람들이 모두 일본의 항복소식을 듣고 기뻐하였다는 점이다. 그래서 건국준비위원회를 결성하였고, 미군과 소련군을 환영하였다. 특히 8월 9일 대일선전포고를 하고 한반도로 진주해 들어온 소련군에 대한 기대는 남달랐다. 소련군이 경성역에 도착한다는 헛소문을 듣고 많은 관중이 환영하고 구경하기 위해 역 앞에 집결하는 바람에 인근에서 열리고 있던 대규모 집회가 무산되기도 하였다. 해방을 기뻐한 한국인이 미군과 소련군의 점령을 바랬던 것은 아니다. 일본의 많은 교과서 서술에서는 일본제국주의의 패배와 한국의 독립을 대다수 한국인들이 매우 기뻐했다는 점을 간과하고 있는 것이다. 더구나 한국인은 건국 준비 과정을 거쳐 해방이 되었으며 미군정 3년간의 기간도 미군정을 부각시키기보다 우리 중심으로 기술하고 있다. 따라서 일본의 역사교과서는 한국인의 주체적 입장과 인식을 무시하고 있는 것이다. 자국 중심의 역사인식이 상대방을 어떻게, 얼마나 무시하고 배제하려 하는지를 극명하게 보여주는 대목이라고 할 수 있다.

3. 한국전쟁, 세계적 열전과 협소한 시야

한국전쟁은 1950년 6월에 일어나 1953년 7월에 끝난 전쟁이다. 내전이자 국제전의 성격을 띤 한국전쟁은 한국사에 관한 국제학계의 관심 가운데 가장 뜨거운 시선을 붙잡는 연구 주제이다. 그래서 다양한 쟁점이 제기되었고, 지금도 이를 둘러싼 논쟁이 진행되고 있다.

한국의 역사교과서는 6·25전쟁을 북한의 남침으로 일어난 동족상잔의 비극으로 본다. 일본의 역사교과서는 개전의 책임이 북한 쪽에 있음을 기술하고 있다. 그런데 일본의 역사교과서가 예전부터 이렇게 기술한 것은 아니었다. 동경서적에서 발행한 중학교 역사교과서로 1969년부터 1974년에 사용된 교재에서는 "1950년 마침내 이 양국 사이에 전쟁(조선전쟁)이 시작되자 합중국군을 중심으로 하는 국제연합군은 남쪽으로 밀리는 남선군南鮮軍을 도와 일시 중국과의 국경 근처까지 진출하였다"라고 기술하였다. 여기서 알 수 있듯이, 대한민국이 북한에 그냥 밀린 것으로 기술하는 것이 대세였다.[2] 1974년판 직후 새로운 학습지도요령에 따라 작성된 1975년판에서는 전쟁 개전을 언급할 때 '남하'라는 말을 사용할 정도였다. 당시 일본 역사학계의 교과서 필자들이 남한보다는 북한 쪽에 더 친숙한 감정을 갖고

---

2) 西岡虎之助 외 24명, 1969《新訂 新しい社會 2》(東京書籍), 306

있었던 현실과도 무관하지 않을 것이다. 참고로 중국의 역사교과서는 내전이 발발했다고 기술함으로써 개전의 책임을 분명히 하지 않고 있다.[3] 이조차 1990년대 초반까지의 기술에 비하면 개선된 서술이지만, 남북한과의 관계 때문에 직접 언급을 회피하고 있을 것이다.

두 나라 역사교과서는 전쟁이 일어난 배경에서 강조점도 조금 다르다. 우리는 동족상잔의 비극, '적화야욕' 등으로 기술하고 있지만, 일본의 교과서는 대부분 세계적인 차원에서 진행된 냉전을 강조한다. 물론 드물게 38도선에서의 무력충돌이나 중국혁명의 성공을 언급하는 교과서도 있었다. 일본 교과서들은 서로 강조점이 다름에도 불구하고 북한이 전쟁을 일으킨 원인을 한반도의 분단 극복과 통일에서 찾고 있다.

전쟁의 경과와 관련한 서술 주체라는 측면에서 고찰해 보면, 일본의 모든 교과서는 한국전쟁의 전투 주체에 대해 언급할 때 미군을 주축으로 한 UN군이 전쟁에 개입하기 이전까지 한국군이 주체였음을 기술하고 있지 않다. 반면에 미군을 주축으로 한 국련군國連軍과 중국인민의용군에 관해서는 명시적으로 언급하며 전쟁의 양상을 기술하고 있다. 달리 말하면 교과서의 생명인 균형 잡힌 서술방식이 아닌 것이다. 한반도에서 일어난 전쟁임에도 불구하고 한국군의 실체에 관한 언급이 완전히 배제된 서술방식은 한국현대사에 대한 부정적인 이미지를 일본의 학생들에게 전달해 줄 가능성이 높다.

전투 주체에 관한 서술의 한계는 한국전쟁 과정에서 전쟁의 성격이 어떻게 바뀌어 갔는지에 대해 제대로 설명하지 못하는 교과서 기술의 문제점으로 이어진다. 일본의 역사교과서는 한국전쟁의 성격이 UN군의 참전으로 내전에서 국제전으로 바뀌었고, 이어 중국군이 참전함으로서 국제전의 성격 자체가 다시 바뀐 점을 간과하고 있다. 즉 1950년 11월 중국인민의용군

---

3) 개전책임을 분명히 하지 않은 교과서가 아직도 일본에 있다. 《世界의 歷史A 改訂版》(山川出版社), 2007 ; 《高等學校 日本史A 改訂版》(清水書院), 2007

이 전쟁에 개입한 이후 공산 측의 핵심 전쟁 주체 역시 북한군에서 중국군을 주축으로 하는 조중연합사령부로 바뀌었다. 한국전쟁은 궁극적인 성격으로 보면 '통일전쟁'이었음이 분명하지만, 1950년 11월경부터 통일전쟁이라고 보는 측면보다는 그냥 국제전이 아니라 동서 양진영 간의 국제전으로 성격이 바뀌었다고 볼 수 있다. 참고로 말하자면, 이와 같은 성격전환을 제대로 부각시키지 못하고 있는 서술은 중국의 중고교 역사교과서에서도 확인된다. 한국의 역사교과서에서도 한국전쟁에 관해 6.25전쟁이란 용어를 사용하여 많은 분량을 기술하고 있지만 전쟁의 변화양상을 학생들이 느낄 수 있도록 명징하게 전달하고 있다고 보기 어려운 측면이 있다.

한국전쟁과 관련하여 반드시 기술해야 할 사항 가운데 하나가 한반도에 전쟁이 끼친 피해와 영향이겠지만, 더불어 동아시아와 세계에 끼친 영향도 함께 고찰해야 한다. 지금까지 한국의 역사교육이 세계와 관계가 밀접했던 한국근현대사에 관한 수업에서조차 '한국'만을 가르쳤지, '한국'과 동아시아지역, '한국'과 세계의 연관성을 제대로 가르쳐 왔다고 볼 수 없다. 제7차 교육과정에서 이 부분에 관한 취약점이 많이 보완되었지만 여전히 세계사와 지역사는 한국근현대사를 이해하기 위한 배경지식에 머물고 있을 뿐이다. 마찬가지 문제점은 한국전쟁의 영향을 설명할 때도 확인할 수 있다. 심지어 교과서들만이 보는 '교사용 지도서'에 조차 한국전쟁의 세계성을 가르치도록 참고자료를 제공하거나 유도하는 언급이 전혀 없다.

한국의 역사교과서와 같은 한계는 일본의 역사교과서에서도 확인된다. 일본의 역사교과서는 '조선 특수'라는 말까지 사용하며 한국전쟁이 일본사회에 끼친 영향을 상세히 기술하고 있다. 서술 분량이란 측면에서 볼 때 전쟁의 양상에 관해 기술한 분량만큼, 아니면 그 이상의 분량을 배치하고 있는 경우도 있을 정도다. 그것 이상을 확인해 주는 세계사 교과서조차 거의 없을 정도다.

사실 한국전쟁은 일본경제 재건에 결정적인 기회였고, 오늘날 자위대의 전신인 경찰예비대를 창설하게 된 동기를 부여했다는 점에서 일본 재군비의 출발점이었다. 또한 미국이 동아시아 반공정책 파트너로 일본을 육성하기 위해 1951년의 샌프란시스코 강화조약을 통해 일본의 국제사회의 복귀를 서두르게 만든 사건이었다. 따라서 일본의 역사 교과서에서 한국전쟁은 자국사와 아주 밀접히 연관된 세계적 역사 사건이었던 것이다.

그래서 일본의 모든 교과서가 한국전쟁과 일본사와의 연관성 곧, 조선특수로 일본경제가 패전 직전의 경제 수준으로 돌아가고 있었다는 점, 일본의 보수우익 중심의 지배체제가 급속히 정비되었다는 점, 미국이 1951년 샌프란시스코 강화조약을 서둘러 체결하여 일본을 독립시키고 과거청산에 대한 부담을 줄여주었다는 점 등을 공통되게 기술하고 있다.

그러면서도 한국전쟁 과정에서 한국인이 입은 희생과 한국사회의 피해에 대해서는 전혀 주목하지 않고 있다. 일본의 교과서들이 아시아・태평양 전쟁 때 발생한 전쟁의 피해에 특별히 주목하는 가운데 원폭으로 인한 피해를 그렇게 강조하고 반성한다면, 한국전쟁으로 인한 인명 피해와 전쟁으로 초래된 인류의 보편적 가치의 훼손에 대해서도 주목해야 한다. 이래야 균형 잡힌 서술이라 말할 수 있을 것이다. 또한 일본에 끼친 영향에만 주목하다 보니, 세계사 교과서에서조차 한국전쟁이 동아시아 국제관계에 미친 영향 곧, 일본을 둘러싼 대외적 환경의 변화라는 측면에 주목하여 내용을 기술한 아래와 같은 내용의 교과서는 아주 접하기 드문 경우다.

조선전쟁 조선전쟁은 냉전을 아시아에 확산시켰을 뿐만 아니라 이데올로기 싸움에서 군사적 대결로 성격을 변화시켰다. 이래 미국은 대규모 군비증강에 돌입하고, 대만해협에 제7함대를 보내고, 인도지나전쟁에도 프랑스에 군사원조를 강화하는 한편 아시아・태평양지역에서 여러 군사블록을 만들어 중・소 '봉쇄' 전략을 강화하였다.(367~368쪽)

전후의 일본 특히 조선전쟁이 발발하자 경찰예비대(자위대의 전신)을 만들고, 본

토와 오키나와의 군사기지를 강화하였다.(368~369쪽) [《新世界史 B 改訂版》(山川出版社)]

이 교과서는 한국전쟁의 세계적 영향에 대해 먼저 언급하고 별도의 소항목에서 일본에 끼친 영향을 기술하고 있다. 일본인이 작성한 세계사 교과서라는 측면에서 보면 이러한 편집 및 기술방식도 창조적인 접근이라고 볼 수 있겠다.

4. 샌프란시스코 강화조약, 무책임 구조의 창출과 회피하는 역사의식

도쿄재판에 이어 일본의 전쟁책임, 전후책임을 추궁할 수 있는 또 하나의 국제적 계기가 1951년 9월에 체결된 샌프란시스코조약이다. 조약이 체결되는 과정을 간략히 정리하면, 세계적인 차원에서 냉전체제가 형성되고 있는 가운데 아시아에서는 1949년 중화민국이 대만으로 밀려나고 본토에 사회주의자들의 권력체인 중화인민공화국이 수립되었으며, 1950년 6월 한국전쟁이 일어나는 등 진영 간의 대립이 급속히 격화되었다. 이에 미국은 동아시아에서 자본주의 진영을 구축·강화하고자 일본을 끌어들이기 위해 서둘렀다. 샌프란시스코조약 강화는 이러한 상황적 배경에서 체결된 국제협약이다. 즉 아시아와 태평양에서 벌어진 제2차 세계대전을 최종적으로 마무리하기 위해 미국 주도 아래 일본과 48개국 사이에 서둘러 체결된 국제협약이다. 조약의 주요 내용을 보면, 일본의 주권 인정, 한국의 독립 승인, 대만 등에 대한 일본의 영토권 방기, 일본에 외국군대 주둔의 승인, 연합국 측의 배상청구권의 방기 등이었다. 그리고 조약이 체결된 같은 날 미국과 일본 사이에 안전보장조약이 조인되었다. 이로써 일본은 미국의 지원 아래 큰 부담 없이 국제사회에 다시 복귀할 수 있었다.

한국의 역사교과서는 '일본이 미국의 점령 아래 있다가 샌프란시스코 강화회의를 계기로 주권을 회복하였다'라고만 기술하고 있다. 그것도 《국사》와 《한국근현대사》 교과서에서는 언급이 없고, 세계사 교과서에서만 기술하고 있는 실정이다. 여기에서도 '한국'만을 가르치는 한국사 교과서의 협소함을 다시 확인할 수 있다. 결국 교과서대로 한다면 일본군국주의의 청산문제는 필자들의 의도와 달리 일본의 패전과 함께 자연스럽게 청산된 것으로 학생들에게 전달될 수도 있다.

반면 일본의 역사교과서는 1951년 샌프란시스코 강화조약을 체결한 결과 일본이 1952년 4월 "독립을 회복"하고 국제사회에 복귀했다고 기술하고 있다. 맞는 사실이다.

그런데 문제는 강화조약과 일본의 전후보상과의 연관성, 달리 말하면 일본의 전후책임이라고 말할 수 있는 침략책임, 지배책임에 대해 어떻게 볼 것인가라는 측면에서 일본의 역사교과서들이 상당한 한계점을 보이고 있다는 점이다.

현재 일본의 학교 현장에서 사용하고 있는 많은 역사교과서에서 일본의 전후책임과 보상문제를 제대로 언급하고 있는 교과서는 드물다. 그것은 그만큼 일본의 책임을 자라나는 미래세대에게 가르치려는 의지가 없다는 뜻이고, 과거에 대한 자기반성이 철저하지 못하다는 증명이다. 그래서 아래와 같은 교과서가 상당한 책임의식을 갖고 있는 교과서라고 볼 수도 있을 정도다.

칼럼 : 세계사 속의 일본 - 일본의 전후처리 샌프란시스코 강화조약을 받아서, 일본은 1954년 이후 동남아시아 각국과 한국 등에 배상과 경제협력을 정부 간에 실시하였다. 강화조약에 참가하지 않은 인도 대만(중화민국)의 각 정부는 일본과

의 개별 조약으로 배상을 방기하였다. 또한 소련 정부는 1956년 일소공동선으로, 중화인민공화국은 1972년 일중공동성명으로 배상을 방기하였다.

배상과 경제협력은 엔차관과 플랜트 수출 등의 형식으로 실시되어, 여러 나라에 일본 기업이 진출할 수 있는 기회를 만드는 일면도 있었지만, 배상과 경제협력은 상대국 정부에 대한 것이고, 전쟁으로 인해 피해를 입은 사람들 개인에 대하여 행해진 것은 아니었다. 그 후 한국 대만 중국 등 전쟁 중 일본의 다양한 행위로 인한 피해와 불이익을 받은 사람들로부터 사죄와 배상을 요구하는 재판이 진행되고 있다. 그러나 일본정부는 배상협정과 경제협력에 의해 국가로서의 보상문제는 해결되었다는 태도를 취하고 있다. 이 문제에 관해서는 국내의 전前군인과 유족에 대한 원호, 독일의 전후보상과의 비교 등에 의하여 논의가 제기되고 있다. [《世界史 A》(동경서적)]

대다수 국가들이 방기하게 된 이유에 대해 앞서 설명했지만, 동경서적 교과서는 이 부분에 전혀 주목하지 않고 있어 강화조약의 본질적 성격을 제대로 이해하기 어렵게 만든다. 그럼에도 불구하고 필자는 여전히 전후처리가 미완성이라는 점을 드러내고 있다는 점에 방점을 두고 싶다.

반면에 우익의 역사교과서인 후소샤판의 교사용지도서에서는 이와 아주 다른 언급을 하여, 교사들이 왜곡된 내용을 학생들에게 전달하도록 하고 있다. '사항 해설'이란 코너에는 '샌프란시스코 강화조약과 보상문제'라는 주제로 아래와 같은 내용이 있다.

강화조약 제14조에는 연합국과 아시아 여러 나라에의 일본의 배상의무가 규정되어 있다. 다만, 일본은 배상 능력이 없게 되어, 연합국은 사실상 배상권을 방기하였다. 그러나 버어마 필리핀 인도네시아 남베트남 등 아시아 여러 나라에서는 역무役務와 생산물을 배상으로 하고(일본 제품을 아시아 여러 나라가 구입하는 대금을 일본 정부가 기업에 지불하는 방식), 덧붙여 경제협력을 하기로 합의하였다. 배상 지불은

1977년까지 계속되어, 총액 15억 달러에 이른다. 또한 경제협력은 금일 ODA(정부개발 원조-인용자)의 원형으로 되었다.(《改訂版 新しい歷史敎科書－敎師用指 導書》)

그러나 연합국이 배상권을 방기한 것은 피해국가의 자발적 선택이었다기보다 미일동맹을 강화하려는 미국이 먼저 배상을 요구하지 않았기 때문이었다. 또 동아시아에서 반공전선을 구축하려는 의도에서 일본과 동아시아 국가들과의 국교수립을 미국이 서두른 것도 중요한 원인이었다. 또한 일본이 경제력이 부족하여 배상할 능력이 없었다는 주장은 지극히 상투적이면서 거짓된 주장이다. 사실 일본의 관료들이 한국을 포함한 국제사회에 보상문제를 언급할 때 자주 하는 발언 가운데 하나도 이것이다.

일본은 1952년부터 1991년까지 자국민 원호 대상자에게 33조엔 가량의 돈을 지불하였다. 그런데 1954년부터 1977년까지 침략과 지배로 인해 일본 정부가 지불한 돈은 28개 국가에 총 1조 362억엔, 곧 15억불 정도에 불과하였다.[4] 그런데 1955년이 되면 일본경제는 이미 전후戰後가 아니었다는 점을 당시 그들 스스로도 선언하고 인정하였다. 더구나 일본경제는 1960년대 들어서자마자 세계가 놀랄만한 고도 경제성장을 지속하여 1970년대에는 '경제대국'이 되었다. 그 와중인 1964년에 동경올림픽을 개최할 정도였다.

요컨대 15억달러는 일본경제에 큰 부담이 아니었다. 그 15억불도 일본경제가 어려울 때 여러 국가에 한꺼번에 지불하는 방식이 아니었다. 오랜 기간 동안 국가마다 지불 시기를 달리하면서도 장기 분할하여 지불하는 방식이었다. 현금 대신에 '역무'와 중고제품의 '생산물'을 일본 정부가 구입해 주는 방식이었다. 그래서 일본 기업의 성장에도 큰 도움이 되었을 뿐만 아니라 일본 기업이 한국과 중국, 그리고 동남아 진출에 필요한 지반을 조성하는 윤활유 역할을 하였다.

---

4) 다나가 히로시(田中宏), 〈일본의 전후보상과 역사인식〉, 다나가 히로시(田中宏) 外 지음, 이규수 옮김, 2000《기억과 망각》(역사비평사), 69

그래서 대장성大藏省도 아래와 같이 고백하였다.

일본이 배상 교섭에서 상당 기간에 걸쳐 끈질기게 가지 입장을 주장한 것도 결과적으로는 배상의 실질적 부담을 크게 경감시켰다. 배상 협정의 체결 시기가 늦어진 결과로, 고도 성장기에 들어간 일본은 대체로 큰 고생 없이 배상을 할 수 있었다. 더불어 체결 시기가 늦어진 것은 부흥한 일본이 동남아시아에 경제적으로 재진출할 때 절호의 발판으로서 배상 지불과 무상 경제 협력을 이용하는 효과를 가져왔다. (《昭和財政史-終戰から講和まで》1)

실제 일본은 '배상 지불'과 '무상 경제 협력'을 할 때 일본의 과잉설비를 이전하거나 과잉물자를 처분하는 방식을 선택했기 때문에 오히려 일본의 불황산업을 구제하는 효과도 있었다.

5. 한일협정, 그 다층성과 단선적 이미지

1965년 6월 한국과 일본은 국교를 재개하였다. 오늘날 한일관계의 갈등과 협력의 역사적 연원 가운데 하나가 이때 체결한 조약에 있고, 현대 한일관계의 출발점 또한 한일협정에 있다 해도 과언이 아니다.

한국의 중학교 역사교과서는 '5·16 군사 정변'이란 소항목에서 "오랫동안 숙제로 남아 있던 일본과의 관계를 개선하여 한·일 협정을 체결하였으며, 베트남에 국군을 파병하였다"고만 언급하고 있다. 교사용지도서에서도 이에 관해 특별히 언급하고 있지도 않다. 중고교의 세계사 교과서에서도 한일협정에 관해 아무런 기술이 없다. 한일 간의 특수한 역사적 관계에 관해 학생들에게 제대로 전달하려는 교육의지가 있는지조차 의심스러운 편집형식인 것이다.

　반면에 금성출판사의 《한국근현대사》를 비롯하여 근현대사를 다룬 교과서들은 학생들이 한일협정을 다양한 각도에서 접근하면서 탐구할 수 있도록 구성하였다. 상당히 진전된 검정 교과서인 것이다. 하지만 한국근현대사 교과서들조차 한국과 지역, 세계와의 연관성이란 측면에서 한일협정을 주목한 경우는 거의 없다. 단순하게 말하면 한일협정은 한국이 세계에 능동적으로 편입되는 계기였다는 점이 제대로 부각되고 있지 않은 것이다. 왜냐하면 한일협정은 한국이 미국 중심의 세계 자본주의 시장경제에 편입되어 가는 과정이자 동아시아 반공망의 일원으로 자리매김하는 전환기적인 사건이었기 때문이다.

　한일협정이 한일 간의 특수한 역사적 관계의 산물이고, 이것이 갖는 지역성과 세계성에 주목해야 하지만 그렇지 않은 문제점은 일본 역사교과서에서도 확인할 수 있다. 고교 세계사 교과서에서는 한일협정에 관해 아무런 언급이 없다. 일본사 교과서에서만 미국의 동아시아전략과 맞물려 한일협정이 체결되었음을 베트남전쟁과 더불어 기술하는 경우가 많다. 한국의 역사교과서에서 쉽게 찾아볼 수 없는 관점이어서 좋기는 하다.

　그런데 여기까지다. 일본의 역사교과서에는 한일협정이 미완의 조약임을 언급하고 이를 전후보상·전후책임과 연관 지어 기술된 경우가 그다지 많지 않다. 오히려 21세기 들어 우경화 바람 속에서 서술 분량이 줄어들고, 설정했던 코너가 다음 검정을 거치며 사라지는 사례가 늘어나고 있다. 침략국이었던 일본이 자신의 학생들에게 한일관계의 역사적 특징을 학교교육과정에서 접할 수 있는 기회를 원천적으로 차단하고 있는 것이다.

　더구나 진실을 왜곡하는 우익 역사교과서도 있다. 새역모는 교사용 지도서를 통해 '외교관계의 진전' 부분에서 '경제협력자금 5억 달러 지불'에 관해 아래와 같은 이유와 정황을 들어 한일협정을 왜곡하여 학생들에게 전달하도록 하고 있다.

전쟁 시 한국은 일본의 일부이고, 일본의 교전국이 아니므로 '배상'이 아니라 경제협력금을 지불하는 것으로 결론을 보았다는 것. 그 때문에 일한 기본조약을 갖고 한국에 대한 보상은 모두 종료되었다는 것을 확인시킬 것.

…한편, 일본측의 막대한 재한在韓 자산에 관해서는 그 청구가 취소되었다는 것.(《改訂版 新しい歴史教科書-教師用指導書》)

새역모와 일본 우익은 한국이 일본의 일부였다라고 기술하고 있지만, 그것은 강제병합의 결과였다. 조선을 '식민지'로 지배한 사실 기술을 회피하고 있는 것이다. 이들은 조선이 일본 '내지'의 연장에 불과한 일부였다는 점을 들어 조선을 '식민지'로 지배한 사실을 부인하고 있다. 일본의 일부였던 곳에 있는 일본인의 막대한 재산을 청구하지 않은 것을 커다란 양보처럼 부각시키려 하고 있다. 새역모와 일본 우익은 제국주의 침략 논리로 과거 일본의 행위를 합리화하고 있는 것이다. 이런 논리라면 1945년 8월 이후 한국에 거주하고 있다고 하여 식민지 때 강제동원되었던 사람들에 대해 보상과 책임을 회피하는 논리, 한국 거주 피폭자들이 싸우지 않았다면 쟁취할 수 없었던 치료 및 원호문제에 대한 논리와 모순된다.

조선을 식민지로 지배했다는 관념이 이들의 역사인식에서 얼마나 희박한지 확인할 수 있는 대목이다. 그만큼 한국인의 고통과 좌절에 대해 사죄하려는 마음이 없다는 의미이기도 하다.

또한 교전국의 일원으로 항일 전쟁에서 싸워 승리했다는 역사인식을 갖고 있는 북한과 수교협상을 진행하여 타결될 경우, 한국이 교전국이 아니었기 때문에 그렇다고 하는 것도 타결될 경우, 모순이다.[5] 그렇다면 1972년 중일 국교 수립 후 정부 개발 원조 형식으로 중국에 지원한 돈을 배상금이라 말하지 않는 이유를 설명할 수 없다. 남베트남과 1959년 5월 조약을

---

5) 더구나 지금은 중단되었지만, 북일수교를 위한 협상의 결과에 따라서는 상당히 다른 결과를 초래할 수도 있다.

체결할 때는 배상이라고 했으면서, 1975년 10월 북베트남과 조약을 체결한 후에 지불한 돈은 준배상 곧, 경제협력이라고 말한 이유를 설명할 수 없다. 모순된 변명인 것이다.

6. 고도성장, 편향된 이해 속에 싹 키우는 우월의식과 비하의식

한국과 일본은 세계가 놀랄 정도의 고도성장을 경험한 나라였다. 고도경제성장을 먼저 시작한 나라는 일본이었다.

일본 경제는 한국전쟁을 거치며 1940년의 경제수준을 회복하였다. 1955년 진무경기神武景氣라고 일컬어지는 호황국면에 접어들었으며, 1956년 '이제 전후가 아니다'라고 선언할 정도로 경제가 회복되었다. 1960년대 들어서는 더욱 고도성장하면서 마침내 1970년대 들어 '경제대국'이라 불릴 정도의 경제력을 갖추게 되었다.

일본의 역사교과서는 그 원인을 어떻게 평가하고 있을까? 후소샤판 중학교 역사교과서의 교사용지도서에서는 아래와 같이 기술하고 있다.

고도경제성장을 가능하게 한 요인

일본경제는 1955년부터 연 7% 전후, 60년부터 73년까지 10% 전후의 성장을 유지한다. 이 장기의 경제성장을 가능하게 한 요인은 무엇일까. ① 국내 구매력 : 점령기의 농지개혁에서 다수의 자작농이 생겼다는 것, 또한 동시기에 다수의 노동조합이 결성되어 임금인상 합력이 형성됨으로써 균질한 국내 구매력이 창출되어 가전 자동차 등 고도 소비를 가능하게 하였다. ② 국제환경 : 냉전 하 일본의 경제성장은 서방측진영에서 중요하게 생각되어 미국은 국내 시장을 널리

일본에 개방하였다. 또한 일본은 1955년 GATT가입이 인정되어 국제 자유무역 체제 속에서 무역입국이 가능하게 되었다. 나아가서 1달러 360엔 고정 환율은 엔화 안정에 기여하며 일본 수출을 촉진하였다. ③ 기술혁신과 교육 : 철강 기계 석유화학 일렉트로닉 등 각 분야에 급속한 기술혁신이 일어났다. 노동자의 높은 교육수준이 그것을 지탱하였다(1965년 시점에 고교 진학률 70.7%, 대학진학률 25.4%). ④ 자민당 정권의 경제정책 : 이케다 내각은 정치대립을 피하면서 경제를 중심으로 국민 합의 형성에 성공하였다. 사토와 다나카 내각은 일관되게 산업진흥, 공공사업 추진 정책을 취하며 경제성장을 견인하였다.(《改訂版 新しい歴史教科書-教師用指導書》)

이에 반해 한국의 역사교과서는 일본경제가 6·25전쟁과 베트남전쟁을 '계기로' 또는 '발판으로' 고도성장했다고 기술하고 있다. 일본의 내적 조건과 일본인의 능동적인 노력, 그리고 국제 환경에 대해 주목하지 않은 것이다. 한국의 역사교과서는 남의 불행 덕분에 어쩌다 잘 살게 된 일본이란 무의식적 이미지를 한국인에게 심어줄 우려가 있다. 그것은 상대방에 대한 비하의식을 조장하는 역사교육일 우려가 높다.

마찬가지의 시선을 일본의 역사교과서에서 한국의 경제성장에 관한 서술로부터도 확인할 수 있다.

한국 경제는 1962년 제1차 경제개발 5개년 계획을 시작하면서부터 고도성장을 지속하였다. 한국 경제가 고도성장을 지속할 수 있었던 원동력의 하나는 한일협정의 체결에 따라 8억 달러의 돈이 연차적으로 유입되고, 한국이 베트남전쟁에 참전함으로써 외화를 벌어들일 수 있었던 사실과도 연관이 있다. 1964년 1억불 수출을 겨우 달성한 나라에서 매년 5천만 달러 가량의 경제가치가 일본으로부터 유입된다는 것은 엄청난 상승효과를 발휘할 수 있는 호재인 것만은 분명하다.

그래서 후소샤판 교과서의 교사용 지도서에서는 한일협정 때 지불된 경제협력금을 '원자原資'로 하여 그 후 한국의 발전이 축적되어 갔다고 기술하고 있다. 같은 관점을 일본의 모든 교과서에서 확인할 수 있다.

그런데 문제는 이렇게만 기술하면 '일본은혜론'에 불과하다는 점이다. 한일 간의 특수한 역사적 관계를 무시할 뿐만 아니라 일본의 침략과 지배 책임을 묻지 않고 일본이 주장하는 지배를 정당화해주는 꼴이 된다. 더구나 당시 한국 경제의 고도성장을 언급할 때는 일본인의 근면함과 교육열과 같은 내적 인프라가 중요했듯이 한국도 마찬가지였으며, 일본이 직면한 것과 같은 국제 정치정세와 경제동향도 함께 고려해야 한다. 그래서 일본 자신의 경제성장을 기술하고 가르칠 때는 이점을 고려하라고 하면서, 막상 한국의 고도성장을 설명할 때는 이렇게 접근하지 않는 태도는 모순된 것이다.

한국의 역사교과서가 일본인의 주체적인 노력과 국제정세를 제대로 보지 못했듯이, 일본의 역사교과서도 한국인의 창조적 능동성과 국제정세를 함께 고려하지 않고 상대방의 고도경제성장을 기술한 것이다. 그러다보니 일본의 역사교과서는 한국현대사의 가장 중요한 키워드라고 할 수 있는 경제성장과 민주화를 연동시켜 기술하고 있지 못하다.

그런 가운데서도 한국의 민주화를 주목하는 일본의 교과서는 세계사 교과서인데, 대체로 냉전이 종식된 부분에서 경제성장과 한국의 민주화를 함께 기술하며 그 상관성을 시사하고 있다. 아래와 같은 교과서가 그 가운데 하나라고 볼 수 있겠다.

동·동남아시아의 경제성장 1960-70년대 동·동남아시아에서는 일본의 고도경제성장이 눈에 띄었지만, 같은 시기 서측 진영에 속한 다른 나라에서도 냉전과 베트남전쟁 속에서 미국의 원조와 일본 기업의 해외 진출을 이용하면서 경제성장과 공업화가 시작되었다. 우선 한국 대만 홍콩 싱가포르가 신흥공업경제지역(NIEs)로서 주목되었다. (265쪽)

민주화의 진전과 정체 … NIEs 등의 경제발전은 독재정권하에서 시작되었지만 경제발전이 이루어지고 노동자만이 아니라 중간층이 성장하는데 따라 민주화를 요구하는 목소리가 커졌다. 한국에서는 이승만 박정희 대통령 등에 의한 독재정권이 계속된 뒤, 1980년 후반 이후 노태우 김대중 노무현의 각 대통령 아래에서 민주화가 달성되었다. (267쪽) [《新祥 世界史 B》(제국서원)]

7. 나의 미래에 상대방은?

20세기 마지막 10년대는 1945년 이후 세계를 지배해 왔던 냉전 질서가 해체되고 새로운 국제관계가 재편되는 와중에 있었다. 이념에 따라 편을 가르던 시대가 유효성을 상실한 것이다. 한반도에서도 2000년 남북정상회담을 전후로 남북 긴장관계가 급속히 완화되어 갔다. 그러는 와중에서도 북한의 핵문제를 둘러싼 긴장의 파고가 동북아 국제정세를 휘감고 있으며, 이 문제를 해결하는 정점에 북일수교 문제도 있다.

일본의 많은 교과서는 러시아와의 영토문제, 북한과의 국교정상화가 아직 미해결된 과제라고 언급하고 있다. 최근에는 북한의 일본인 납치문제를 해결하는 일도 일본의 중요한 과제라고 제시하고 있다. 우익성향의 후소샤판과 지유샤판의 중학교 역사교과서에서는 일본의 안전과 자유를 보장하면서 세계의 평화와 번영에 공헌할 수 있는 데서 과제를 찾고 있다. 맞는 지적이다.

그런데 지유샤판 역사교과서는 후소샤판과 달리 공산주의라는 용어 대신 '협조적이지 않는'이란 표현을 사용하며 비협조적인 국가가 여전히 남아 있다고 기술하고 있다. 지역의 안정과 협력체제를 구축하는 데서 그렇다는 뜻일 것이다. 공산주의라고 직접 명시하는 데서 오는 문제, 예를 들어 중국 측의 반발 등을 고려한 표현의 전환일 것이다.

그러나 '협조적이지 않는' 구체적인 대상은 여전히 공산주의라는 존재, 특히 북한의 핵과 미사일문제, 그리고 납치문제를 에둘러 언급한 서술일 것이다. 공산주의의 위협을 강조하는 대목의 날개 부분에 북한의 일본인 납치문제를 기술하고 있기 때문이다.

새역모와 같은 일본 우익은 중국공산당조차 동아시아 지역의 안정과 협력체제 구축에 협조적이지 않다고 보고 있다. 일관된 반공 태도를 드러낸 표현이라고도 이해할 수 있지만, 필자 생각으로는 동아시아 지역의 다양한 현안에 대해 협조적이지 않는 국가에는 일본도 포함된다. 과거의 침략과 지배 사실을 진정으로 사과하지 않고 매년 역사문제를 일으키고 있기 때문이다. 일본도 21세기 초반 동아시아 지역의 트러블메이커 국가 가운데 하나인 것이다. 달리 말하면, 새역모와 같은 일본의 우익은 정작 자신들로 인해 지역의 안정과 협력관계가 흔들리고 있는 사안을 등한시하면서 남의 탓만 하고 있는 것이다.

그런 점에서 본다면, 같은 일본 역사교과서이지만 동경서적의 중학교 역사교과서 맨 마지막 소단원이 '3. 지금부터의 일본과 세계'라는 점을 주목할 필요가 있다. 동경서적의 필자들은 소단원의 도입 부분에 "일본과 한국은 지금부터 어떠한 관계를 만들면 좋을까요"라는 질문을 삽화로 제시하고 있다. 한일 간의 역사문제가 첨예화하고 있는 시점에 어떻게 하면 서로의 관계를 풀면서 지역과 세계에서 올바른 역할을 수행할 수 있을까에 대해 학생들에게 질문을 던지고 있는 것이다. 일본의 '역사왜곡'을 비판만 하였지 한일이 어떻게 머리를 맞대고 지혜롭게 극복해 나갈 수 있을까를 학생들이 생각할 수 있도록 하는 내용 구성이 없는 한국의 역사교과서와 아주 대조된다고 하겠다.

이상의 현대사 부분만 보아도 알 수 있듯이, 동일한 역사적 사건에 대해 관점의 차이와 무관하게 서로 달리 기술하고 있는 경우를 허다하게 찾을 수 있다. 그것은 자기만의 정당성을 부각시키는 서술인 경우가 많고, 따라서 상대방을 비하하거나 무시하는 역사인식을 조장하는 것으로 이어질 우려가 많다. 그동안 한일 간에서는 '왜곡'과 '학설의 다양성'을 내세우며 자기만의 역사인식이 정당하다고 주장해 왔다. 역사인식의 통일이 아니라 차이를 확인하는 노력, 비난이 아니라 치우친 문제점을 확인하고 간극을 좁혀나가려는 모습이 차이를 부각시키려는 움직임보다 강하지 못했던 것이 현실이다. 상대에 대한 존중감을 심어줄 수 있는 역사교육이 등한시 되어 왔던 것도 사실이다. 이를 극복하기 위한 노력의 한걸음 한걸음은 차이를 인정하는 데서부터 시작되어야 한다.

〈참고문헌〉

※ 신주백, 2002 〈남북한·일·중·대만의 역사교과서 속에 표현된 '전후책임'과 역사교육〉《한일민족문제연구》 2
※ 신주백, 2006 〈현대사〉《2007년도용 일본 고등학교 역사 교과서의 한국 관련 내용분석 연구》 (한국교육개발원)
※ 신주백, 2007 〈현대사〉《2008년도용 일본 고교 역사교과서 분석-2007년 3월 검정통과본을 중심으로》 (한일역사공동연구위원회)
※ 신주백, 2009 〈지유샤판 중학교 역사교과서의 현대사 인식〉《한일관계사연구》 33
※ 신주백, 2010 〈한일 역사교과서에 기술된 현대·현대사 서술의 변화〉《제2기 한일역사공동연구보고서》

집필자

조　광　고려대학교 한국사학과 교수
이찬희　한국교육개발원 석좌연구위원
신주백　연세대학교 국학연구원 HK연구교수
조법종　우석대학교 사회교육과 교수
김태식　홍익대학교 역사교육과 교수
노태돈　서울대학교 국사학과 교수
손승철　강원대학교 사학과 교수
이계황　인하대학교 동양어문학부 교수
한명기　명지대학교 사학과 교수

현명철　경기고등학교 교사
주진오　상명대학교 역사컨텐츠학과 교수
김도형　연세대학교 사학과 교수
정재정　서울시립대학교 국사학과 교수
정진성　서울대학교 사회학과 교수
하종문　한신대학교 일본지역학과 교수
류승렬　강원대학교 역사교육과 교수
이석우　인하대학교 법학전문대학원 교수

한일역사의 쟁점 2010 ❷
― 하나의 역사 두가지 생각

초판 인쇄 | 2010년 3월 20일
초판 발행 | 2010년 3월 25일

편　　자 | 한일관계사연구논집 편찬위원회
발행인 | 한정희
발행처 | 경인문화사
　　　　서울특별시 마포구 마포동 324-3
　　　　전화 · 718-4831~2, 팩스 · 703-9711
　　　　http://www.kyunginp.com, E-mail:kyunginp@chol.com
등록번호 | 제10-18호(1973년 11월 8일)

ISBN 978-89-499-0693-5　94910
값 16,000원

저자와 출판사의 동의 없이 내용의 일부를 인용, 발췌를 금합니다.
파본 및 훼손된 책은 교환해 드립니다.